VERGNÜGEN

in und um

MÜNCHEN

21 1/2 TAGESTOUREN
FEIERABEND-RIDES
WOCHENEND-BIKEAWAYS

EINFACH RAUS!

RALF ENKE

1951 in Berlin geboren und dort Kartografie studiert, hat den Bau der Berliner Mauer hautnah miterlebt. Nach seinem Studium ging er zu MairDumont nach Stuttgart und entdeckte die Schwäbische Alb und den Schwarzwald mit dem Rad. Beruflich ging es nach München. Die reizvolle Landschaft verführte ihn zu Radtouren rund um die Bayernmetropole bis in die Alpenregion.

Liebe Leserin,
lieber Leser,

mit einer Gesamtlänge von über 1200 Kilometern bietet das Münchner Radlnetz eine hervorragende Infrastruktur. Das Rückgrat des städtischen Radverkehrsnetzes bilden 14 beschilderte Radrouten, die sternförmig vom Stadtrand in die Innenstadt führen. Ergänzt werden sie durch den 170 km langen „RadlRing München", der durch das Münchner Umland verläuft.

Ich habe für euch die abwechslungsreichsten Feierabend-Rides gefunden. Kurz sind sie und führen zur alternativen Szene oder zu Party-Quartieren, zu angesagten Biergärten, hochklassigen Museen, grünen Oasen und den schönsten Sehenswürdigkeiten.

Kennst du die Hallertau, das Museum der Fantasie oder den Heimathafen der Raddampfer am Ammersee? Für neue Entdeckungen folge meinen Tagestouren, die alle mit einem Trekkingrad zu meistern sind, verbunden mit urigen, genussreichen, einfach tollen Einkehrmöglichkeiten.

Drei Wochenendtouren sind echte Schmankerl, die du dir auf der Zunge zergehen lassen kannst. Wir radeln an den Chiemsee oder zur Isarquelle ins Karwendel und nach Bayrischzell „auf" den Wendelstein.

Viel Spaß beim Entdecken wünscht

INHALT

Alle 21 ½ Touren in der KOMPASS App: Dort findest du Livetracking, GPS-Ortung, Offline-Karten und -Touren, Navigation zum Start und viele weitere nützliche Features. Einfach QR-Code scannen und Tour starten. Oder den Menüpunkt *Produkte* in der App wählen. Los geht's!

GPX-Tracks zum Download: www.kompass.de/gpx
Für das Navigationsgerät deiner Wahl haben wir alle Touren auch als GPX-Track auf unserer Homepage.

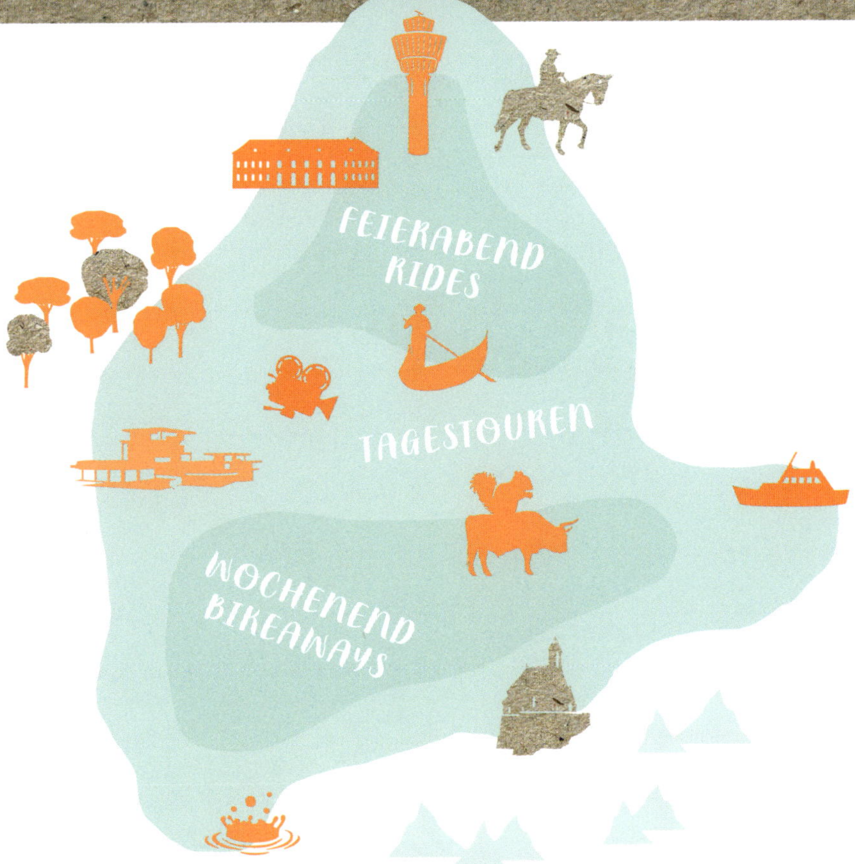
FEIERABEND RIDES
TAGESTOUREN
WOCHENEND BIKEAWAYS

AUFGESATTELT!

Einlesen, aufsteigen, losfahren // Seite 224–240

Nützliches und unnützes Wissen für deine nächste Fahrradtour

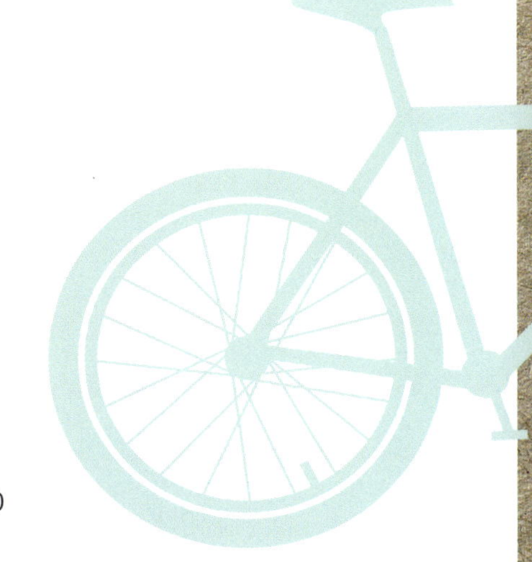

FEIERABEND-RIDES

RAUF AUFS RAD ZUM RUNTERKOMMEN

ZUM ABSCHALTEN GERADE RICHTIG

Hier finde ich die Weite des Münchner Ostens, gepaart mit der Möglichkeit, zu baden und auf ein Feierabendbierchen in der romantischen St. Emmeramsmühle einzukehren.

› 1 / Am Parkplatz an der Rennbahnstraße geht's los. Hierher kehren wir am Ende auch zurück.

› 2 / Die olympische Reitanlage der xx. olympischen Sommerspiele 1972

› 3 / Alpakas streicheln am Alpakahof München

› 4 / Am Feringasee die Badehose auspacken

› 5 / Erfrischung am Poschinger Weiher und in der Seewirtschaft

› 6 / Auf ein Feierabendbierchen in der St. Emmeramsmühle

› 7 / Beerenlese am Beerencafé

› 8 / Heute Abend noch den Poseidon besuchen

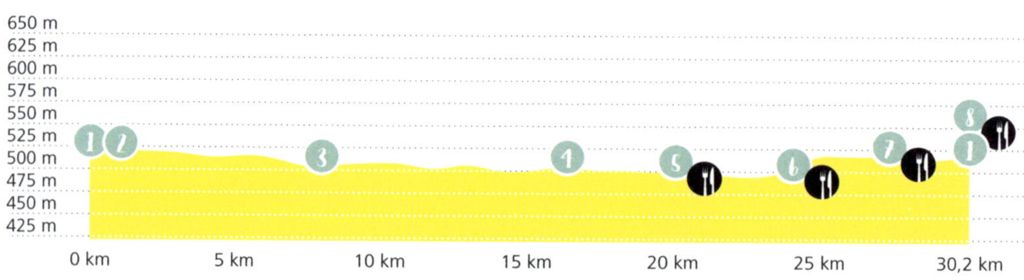

PFERD UND GOLFBALL

Der ländliche Münchner Osten

Die Olympia-Reitanlage und die Galopprennbahn begleiten uns das erste Wegstück. Wir besuchen die zotteligen Gesellen am Alpakahof München und treffen uns zum Beachen am Feringasee. Dann geht es die Isar entlang zur urigen St. Emmeramsmühle und zurück zur Trabrennbahn in München-Daglfing.

30 Kilometer
22 Höhenmeter
2 Stunden
Rundtour

Stallatmosphäre schnuppern

Am 1 / Parkplatz an der Rennbahnstraße vor der Trabrennbahn in München-Daglfing steigen wir zu einer herrlichen Rundtour auf unseren Drahtesel und traben, besser wir radeln, auf der Landshamer Straße an der Bahn entlang zur 2 / Olympia-Reitanlage. Hier wurden Reitwettbewerbe der XX. Olympischen Sommerspiele 1972 ausgetragen. Wir halten uns geradeaus und radeln eine Schleife zur Galopprennbahn München-Riem und zum Golfclub. Links sehen wir die Tribünen der Rennbahn und die Alm, ein Restaurant wie aus den Bergen. Im Bogen geht's rechts am Eingang vorbei zur Frobenstraße und erst einmal zurück zum Parkplatz. Rechts biegen wir in die Rennbahnstraße ein und gelangen an die Gemingstraße. Wir schwenken ein und radeln

CHARAKTER
Sportlich ●●●○○
Abkühlung ●●●●●
Schlemmen ●●●●○
Panorama ●●○○○

◂ links / Trabrennen München-Daglfing

gleich links in die Traberstraße bis zur Krenklstraße. Hier gehts halb links zur Welschstraße und geradeaus an den Rand der Siedlung Daglfing. Mit Blick über die Felder fahren wir nach rechts und dann links an der Kleingartenanlage entlang zur Brodersenstraße. Nach rechts führt der Dornacher Weg zur Salzstraße. Wir biegen links ein und kommen nach Johanneskirchen. An der Glücksburger Straße wenden wir uns nach rechts, gelangen an die Apenrader Straße und rechts zur Brücke am Bahndamm der ehemaligen Feldkirchner Eisenbahntangente. Wollen wir noch die süßen Alpakas besuchen? Dann hinter dem Bahndamm links der Apenrader Straße folgen zum 3 / Alpakahof München (Apenrader Str. 136, 81929 München, www.alpakahofmuenchen.com).

FLAUSCHIGE GESELLEN

Wer mit den Alpakas vom 3 / Alpakahof München wandern geht, sollte viel Zeit mitbringen. Die Tiere haben nämlich keine dringenden Termine.

Bunker, Greens, Putten

Zurück am Bahndamm. Im Moosgrund heißt die schmale Straße, die uns an den Abfanggraben führt. Klares Wasser, viele Fische. Bei Anglern ist der Abfanggraben sehr beliebt. Aber auch der Kormoran freut sich über einen guten Fang. Potteben ist hier die Landschaft im ehemaligen Johanneskirchner Moos, heute von Feldern geprägt. Da fällt schon der Golfpark links am Abfanggraben angenehm auf. Auf dem Dammweg oberhalb des Kanals radeln wir Richtung Aschheim. Der Weg wird beim Golfpark München Aschheim zu einer schönen Pappelallee. Am Kreisverkehr biegen wir links ab auf die Mühlenstraße zu drei Mühlen. An der Görgelmühle fahren wir links auf dem asphaltierten Weg über die Felder hinaus, über die Brücke der Kreisstraße zum 4 / Feringasee (85774 Unterföhring). Der ist sehr beliebt, weil mit dem Auto aus der Stadt schnell erreichbar. Die Parkplätze kosten was, die Freizeitanlage nichts. Windsurfen, Beachvolleyball, Sandstrände für Kinder, Sportler

---

➤ rechts oben / Alpakahof München, Wanderung mit Alpakas ➤ rechts Mitte / Olympia-reitanlage München

AUFGALOPP

Auf der 2 / Olympia-Reitanlage wird hochkarätiger Spring- und Dressursport gezeigt. Tolle Events verteilen sich über das Jahr. Besonders beliebt ist die Veranstaltung Pferd International. Es kann schon mal passieren, dass hier auch Bands spielen. Ein Blick auf das Programm lohnt sich also.

HOLE IN ONE

Auf der Clubhausterrasse vom **Golfpark München Aschheim** genießen wir neben den Clubmitgliedern eine einmalige Sundowner-Stimmung und die anspruchsvolle Küche des Restaurants „Greens".

und FKK-Begeisterte. Snacks und Getränke gibt's am Kiosk im Norden und im Süden des Sees.

Who is Who

ROMANTISCHER MEDIENSTANDORT

Wir radeln weiter auf dem Unteren Aschheimer Weg zum Gewerbegebiet von Unterföhring. Die Gemeinde ist Medienstandort. Die Unternehmen lesen sich wie das Who is Who der Medienbranche. Am Haus von Sky biegen wir rechts ab auf den Etzweg Richtung Kleingartenverein. Am großen Baum in der Kurve wenden wir uns nach links und radeln jetzt in der Aschheimer Straße zum Tunnelportal, an dem die S-Bahnlinie abtaucht. Wir biegen dahinter auf den Weg rechts ein und radeln über die Brücke am Kanal der Mittleren Isar. Links geht's geradewegs zum Poschinger Weiher (85774 Unterföhring). Ein romantischer Natur-Badesee zwischen der Isar und ihrem Kanal, der auch als Unterföhringer See bekannt ist. Er ist etwas für Familien mit kleineren Kindern, die auf der großen schattigen Liegewiese spielen können. Vom naturbelassenen großen Parkplatz erreichen wir schnell die 5 / Seewirtschaft (11–21, Sa 11–22 Uhr,

Am Poschinger Weiher 50, 85774 Unterföhring, +49 89 9500160, www.seewirtschaft-ufg.de) mit schattigem Biergarten. Hier gibt's hausgemachten Obazdn. Die Straße Am Poschinger Weiher führt uns an das Ufer der Isar.

Eine urige Wirtschaft

Nach links folgen wir der Isar flussaufwärts und kommen an zahlreichen Stromschnellen vorüber; hört sich an wie bei einem Wildbach. Der Weg schwingt hin und her zwischen Isar und Kanal. Bald erreichen wir die Leinthaler Straßen- und Bahnbrücken und steuern auf die St.-Emmeram-Brücke zu. Die Fußgängerbrücke überspannt die Isar, wir lassen sie rechts liegen und halten uns links zur Kanalbrücke und fahren über die Brücke zur Wirtschaft 6 / St. Emmeramsmühle (11–23 Uhr, Sankt Emmeram 41, 81925 München, +49 89 953971, www.emmeramsmuehle.de). Uns erwartet ein uriges Wirtshaus in der ehemaligen Mühle mit schickem Biergarten. Tolles Ambiente und super Service.

Wo ist der Ausgang im Maislabyrinth?

Die Straße St. Emmeram führt uns rechts das Isarufer hinauf an die Oberföhringer Straße, die hier in München-Oberföhring die

KM 15

Der 4 / Feringasee bei Unterföhring ist ein tolles Ziel, um uns zum einen im See zu erfrischen oder aber den Abend mit Freunden bei einem Beachvolleyballspiel ausklingen zu lassen. Dafür müssen wir ans Ostufer, wo wir auf Wiesen auch Fußball, Frisbee oder Federball spielen können.

< **links / Poschinger Weiher** ^ **oben / Obazda**

Münchens urigste Mühle

Im Biergarten der **6 / St. Emmeramsmühle** ist Selbstbedienung angesagt. Die Zapfcrew hat den Ausschank im Griff. Drinnen erwarten uns im Schickimicki-Treff urige Räume.

Hauptverkehrsstraße ist. Nach rechts fahren wir an ihr entlang bis zur Straße An der Salzbrücke, die links abzweigt. Sie führt über die Brücke der Schnellstraße zur Cosimastraße. An der Kreuzung geht's geradeaus zum Salzenderweg, der uns zwischen den modernen Wohnquartieren unter großen Bäumen zur Fideliostraße bringt. Wir queren die Freischützstraße, unterfahren kurz darauf die Bahngleise und stehen vor dem 7 / Beerencafé (Mai–Sept. 10–19 Uhr, Savitsstraße/Ecke Stegmühlstraße, 81929 München, +49 89 54650056, www.hofreiter.de) und der Obstplantage mit am Strauch gereiften Beeren. Hier ist Ernten a Gaudi! Nebenan im Maislabyrinth können sich die Kinder austoben, während wir uns vom Obstkuchen im Beerencafé verführen lassen. Na hocke.

KM 19

Direkt am Ufer des Poschinger Weihers liegt die 5 / Seewirtschaft mit Biergarten. Der romantische See liegt beschaulich mitten in den Isarauen zwischen der Isar und dem Isarkanal. Baden und Stärkung im Biergarten inklusive. Man kann die Maß auch mit auf die Liegewiese nehmen.

Zum Abschluss beim Griechen einkehren

Vor dem Café in München-Englschalking nehmen wir die Savitsstraße unter die Räder und fahren nach München-Alt-Daglfing. Wir stoßen dort auf die Brodersenstraße und fahren schräg links hinüber in die Mäleßkirchstraße und am Friedhof rechts zur Kohlbrennerstraße. Rechts kommen wir zum Daglfinger Platz. Von dort geht's links und am Supermarkt über die Kreuzung zur Rennbahnstraße. Rechter Hand sehen wir die Trabrennbahn, vielleicht auch den einen oder anderen Traber, und sind praktisch zurück. Noch Lust auf einen Einkehrschwung beim Griechen gegenüber unserem Ausgangspunkt? 8 / Poseidon (11–15, 17–24 Uhr, Rennbahnstraße 5, 81929 München, +49 89 90938844, www.poseidon-daglfing.de). Der 1 / Parkplatz an der Rennbahnstraße liegt gegenüber.

TOURENINFO / Die Tour ist für Familien mit älteren Kindern gut geeignet, führt meist auf asphaltierten Wegen und Straßen ohne nennswerte Steigungen und Verkehr. Badesachen nicht vergessen.

➤ **1 /** Parkplatz an der Rennbahnstraße ➤ **2 /** Olympia-Reitanlage ➤ **3 /** Alpakahof München ➤ **4 /** Feringasee ➤ **5 /** Seewirtschaft ➤ **6 /** St. Emmeramsmühle ➤ **7 /** Beerencafé ➤ **8 /** Poseidon

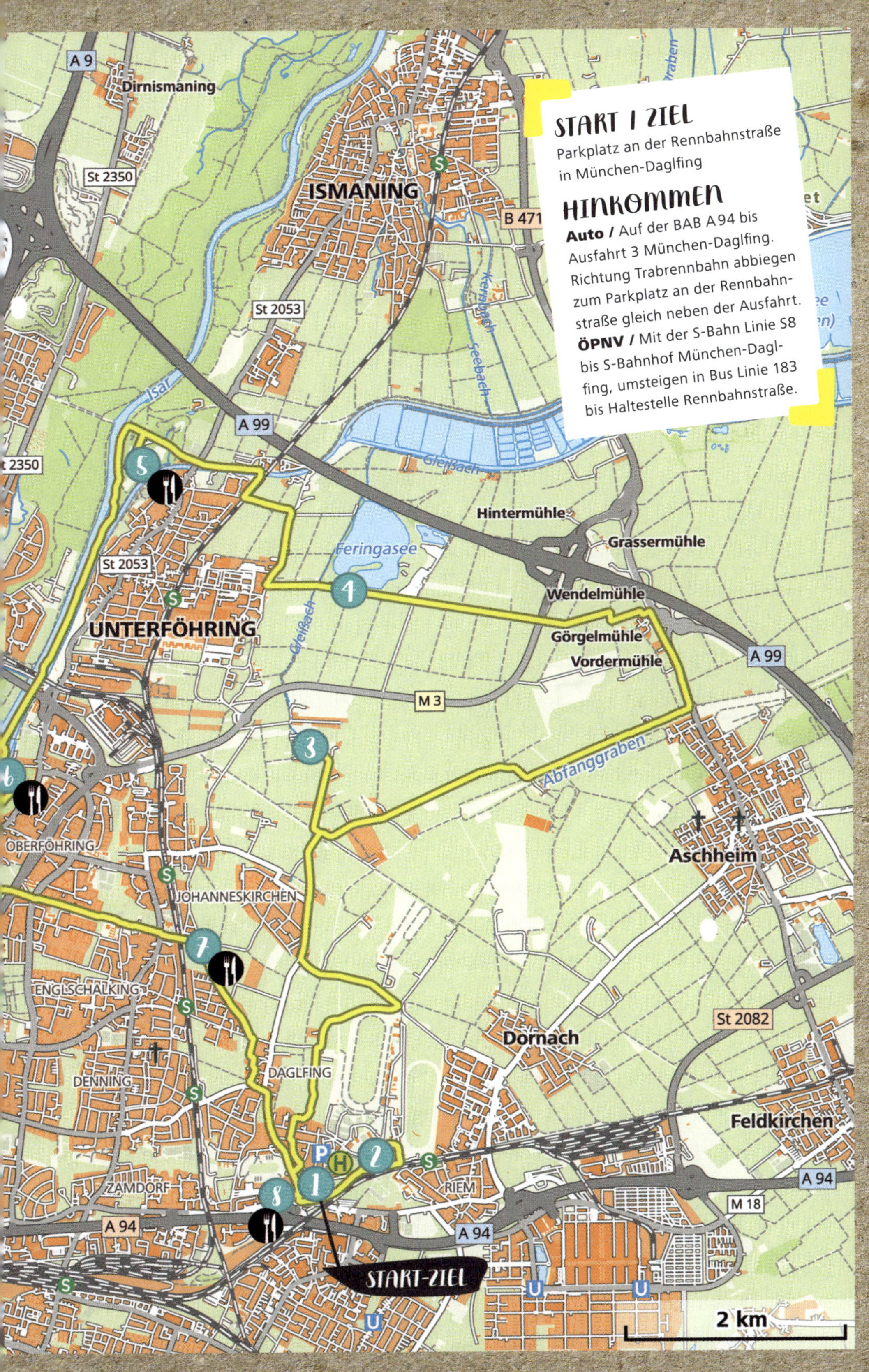
START / ZIEL
Parkplatz an der Rennbahnstraße in München-Daglfing
HINKOMMEN
Auto / Auf der BAB A 94 bis Ausfahrt 3 München-Daglfing. Richtung Trabrennbahn abbiegen zum Parkplatz an der Rennbahnstraße gleich neben der Ausfahrt.
ÖPNV / Mit der S-Bahn Linie S8 bis S-Bahnhof München-Daglfing, umsteigen in Bus Linie 183 bis Haltestelle Rennbahnstraße.
Dirnismaning
ISMANING
UNTERFÖHRING
OBERFÖHRING
JOHANNESKIRCHEN
ENGLSCHALKING
DENNING
DAGLFING
ZAMDORF
RIEM
Aschheim
Dornach
Feldkirchen
Hintermühle
Grassermühle
Wendelmühle
Görgelmühle
Vordermühle
Feringasee
Abfanggraben
Gleißbach
Seebach
Isar
A 9
A 99
A 94
St 2350
St 2053
St 2082
B 471
M 3
M 18
START-ZIEL
2 km

LEUTE TREFFEN

Der Flugplatz Oberschleißheim ist Treffpunkt der Skaterszene, mit denen ich den Sonnenuntergang beim Fliegertreff an der Landebahn genießen kann.

➤ **1 /** Unser Start und unser Ziel ist der Parkplatz am Lerchenauer See

➤ **2 /** Der Fasaneriesee lockt zum Baden

➤ **3 /** Treffpunkt vieler Skater ist der Flugplatz Oberschleißheim

➤ **4 /** Der Name ist Programm. Die Pizzeria Zum Phönix liegt am Flugplatz

➤ **5 /** Für Flugbegeisterte ist die Flugwerft Schleißheim das absolute Muss

➤ **6 /** La Gondola Barocca: Hier kommt das Flair von Venedig auf

➤ **7 /** Ein toller Biergarten erwartet uns an der Schlosswirtschaft Oberschleißheim

➤ **8 /** Weißer Sandstrand am Munich Beach Resort

➤ **9 /** Im Seehaus Feldmoching wird griechische Küche serviert

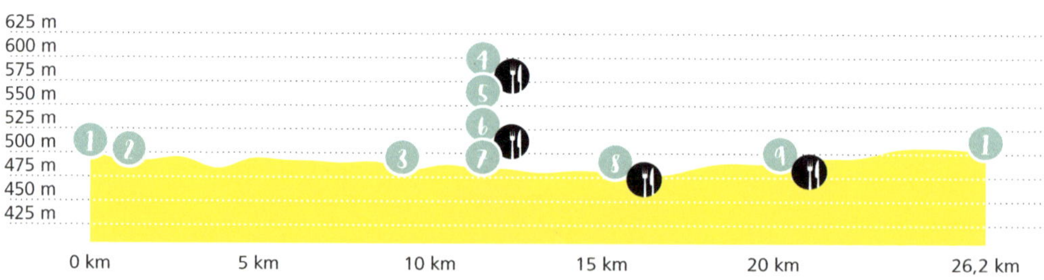

LA GONDOLA BAROCCA

Zwischen Feldmoching und Oberschleißheim vor den Toren Münchens

Drei Badeseen am Weg laden zum Schwimmen ein und der 2200 m lange Munich Beach an der Ruderregatta-Anlage zum Sonnenbaden im Sandstrand zu karibischen Cocktails. Am Flugplatz Oberschleißheim treffen wir uns mit Skatern und im Schlosspark nimmt uns der Gondoliere in seiner venezianischen Gondel mit.

26 Kilometer
17 Höhenmeter
1:45 Stunden
Rundtour

CHARAKTER

Sportlich ●●○○○
Abkühlung ●●●●○
Schlemmen ●●●○○
Panorama ●●○○○

Pack die Badehose ein

Der 1 / Parkplatz am Lerchenauer See in der Lassallestraße ist der Einstieg zu unserem Feierabend-Ride. Nach der Rundtour werden wir ihn wiedersehen. Mächtige alte Bäume säumen den Badesee neben der „Siedlung am Lerchenauer See", einem Landschaftssee vor der Hochhauskulisse im Münchner Norden. Ganz am Ende der Lassallestraße, bei der Grundschule, biegen wir auf den Weg nach links entlang der Schule ein und unterfahren die S-Bahngleise zum 2 / Fasaneriesee. Auch hier könnten wir die Badehose auspacken. Rechts folgen wir dem Ufer zum Parkplatz an der Lerchenauer Straße. Jetzt geht's auf der Lerchenauer Straße nach Feldmoching hinein. An der Herbergstraße wenden wir uns

‹ links / Romantik pur – Gondeln auf dem Schlosskanal

nach rechts und biegen dann nach links ab zur Hochmuttinger Straße. Gleich hinter dem Bahnübergang führt uns der Schotterweg unter dem Autobahndreieck durch zum Königsstraßl unter die Bäume des Korbinianiholzes.

Mit Skatern um den Flugplatz

Am Ende des schattigen Waldes stoßen wir auf das Gelände, auf dem die Fliegerstaffel der Bundespolizei stationiert ist. Sie ist ein Sonderlandeplatz am nördlich gelegenen Flugplatz Oberschleißheim. Wir teilen uns die Allee mit zahlreichen Skatern, die die 9 Kilometer lange Asphalt-Rennstrecke rund um den Flugplatz super finden. Wir radeln auf der Jägerstraße zur Münchner Allee und dort dann links zum Gut Hochmutting. Am Gutshof der Familie Hoyer werden noch Schafe gehalten, die auf der Hochmuttinger Heide ihr Futter finden. Am 3 / Flugplatz Oberschleißheim selbst sind Segelflieger und Motorflugzeuge beheimatet. Wir können hier selber abheben, natürlich mitfliegen während eines Rundfluges. Schon der Abflug in Richtung Osten führt direkt zur Allianz-Arena, über München bis in die Alpen. In der Abenddämmerung sorgt der Sonnenuntergang am Flugplatz für eine herrlich sportlich-romantische Atmosphäre, zumal es hier schöne Biergärten gibt, wie den Fliegertreff bei den Flugzeughallen, oder die 4 / Pizzeria Zum Phönix (Di–Fr 11:30–22, Sa, So 10–22 Uhr, +49 8995095412, Effnerstraße 20, 85764 Oberschleißheim, www.trattoriapizzeriadaluigi.metro.rest/?lang=de) in der Effnerstraße. Die Münchner Allee führt uns mit Blick auf die startenden und landenden Flugzeuge geradewegs dorthin, zur links abzweigenden Effnerstraße am Skatepark.

SPRUNG INS KÜHLE WASSER

Lerchenauer See und 2 / Fasaneriesee gehören zur Dreiseenplatte im Münchner Norden. Im Sommer gehts hier hoch her, denn die Ufer bieten Sport und Spiel.

➤ rechts oben / Flugwerft, Ausstellungshalle ➤ rechts Mitte / Flugwerft, Ansicht bei Nacht

KM 10

In Oberschleißheim geht's sportlich zu auf dem asphaltierten Sträßchen rund um den 3 / Flugplatz. Hier treffen sich Skater aus der Region, natürlich wir Feierabendrider, daneben starten Segelflugzeuge. Wenn über dem weiten Flugfeld die Sonne untergeht, genießen wir den Sonnenuntergang im Biergarten Fliegertreff.

OTTO LILIENTHAL

Wir treffen ihn in der **5 / Flugwerft Schleißheim** nicht persönlich, aber sehen den Nachbau seines Gleiters und Flugzeuge, die Luftfahrtgeschichte geschrieben haben.

BAROCKE PRACHT ERLEBEN

La Gondola Barocca

Die 7 / Schlosswirtschaft Oberschleißheim (Maximilianshof 2, 85764 Oberschleißheim, +49 89 315 15 55, www.schlosswirtschaft-oberschleissheim.com) erreichen wir, indem wir der Effnerstraße rechtsherum folgen. Wir stehen vor dem Alten Schloss Schleißheim, gegenüber ist das Neue Schloss und dahinter der Schlosspark. Lang zieht er sich mit seinen schattigen Wegen bis zum Lustschlösschen Lustheim. Also einmal Lustwandeln durch den Park, nachdem wir das Rad am Eingang abgestellt haben. Und wenn der Gondoliere seine echte venezianische Gondel über den Mittelkanal des Schlossparks führt und dabei noch romantische Lieder vorträgt, wie zur Zeit von Kurfürst Max II. Emanuel, überkommt uns das Flair von Venedig 6 / La Gondola Barocca (Schloss Lustheim 1, 85764 Oberschleißheim, +49 89 24295106, www.la-gondola-barocca.de).

Otto Lilienthal zeigt, wie Fliegen geht

Technikfreaks sind da besser in der 5 / Flugwerft Schleißheim (9–17 Uhr, Effnerstraße 18, 85764 Oberschleißheim, +49 89 2179333,

www.deutsches-museum.de/flugwerft-schleissheim) aufgehoben. Südlich der Schleißheimer Schlösser entstand 1919 ein Flugplatz für die königlich-bayerischen Fliegertruppen. Heute ist der Flugplatz ein Eldorado für Segelflieger und Sportpiloten. Anfang der 1990er Jahre beschloss man, an diesem historischen Ort eine Ausstellungshalle zu errichten, eine Zweigstelle des Deutschen Museums, mit Ausstellungen, Workshops und Programm. Die Ausstellung zeigt Exponate aus allen Epochen der Luftfahrtgeschichte, von frühen Gleitflugapparaten bis zum Eurofighter.

ITALIA

Kulinarische Gondelfahrten in den Sonnenuntergang. Zur abendlichen Stunde erhebt der Gondoliere seine Stimme und fährt uns in seiner venezianischen Gondel durch den barocken Hofgarten zwischen den Schleißheimer Schlössern.

Ein romantischer Sonnenuntergang

In diesen Geschwindigkeiten radeln wir aber gewiss nicht zur Olympia-Regattastrecke. Nein, wir folgen der Effnerstraße in den romantischen Wilhelmshof des Alten Schlosses, wenden uns nach links und dann geradeaus über die Bahngleise in die Veterinärstraße. Hinter den Gebäuden der LMU fahren wir nach rechts über die Felder und die Autobahn zur Ruderregattastrecke. Links liegen der Regattaparksee und das 8 / Munich Beach Resort (Mo–Fr 15–21, Sa, So 11–21 Uhr, Dachauer Str. 35, 85764 Oberschleißheim, +49 89 3155723, www.mbr.bayern) mit herrlich weißem Sandstrand direkt an der Regattastrecke und auf olympischem Boden.

◂ links / Neues Schloss Schleißheim ▴ oben / Feldmochinger See

Ländliches Urlaubsfeeling

Gibt's am Feldmochinger See mit schattigen Liegeflächen, FKK-Zone, Grillplätze, Beachvolleyball und mehr. Gleich davor liegt das griechische Restaurant Seehaus mit einem schönen Biergarten.

Wir schnappen uns einen Liegestuhl und genießen einen der wohl schönsten Sonnenuntergänge zum gemütlichen Feierabendbier oder zu einem karibischen Cocktail an den Beachbars. Am Ende des 2200 Meter langen Strands radeln wir hinunter an den Weg und im spitzen Winkel links über die Felder nach Feldmoching. Die Schwarzhölzlstraße führt uns durch die Brücke der Autobahn zur Straße Sommerweide, die rechts abzweigt. Wir queren die Karlfelder Straße zur Ferchenbachstraße am Feldmochinger See.

2200 m

So lange ist der weiße Sandstrand auf olympischem Boden direkt am Ufer der Regattastrecke. Im 8 / Munich Beach Resort gibt es romantische Sonnenuntergänge bei karibischen Cocktails.

Nochmal griechisch speisen

Am 9 / Seehaus Feldmoching (11–23 Uhr, Ferchenbachstraße 209, 80995 München, +49 89 20032320, https://seehaus-feldmoching.eatbu.com/?lang=de) gleich vor dem See wird uns in einem schönen kleinen Biergarten großartige griechische Küche serviert. Weiter geht's zum Badestrand am Ufer des Sees, der von vielen alten Bäumen und Sträuchern gesäumt wird, die viel Schatten auf den weiten Liegewiesen geben. Urlaubsfeeling am Münchner Stadtrand. Wir kommen zu einer kleinen Siedlung. Am hinteren Siedlungsrand zweigt links ein Weg ab, der uns hinüber zur Fasanerie an die Pappelallee führt. Wir fahren rechts durch den Stadtteil von München zum Grünzug vor dem Rangierbahnhof München-Nord. Der Schotterweg führt vor den Gleisen nach links, leitet uns durch die Brücke an der Feldmochinger Straße an die Lassallestraße. Die Wegebrücke lassen wir rechts liegen und fahren zurück an den Ausgangspunkt zum 1 / Parkplatz am Lerchenauer See.

TOURENINFO / Das ist eine super Familientour mit viel Abwechslung für die Kleinen und uns Großen auf fast durchgehend asphaltierten Wegen ohne Steigung. Straßen mit viel Verkehr haben wir nicht zu befürchten.

➤ **1 /** Parkplatz am Lerchenauer See ➤ **2 /** Fasaneriesee ➤ **3 /** Flugplatz Oberschleißheim ➤ **4 /** Pizzeria Zum Phönix ➤ **5 /** Flugwerft Schleißheim ➤ **6 /** Schlosswirtschaft Oberschleißheim ➤ **7 /** La Gondola Barocca ➤ **8 /** Munich Beach Resort ➤ **9 /** Seehaus Feldmoching

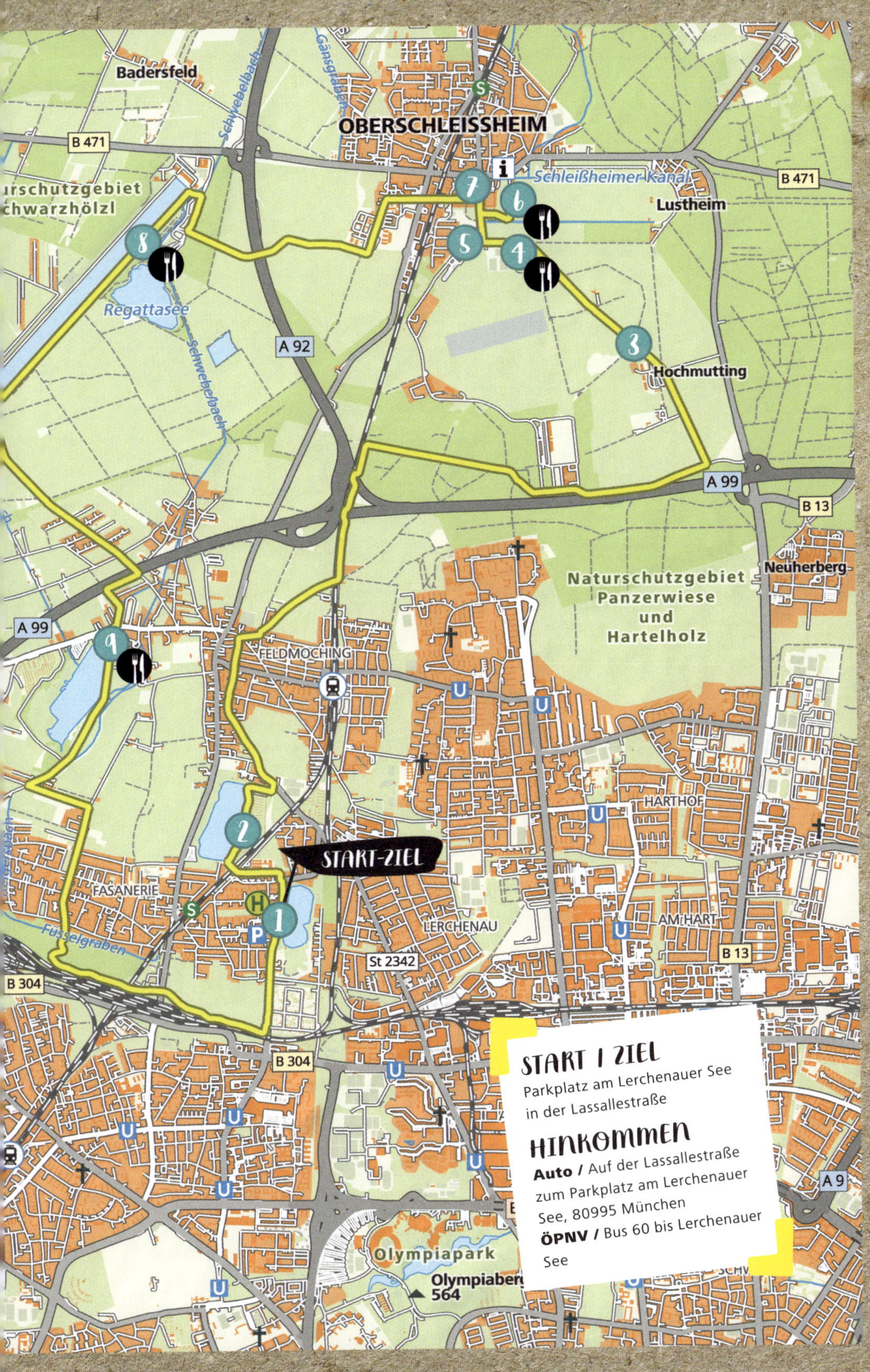

START / ZIEL

Parkplatz am Lerchenauer See in der Lassallestraße

HINKOMMEN

Auto / Auf der Lassallestraße zum Parkplatz am Lerchenauer See, 80995 München

ÖPNV / Bus 60 bis Lerchenauer See

SUPERNOVA UND HEIDE

Diese Tour zeigt mir, wie gut doch Hightech, Freizeit, Tradition und Natur im Münchner Norden harmonieren können.

➤ **1 /** Treffpunkt zum Feieradend-Ride am Parkplatz Echinger See und nach der Tour in den See springen

➤ **2 /** Besuchen wir das ESO Supernova Planetarium & Besucherzentrum

➤ **3 /** Den besten Steckerlfisch gibt es im Biergarten Mühlenpark

➤ **4 /** Beim Gasthof Neuwirt mitten im Herzen Garchings

➤ **5 /** Ein kleines Paradies ist der Mallertshofer See mit traumhaftem Wasser

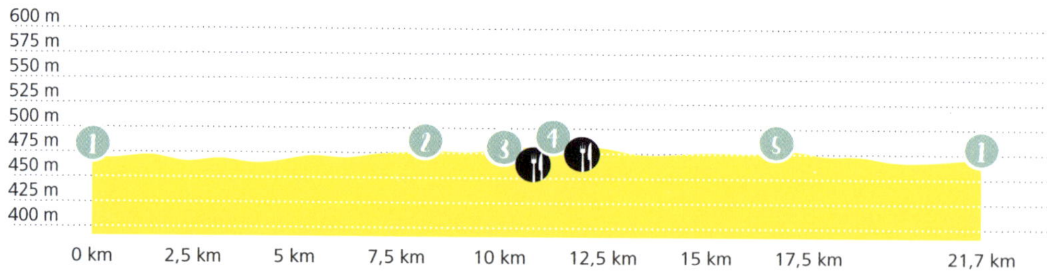

HEIDE UND HIMMEL

Garchinger und Mallertshofer Heide

Kontrastreicher könnte eine Radtour kaum sein. Wir tauchen in die Tiefe des Universums ein und radeln über die letzten wertvollen Heideflächen Bayerns. Das Planetarium des ESO-Hauptquartiers am Garchinger Forschungscampus und die Schotterebene vor der Haustür Münchens machen's möglich.

22 Kilometer
11 Höhenmeter
1:30 Stunden
Rundtour

Schafe und Lämmer am Heidepfad

Lassen wir uns von der Heidelandschaft südlich von Eching inspirieren und starten am 1 / Parkplatz Echinger See neben der Autobahn zum Naturwaldreservat Echinger Lohe. Hierher kehren wir auch zurück. An den Wochenenden während der Badesaison ist der Parkplatz gebührenpflichtig. Erst einmal radeln wir vor zur Kreisstraße und rechts über die Autobahn. Gleich am Bruckfeldweg biegen wir ein und fahren am Rande der von Heide umgebener Echinger Lohe entlang. Ein verwildertes Wäldchen und Naturschutzgebiet aus Eichen und Hainbuchen, das man sich selbst überlässt, aber von romantischen Wegerln durchzogen wird. Am Querweg schwenken wir nach rechts

CHARAKTER
Sportlich ●●○○○
Abkühlung ●●●●○
Schlemmen ●●○○○
Panorama ●●●○○

◂ links / ESO Supernova Planetarium

und kommen an das Naturschutzgebiet Garchinger Heide. Ein Pfad führt uns ein Stück weit hinein, (hier bitte das Rad schieben), von dem wir rechts zur Kreisstraße abbiegen. Dort führt ein Lehrpfad, der Heidepfad, über die herrlichen, weiträumigen Flächen der Garchinger und Mallertshofer Heide. Er ist ein interessantes Ausflugsziel für die ganze Familie, zu Fuß oder mit dem Rad. An 20 abwechslungsreich gestalteten Stationen erfahren wir Interessantes über die Heidelandschaft und die Tier- und Pflanzenwelt der Münchner Schotterebene. Die stille Weite wirkt wie die eurasische Steppe, aber nicht wie das Münchner Umland. Von April bis Oktober können wir schon mal dem Schäfer und seinem Hütehund, Schafen und Lämmern begegnen. Sie wandern durch die Heide oder „mähen" auf ihren Weidegründen. Die Schäfer und ihre Herden sind zum Erhalt der Heide dort. Mal für eine Wanderung merken.

SCHAFE, SO WEIT DAS AUGE REICHT

Rund 2400 Schafe werden ab April auf die Heide geführt und bleiben bis Oktober. Sie sind wichtige Helfer für den Naturschutz und „mähen" im lichten Kiefernwald.

Supernova über Garching

Entlang der Kreisstraße radeln wir nach links zum Zettelhof. Am Bildstock zweigt ein asphaltierter Feldweg rechts ab, der uns zum Forschungscampus Garching führt. Ein gigantisches Gelände, auf dem sich das naturwissenschaftlich-technische Zentrum der TU München und der Forschungsstandort der Ludwigs-Maximilians-Universität befinden sowie die Max-Planck-Institute für Physik forschen. Wir queren die Freisinger Landstraße und gelangen auf der Ludwig-Prandtl-Straße zur Europäischen Südsternwarte, dem 2 / ESO Supernova Planetarium & Besucherzentrum (Mi–Fr 09–12:30, 13:30–17, Sa, So 12–17 Uhr, Karl-Schwarzschild-Str. 2, 85748 Garching bei München, +49 89 32006900, www.supernova.eso.org/germany). Eine neue Supernova erstrahlt über Garching. Der architektonisch faszinie-

➤ rechts oben / Planetariumshow ESO ➤ rechts Mitte / Heidepfad auf der Mallertshofer Heide

KM 5

Die Natur scheint grenzenlos. Die stille Weite wirkt wie die eurasische Steppe, aber nicht wie die Garchinger und Mallertshofer Heide im Münchner Norden. Trillernder Lerchengesang und das Zirpen der Heuschrecken im Hochsommer erfreuen unsere Ohren. Heideröschen und Thymian verströmen einen feinen Duft.

STECKERLFISCH

Einst brachten die Bauern ihr Getreide zum Mahlen. Heute ist der traditionsreiche 3 / Biergarten Mühlenpark ein beliebtes Ausflugsziel, nicht nur für Radler.

rende Bau ist einem Fernglas nachempfunden. Die Ausstellung „Das lebendige Universum" können wir auf eigene Faust erkunden. Das Planetarium zeigt Shows zu zahlreichen spannenden Themen, die sehr begehrt und daher oft ausgebucht sind. Ein toller Ort für alle Weltraum-Interessierten. Das Herzstück der ESO Supernova ist das digitale Planetarium. Die Shows werden auf einer 360-Grad-Kuppel mit 14 Metern Durchmesser gezeigt, alle mit einer Live-Komponente, die Echtzeit-Ereignisse am Nachthimmel zeigt und Informationen über aktuelle astronomische Entdeckungen enthält. Echt spannender Ort.

EIN AUSFLUG ZU DEN STERNEN

Steckerlfisch am Mühlenbach

Nach so vielen atemberaubenden Eindrücken zurück aufs Rad und wieder vor zur Straße. Auf den linken Weg biegen wir ein, halten uns wieder nach links und begleiten die U-Bahn, bis sie wieder im Tunnel verschwindet. Dort links-rechts abbiegen und dem schmalen Weg geradeaus folgen zum Obstgarten Garching. Am Ende des Weges rechts zum erfrischenden 3 / Biergarten Mühlenpark

(Mo–Fr 11–23, Sa, So 10–23 Uhr, Mühlgasse 48, 85748 Garching bei München, +49 89 3204975, www.biergarten-muehlenpark.de) abbiegen. Er liegt direkt am Mühlbach, in dem sich ein Mühlrad dreht, das zwar nicht klappert, aber an die Geschichte dieses Ortes erinnert. Er wird gern von Radlern besucht und hat daher einen großen Fahrradabstellplatz. Der Steckerlfisch sei hier besonders gut, wurde mir verraten.

KM 9

Eine neue Supernova erstrahlt über Garching. Das Herz des 2 / ESO Supernova Planetarium & Besucherzentrums ist das digitale Planetarium. Vorführungen werden in der 360-Grad-Kuppel projiziert. Im Besucherzentrum fasziniert eine interaktive astronomische Ausstellung.

Bayerische Gaumenfreuden

Wir steigen wieder aufs Rad und radeln auf der Mühlgasse zum U-Bahnhof Garching im Ortszentrum. Dort steht in der Regel der Maibaum, an dem wir uns links halten und beim 4 / Gasthof Neuwirt (9–21 Uhr, Münchener Str. 10, 85748 Garching bei München, +49 89 3291258, www.gasthof-neuwirt.org) in die Schleißheimer Straße abbiegen. Mitten im Herzen Garchings werden der Gasthof und der beliebte Biergarten von der vierten Generation der Familie Rieger geführt. Bald hören wir die Autobahn, fahren unten durch bis zur Straße Am See und radeln rechts zum Sportpark am Garchinger See. Angekommen, sehen wir rechts die Sportanlagen, links liegt der Garchinger See mit einem kleinen Badeplatz und mittendurch radeln wir über die Brücke der

---

< links / Steckerlfisch ^ oben / Echinger See

ÜBERRASCHUNG IN DER HEIDE

Zum einsamen **Mallertshofer Kicherl**, der Kirche St. Martin, am Mallertshofer Holz, gehörte einst ein Dorf, deren Bewohner der Pest zum Opfer fielen.

Umgehungsstraße. Am Ende der Brücke wenden wir uns nach links und fahren immer geradeaus über die Mallertshofer Heide an den Rand des Gewerbegebietes Garching-Hochbrück. Rechts führt das Sträßchen Am Gfild zu einem idyllischen kleinen Badesee, dem 5 / Mallertshofer See. Ist eine ehemalige Kiesgrube aus den 70er Jahren mit klarem Wasser. Im Sommer ist es dort immer recht voll, aber er liegt auch wunderschön.

MAIBAUM

Dort steht das ehrwürdig schöne Haus des 4 / Gasthof Neuwirt mitten in Garching. Weit über einhundert Jahre wird hier ausgeschenkt in der gemütlich rustikalen Wirtsstube und im beliebten Biergarten vor dem denkmalgeschützten Gasthaus.

Das verschwundene Mallertshofen

Geradeaus gelangen wir zur Mallertshofer Kirche, einem sehr schönen Kircherl, umgeben von Heidewiesen und dem Mallertshofer Holz. Das Überbleibsel eines kleinen Dorfes. Es waren nie mehr als einige Höfe, die von Plünderung, Pest und Trockenheit heimgesucht wurden. Das Dorf verfällt und der letzte Hof verschwand 1879. Am Mallertshofer Kircherl führt rechts ein Schotterweg zum Waldrand. Wir biegen dort links ab, radeln durch den Kiefernwald des Naturschutzgebietes Mallertshofer Holz an den gegenüberliegenden Waldrand und dort links zu einem Sträßchen. Das verbindet praktisch das Erholungsgebiet Hollerner See und den Echinger See. Über die Felder geht's zum Freizeitgelände an den Ortsrand von Eching. Rechts liegt schon in Sichtweite der Echinger See. Also abbiegen und vor dem See nochmal links und hinter dem Parkplatz rechts zum 1 / Parkplatz am Echinger See neben der Autobahn. Schön war's im Münchner Norden, zwischen Heide und Himmel.

TOURENINFO / Abwechslungsreiche und super interessante Radtour für die Familie über längere gesandete Wege in den Heideflächen.

➤ **1 /** Parkplatz Echinger See ➤ **2 /** ESO Supernova Planetarium & Besucherzentrum ➤ **3 /** Biergarten Mühlenpark ➤ **4 /** Gasthof Neuwirt ➤ **5 /** Mallertshofer See

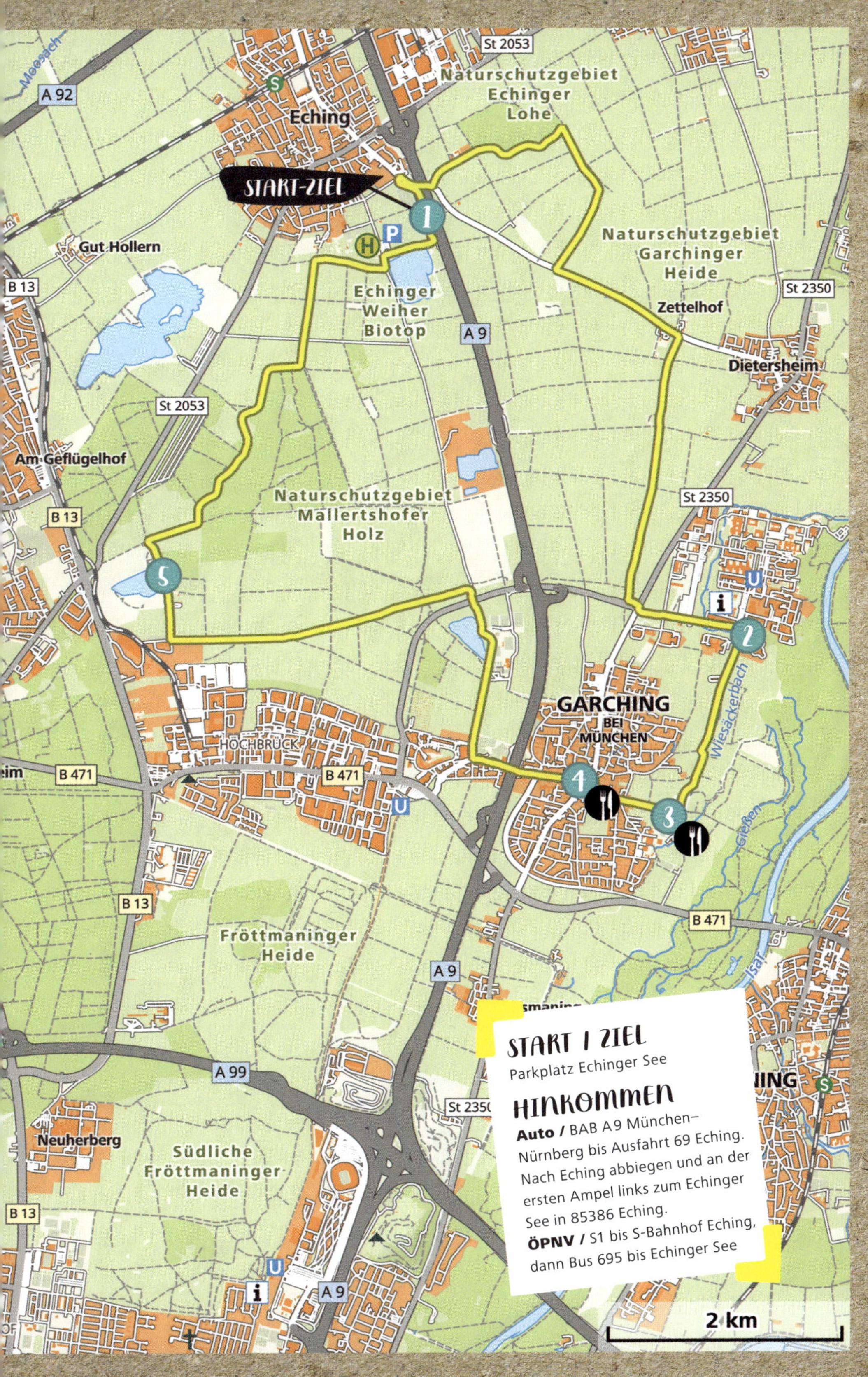

START / ZIEL

Parkplatz Echinger See

HINKOMMEN

Auto / BAB A9 München–Nürnberg bis Ausfahrt 69 Eching. Nach Eching abbiegen und an der ersten Ampel links zum Echinger See in 85386 Eching.

ÖPNV / S1 bis S-Bahnhof Eching, dann Bus 695 bis Echinger See

LAUER SOMMERABEND

Die Tour ist perfekt, um einfach runterzukommen. Hier radle ich im Schatten alter Bäume von Biergarten zu Biergarten und treffe Freunde und Bekannte.

➤ **1 /** Von unserem Start- und Endpunkt, dem Parkplatz hinter dem Haus der Kunst, geht's gleich zum japanischen Teehaus

➤ **2 /** Der Chinesische Turm schaut über die Baumwipfel

➤ **3 /** Das Wirtshaus und Biergarten Hirschau hieß einst "Zum Hasenstall"

➤ **4 /** Im Aumeister geht es meist locker zu

➤ **5 /** Die beste Aussicht über München haben wir vom Fröttmaninger Berg

➤ **6 /** Abends chillen im P1 Club

➤ **7 /** Den Abend an der Eisbachwelle ausklingen lassen

4

TREFFPUNKT MÜNCHEN

Vom Englischen Garten zur Oberen Isarau

Prinzregentenstraße 1. Das ist die Adresse vom Haus der Kunst und die des Nachtclubs P1. Dort haben wir die perfekte Möglichkeit, den Abend zum Rauschen des Eisbachs ausklingen zu lassen. Aber jetzt rufen uns erst einmal der Englische Garten und der Fröttmaninger Berg.

25 Kilometer
60 Höhenmeter
2 Stunden
Rundtour

Japanfest am Teehaus

Wir starten am 1 / Parkplatz hinter dem Haus der Kunst, auf dem Weg, der über den Schwabinger Bach führt. Über den Bach kommen wir nach der Rundtour auch wieder zurück. Gleich rechts auf der kleinen Insel im Bach steht das Japanische Teehaus. Im Monat Juli ist hier Japanfest, da wird in bunten Manga-Kostümen zu fernöstlicher Musik getanzt und fernöstlicher Kampfsport gezeigt. Schon rückt der Monopteros ins Blickfeld, der Nachbau eines griechischen Rundtempels, und der 25 Meter hohe 2 / Chinesische Turm (bei Biergartenwetter Mo–Fr 11–23 Uhr, Sa, So, Feiertag 10–23 Uhr, Englischer Garten 3, 80538 München, +49 89 38387327, www.chinaturm.de), das Wahrzeichen im Englischen Gar-

CHARAKTER

Sportlich ●●●●○
Abkühlung ●○○○○
Schlemmen ●●●●○
Panorama ●●●●○

< links / Englischer Garten, Chinesischer Turm

ten, ragt vor uns aus den Baumwipfeln. Hier trifft sich München mit dem Rest der Welt im riesigen Biergarten. In einem rechten Bogen gelangen wir zum Kleinhesseloher See und zum Restaurant Seehaus. Das Seehaus gehört zu den gastronomischen Hotspots Münchens. Wer Lust verspürt, kann im Boot über das ruhige Wasser gleiten und so richtig die Seele baumeln lassen.

Hier mähen die Schafe

Weiter geht unser Feierabend-Ride unter dem „Mittleren Ring" durch zur Hirschau. Linker Hand liegt der eher gemütliche 3 / Biergarten Hirschau (Mo–Sa, 12–23 Uhr, So, Feiertag 11–23 Uhr, Gyßlingstr. 15, 80805 München, +49 89 36090490, www.hirschau-muenchen.de). Der ist eher was für Radler. Auf der Gyßlingstraße radeln wir daran vorbei und halten uns dann rechts an das Ufer der Isar zum Oberföhringer Wehr. Hier zweigt der Isarkanal ab, der zum Speichersee fließt. Einmal quer durch den Nordteil des Englischen Gartens landen wir fast automatisch am Schwabinger Bach. Bis dahin aber schön auf dem Hauptweg bleiben. Aufgepasst – eventuell zieht wieder die Schafherde durch den Englischen Garten. Jährlich in der ersten Maiwoche wandern an die 450 Schafe von Daglfing Richtung München. Der Auftrag der Schafe: „Mähen".

AUFGEPASST, SCHAFE

Die Schafherde in der Hirschau zu beobachten, ist für mich immer wieder ein besonderes Erlebnis. Ab Mai erfüllen rund 450 Schafe ihren Auftrag: „Mähen".

Tennisbälle und Knödel

Bei bayerischen Spezialitäten lässt es sich beim 4 / Aumeister (Mo–Sa ab 12 Uhr, So, Feiertag ab 11 Uhr, +49 89 18931420, Sondermeierstraße 1, 80939 München, www.aumeister.de) unter Schatten spendenden Kastanienbäumen bestens aushalten. Neben dem Aumeister hat der Tennisclub MTTC Iphitos seine Tennisanlage, auf der die BMW Open ausgetragen werden. Da

---

➤ rechts oben / Schafe im Englischen Garten ➤ rechts Mitte / Englischer Garten im Herbst

KM 1

Er ist nicht zu übersehen, der 2 / Chinesische Turm im Englischen Garten. Wir treffen uns, um den sommerlichen Feierabend bei Blasmusik zu genießen. Hier darf man die mitgebrachte Brotzeit verzehren. Einmal im Jahr strömen ab 6 Uhr morgens Hunderte Männer und Frauen zum Kocherlball an den Turm und tanzen Volkstänze.

BEIM AUMEISTER

Wir finden beim 4 / Aumeister Idylle und ein bunt durchmischtes Publikum in der Nähe der Studentenstadt. Er ist einer der beliebtesten Biergärten Münchens.

DER GRÜNE STADTRAND HAT EINIGES ZU BIETEN

kann es beim Aumeister schon mal voll sein. Wir können uns die Einkehr aber auch für den Rückweg aufheben, wenn wir hier wieder vorbeikommen. Am Biergarten beginnt die Sondermeierstraße, die uns unter der Straßen- und Eisenbahnbrücke durch an die Fernsehstudios des Bayerischen Rundfunks führt. An der Kreuzung mit der Floriansmühlstraße schwenken wir rechts ab und folgen dem Schwabinger Bach in das Waldgebiet der Oberen Isarau. An der Brücke, über dem meist trockenen Kanal des Klärwerkes, biegen wir links ab und nach der Rechtskurve des Weges wieder links in die Freisinger Landstraße.

Der Berg ruft

Rechts oben sehen wir schon das Windrad auf dem 5 / Fröttmaninger Berg. Da geht unser Ride steil hinauf. Also schon mal darauf einstellen, während wir noch eben rechts auf dem Radweg neben der Straße zur Ampelanlage an der Auensiedlung rollen. Hier queren wir die Straße und beginnen am Lottlisa-Behling-Weg links die 75 Meter steile Auffahrt. Oben erwartet uns

der Blick auf die Allianz Arena und die Münchner Sykline. Die Allianz Arena, Spielstätte des FC Bayern München, erstrahlt an Heimspieltagen in Rot. Einfach spektakulär der Scheitelpunkt des Feierabend-Rides. Hinunter rollen wir auf dem Asphaltsträßchen links um den Berg herum. Einen kleinen Stopp sollten wir an der Heilig-Kreuz-Kirche neben der Autobahn einlegen. Es ist die älteste Kirche Münchens und wurde mit dem Friedhof an den Rand des (Müll-)Berges versetzt. Das Dorf Fröttmaning wurde für die damalige Deponie aufgegeben.

Auf dem Isarradweg Richtung Altstadt

Wir stoßen auf den Kurt-Landauer-Weg, der rechts hinüber zur Allianz Arena führt, radeln aber geradeaus und dann links um den Berg herum, bis wir wieder zur Ampelanlage kommen. Auf dem Weg, den wir schon kennen, geht es zurück bis zur Kanalbrücke. Wir radeln über den Kanal und gleich links an das Ufer der Isar. Bald hören wir das Rauschen der wilden Isar, wenn ihr Wasser über die Stromschnellen schießt. Auf dem Isarradweg geht es flussaufwärts bis an die Eisenbahnbrücke. Davor halten wir uns rechts und an der Unterführung links zur Leinthalerstraße. Hier radeln wir nach rechts zur Sondermeierstraße und dort wieder links zum 4 / Aumeister in

75 m

So viele Höhenmeter überwinden wir auf der steilen Auffahrt zu einem der spektakulärsten Aussichtpunkte Münchens beim Windrad am 5 / Fröttmaninger Berg. Dieser Ausblick über die Skyline belohnt jedes Strampeln oder Schieben!

< links / Surfer am Eisbach ^ oben / Kleinhesseloher See mit Restaurant Seehaus

„HOCK DI HERA, SAMMA MEHRA“

Unweit des Kleinhesseloher Sees genießen wir unsere Maß und die himmlische Ruhe. Kenner der bayerischen Gemütlichkeit schätzen den 3 / Biergarten Hirschau gerade deshalb.

die parkähnliche Hirschau. Wenn wir nicht schon auf der Hinfahrt eingekehrt sind, können wir jetzt für eine Brotzeit Halt machen.

Schlussspurt zur Eisbachwelle

Den Schlussspurt beginnen wir auf dem Weg, der hinter der Brücke am Schwabinger Bach nach rechts führt. Der Weg heißt übrigens Wernecksstraße und folgt den Windungen des Baches bis zum Kleinhesseloher See. Auf halbem Weg durch die Hirschau liegt linker Hand das Mini-Hofbräuhaus, Treffpunkt der Hundefreunde und Radler bei deftiger Hausmannskost. Wenn wir noch etwas durchhalten, können wir auch im gemütlichen 3 / Biergarten Hirschau (Mo–Sa 12–23 Uhr, So, Feiertag 11–23 Uhr, +49 89 36090490, Gyßlingstr. 15, 80805 München, www.hirschau-muenchen.de) auf ein Feierabendbier einkehren. Liegt links vor der Brücke am „Mittleren Ring“. Auf dieser Brücke radeln wir dann über den Isarring und schwenken gleich dahinter auf den Weg nach rechts ein. Wieder ist der Schwabinger Bach unser Begleiter. Bald queren wir die Straße die zum Chinesischen Turm bzw. nach Alt-Schwabing führt und radeln weiter auf dem breiten Weg zurück zum 1 / Parkplatz hinter dem Haus der Kunst am südlichen Ende des Englischen Gartens. Wer noch Lust verspürt kann über den Parkplatz zur 7 / Eisbachwelle gehen und den Surfern bei ihrem spektakulären Ritt auf der Welle zuschauen. Oder doch lieber im 6 / P1 Club (Mo–Sa 18–1 Uhr, +49 89 2111140, Prinzregentenstraße 1, 80538 München, www.p1-club.de) chillen?

RUMHÄNGEN

Die 7 / Eisbachwelle ist der Hotspot für Surfer, Zuschauer und Fotografen in München. Gleich hinter dem Haus der Kunst wagen sich absolute Profisurfer wie der Weltmeister Robby Naish auf die Welle. Aber keine Sorge, auch zum Rumhängen ist der Spot ideal.

TOURENINFO / Die Tour durch den Englischen Garten, die Hirschau und die Obere Isarau ist ideal für sonnige Tage. Die eher sportliche Strecke führt teilweise über losen Untergrund. Steil geht's hinauf auf den Fröttmaninger Berg. Biergärten und Wirtshäuser laden uns immer wieder zur Einkehr ein.

➤ **1 /** Parkplatz hinter dem Haus der Kunst ➤ **2 /** Chinesischer Turm ➤ **3 /** Biergarten Hirschau ➤ **4 /** Aumeister ➤ **5 /** Fröttmaninger Berg ➤ **6 /** P1 Club ➤ **7 /** Eisbachwelle

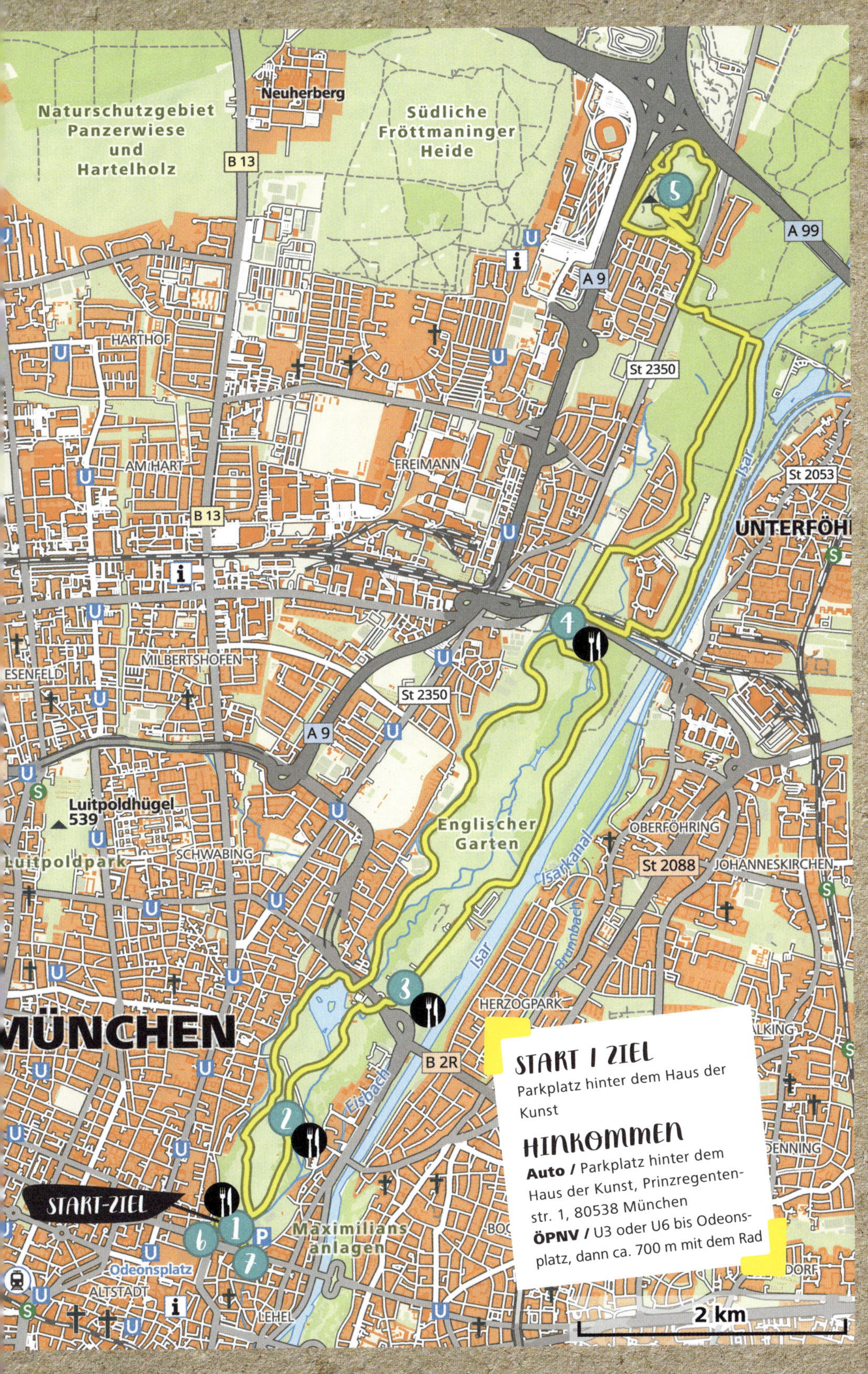

START | ZIEL

Parkplatz hinter dem Haus der Kunst

HINKOMMEN

Auto / Parkplatz hinter dem Haus der Kunst, Prinzregentenstr. 1, 80538 München

ÖPNV / U3 oder U6 bis Odeonsplatz, dann ca. 700 m mit dem Rad

ABENDS IN SCHWABING

Ich mache diese Tour sehr gerne, weil sie die vielen Facetten Münchens vereint. Erleben lassen sich Tradition und Münchner Lebensgefühl, Kunst und Technik.

➤ **1 /** Vom Parkplatz am U-Bahnhof Petuelring geht's zum Petuelpark und aus Richtung Olympiapark kommen wir zurück

➤ **2 /** Zur Torte gibt es im Café Ludwig Kunst in der Galerie gratis

➤ **3 /** Ein toller Biergarten erwartet uns beim Wirtshaus Brunnwart

➤ **4 /** In der Neuen und Alten Pinakothek, der Pinakothek der Moderne und dem Museum Brandhorst gibt es super Ausstellungen

➤ **5 /** Das Café Klenze bietet Kunst und Genuss in tollem Ambiente

➤ **6 /** Die Touren im Olympiapark sind schon spektakulär

➤ **7 /** Die vielfältigste Autoausstellung die ich kenne befindet sich in der BMW Welt

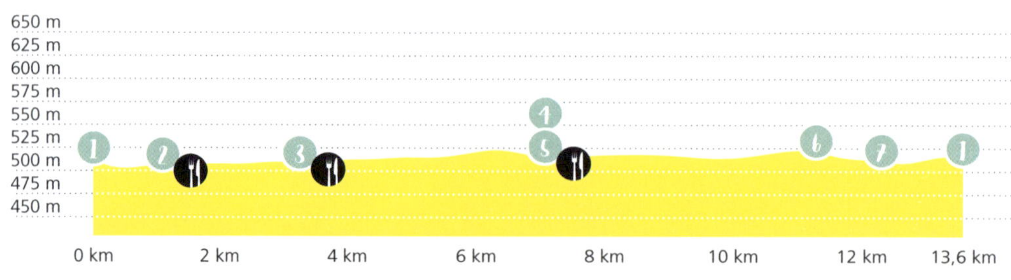

RUND UM SCHWABING

Kunst, Kultur und olympischer Boden

Wir radeln einmal rund um Schwabing. Durch den Petuelpark geht's zum Ungerer Bad ins Szeneviertel nach Alt-Schwabing mit urigen Kneipen. Über die Leopoldstraße gelangen wir zur „Straße der Pinakotheken" der Theresienstraße. Sportlich wird's dann im Olympiapark mit Blick zur BMW Welt.

14 Kilometer
20 Höhenmeter
1 Stunde
Rundtour

Chillen im Strandkorb wie an der Nordsee

Ein sehr historischer Ort, an dem wir unseren Feierabend-Ride beginnen. Anfang des 20. Jahrhunderts gab es hier ein großes Flugfeld, das Oberwiesenfeld, und den ersten Verkehrsflughafen von München. Auch BMW hatte hier bereits ein Werk für Flugmotoren errichtet, die auf dem Flugfeld getestet wurden. Vom 1 / Parkplatz am U-Bahnhof Petuelring, ist auch wieder unser Ziel, radeln wir über die Kreuzung der Schleißheimer Straße zwischen schattigen Bäumen parallel zur Straße über dem Tunnel. An der nächsten Kreuzung mit der Belgradstraße verschwinden die Autos im Petueltunnel und der Petuelpark erstreckt sich 900 Meter weit vor uns. Beliebter Treffpunkt im Park ist das 2 / Café Ludwig (Di–Fr 11.30–22, Sa 10–22, So 10–21 Uhr, Klopstockstraße 10, 80804 München,

CHARAKTER
Sportlich ●○○○○
Abkühlung ●○○○○
Schlemmen ●●●○○
Panorama ●●○○○

< links / Café Ludwig im Petuelpark

+49 8932211766, www.cafe-ludwig.net) am zentralen Fontänenplatz. Zwischen Bildern und Skulpturen gibt es selbstgemachte Torten auf der Terrasse und der Garten-Lounge im Strandkorb. An der Leopoldstraße erreicht uns dann wieder der Verkehr.

Die Hotelskyline von Schwabing

Wir radeln hinüber ins Berliner Viertel zum Park am Münchner Tor mit der imposanten Hotelskyline. Vor der Trambahnlinie kurz rechts radeln und hinter der Haltestelle über die Gleise und den Park zur Schlüterstraße hinüber. Sie führt uns nach rechts an den Schwabinger See. Links geht's weiter zum Parkplatz am Freibad Ungererbad. Die Ungererstraße queren wir nun zur Luxemburger Straße. An deren Ende biegen wir rechts ein und sehen bereits das rustikale Münchner 3 / Wirtshaus Brunnwart (11–23 Uhr, Biedersteiner Str. 78, 80805 München, +49 893614058, www.brunnwart.de) mit seinem großen Biergarten. Hier stand einst das Biedersteiner Schloss, übrig gebelieben ist das Haus des Brunnwartes. Wir radeln also entlang der Biedersteiner Straße über die Kreuzung mit der Dietlindenstraße, bis die Gohrenstraße rechts abzweigt. Einbiegen und an der Occamstraße links, hinein nach Alt-Schwabing.

BEACHEN IN SCHWABING

Das Ungererbad liegt an unserer Tour: Eine idyllische Oase mitten in Schwabing, mit Planschbecken, Sprungturm und Terrain für die sportlich Aktiven.

Die schiefe Laterne von Schwabing

Schwabing ist Münchner Lebensgefühl. Kneipen, Kleinkunst, Jugendstil. Früher galt es als Stadtteil der Künstler und Bohème und ist heute beliebtes Wohn- und Ausgehviertel. Am Ende der Occamstraße steuern wir auf die wohl schiefste Laterne Münchens zu, am Wedekindplatz steht sie. Die Laterne stammt aus dem legendären Lokal „Bei Gisela", deren Wirtin Gisela Jonas Kleinkunst-Mäzenin war. Wir halten uns links und radeln durch die Werneckstraße zur Nikolaistraße und zum Nikolaiplatz.

➤ rechts oben / Zum Brunnwart ➤ rechts Mitte / Alt-Schwabing

KM 1

900 Meter erstreckt sich der Petuelpark als „Deckel" über den Ringtunnel. Am zentralen Fontänenplatz kehren wir im 2 / Café Ludwig ein. Ein Künstlerkubus stilsicher in Szene gesetzt mit riesigen Fensterfronten. Zwischen Bildern und Skulpturen gibt es selbstgemachte Torten auf der Terrasse und der Garten-Lounge im Strandkorb.

LEBENSGEFÜHL

Wir Münchner haben davon eine ganze Portion und leben es im alten Schwabing in Kneipen, bei Kleinkunst und Jugendstilfassaden, wie z. B. in der Occamstraße.

GASTRONOMIE UND SIGHTSEEING UNTER PAPPELN

Borofskys Walking Man

Entlang der Nikolaistraße erreichen wir die Leopoldstraße, Münchens Flaniermeile. Auf den Punkt gebracht: Shoppen, studieren und flanieren. Richtung Siegestor nehmen wir sie unters Rad. Hinter der U-Bahnstation Giselastraße erhebt sich der weiße „Walking Man", Jonathan Borofskys 17 Meter hohes Kunstobjekt, beliebtes Fotomotiv und nicht zu übersehen, auch nachts nicht, wenn es im Licht erstrahlt. Die Leopoldstraße beginnt dort, wo die Ludwigstraße endet, am Siegestor, dem Münchner Triumphbogen. Der Löwe im Viergespann ist abends mit Beleuchtung ein echter Blickfang. Wir radeln nun auf der Ludwigstraße Richtung Altstadt. Hier erstreckt sich die LMU, die Ludwig-Maximilians-Universität. Beliebter Treffpunkt junger Leute ist das Rondell am Audimax der LMU mit den beiden beleuchteten Römischen Brunnen am Geschwister-Scholl-Platz bzw. am Prof.-Huber-Platz. Natürlich sollten wir die Ludwigskirche nicht vergessen, die das zweitgrößte Altarfresko der Welt besitzt. Zu übersehen ist sie nicht mit ihren Rundbögen und den beiden hohen Türmen. Danach folgt dann die Bayerische Staatsbibliothek.

Kunst- und Museumsmeile Theresienstraße

Gegenüber zweigt die Theresienstraße ab, Kunst- und Museumsmeile in der Maxvorstadt. Wir kommen an vier Museen von Weltrang vorbei, an der 4 / Neuen und Alten Pinakothek, der Pinakothek der Moderne und dem Museum Brandhorst (Mo, Do–So 10–18 Uhr, Di, Mi 10–20.30 Uhr, www.pinakothek.de). An der Alten Pinakothek liegt das 5 / Café Klenze (Di–So 11–17 Uhr, Barer Str. 27, 80799 München, +49 89 28777488, www.victorianhouse.de). Leo von Klenze war der Architekt und Namensgeber eines der schönsten Museumscaés in Deutschland. Wir gehen über den Park durch das Klenze-Portal der Alten Pinakothek links die Marmortreppe hinauf ins Café. Es gehört zu den exklusivsten Party Locations in München. Hinter dem Museumsareal schließt die Technische Universität an. Bis zur Luisenstraße folgen wir der Theresienstraße und biegen dort rechts zum Alten Nördlichen Friedhof ab. Links wenden wir uns in die Tengstraße und biegen an der Kirche links zum St. Josephsplatz ein. Der Hiltenspergerstraße folgen wir nach rechts zur Elisabethstraße. Links setzten wir die Tour zum Nordbad und zum Stadtarchiv fort, hin zur Schwere-Reiter-Straße. Noch mal links abbiegen und schon haben wir den Süden des Olympiaparks erreicht.

KM 6

Die Leopoldstraße ist die angesagte Flaniermeile Münchens. Hier feiern die Fans des FC Bayern und Mann und Frau sitzen vor den Bars, Cafés und Restaurants an der fesselnden Straße um zu sehen oder um gesehen zu werden, oder gehen shoppen.

< links / Brunnen vor der Universität und Ludwigskirche ^ oben / Museum Brandhorst, München

KUNST

Wir sollten hier eigentlich viel mehr Zeit verbringen in der Museumsmeile Theresienstraße. Ausstellungen mit hohem Ansehen zeigen die Pinakotheken und das Museum 4 / Brandhorst.

Einmal quer durchs Stadion fliegen

Wir queren die Ackermannstraße und radeln nach rechts an der Wendeschleife der Tram entlang zum Rudolf-Harbig-Weg und in den Olympiapark hinein. Wer den Olympiaberg „erradeln" möchte, muss eine Bergetappe einlegen. Immerhin hat man oben eine tolle Aussicht über München. Sonst geht es über die Brücke am Olympiasee zum Stadion mit der aufsehenerregenden Zeltdachkonstruktion. Wir buchen hier bei 6 / Touren im Olympiapark (+49 89 30672414, Infos im Info-Pavillon am Olympia-Eissportzentrum, www.touren-olympiapark.de) die Abseil-Tour und lassen uns 40 Meter abseilen oder fliegen alternativ in 35 Meter Höhe quer durch das Stadion.

KM 12

Wo BMW mit der Produktion von Flugmotoren begann, begeistert mich immer wieder die unverwechselbare und futuristische Architektur der 7 / BMW Welt mit ihrer atemberaubenden Fahrzeugausstellung gleich neben dem BMW Museum im BMW-Vierzylinder.

Faszination Auto

Wieder am Boden radeln wir zwischen Olympiahalle und Stadion über den „Mittleren Ring" und halten uns rechts zur 7 / BMW Welt (Mo–Sa 7.30–00 Uhr, So 9–00 Uhr, Am Olympiapark 1, 80809 München, +49 89 125016001, www.bmw-welt.com). Sie begeistert durch die unverwechselbare Architektur und ihre einzigartigen Fahrzeugausstellungen. Also schauen wir rein, kostenfrei. Hier gibt's nicht nur Autos sondern auch was für den Magen. Ich gehe gern ins Cooper's (Mo–Sa 8–18 Uhr, So 9–18 Uhr) im stylischem Bistroflair im Erdgeschoss. Schlussspurt 1000 m: Auf der Fußgängerbrücke neben der BMW Welt, über den Ring und am Minigolf links zur Lerchenauer Straße. Die Birnauer Straße gegenüber führt uns zu unserem Ausgangspunkt am 1 / Parkplatz am U-Bahnhof Petuelring zurück.

TOURENINFO / Hier zeigt sich, dass München tatsächlich Radlhauptstadt ist. Wir fahren im Stadtgebiet durch enge Straßen, mal auf Radwegen neben verkehrsreichen Straßen und auf Wegen mit zahlreichen Fußgängern. Mit Rücksicht kommen wir gut voran.

➤ **1 /** Parkplatz am U-Bahnhof Petuelring ➤ **2 /** Café Ludwig ➤ **3 /** Wirtshaus Brunnwart ➤ **4 /** Neue und Alte Pinakothek, Pinakothek der Moderne und Museum Brandhorst ➤ **5 /** Café Klenze ➤ **6 /** Touren im Olympiapark ➤ **7 /** BMW Welt

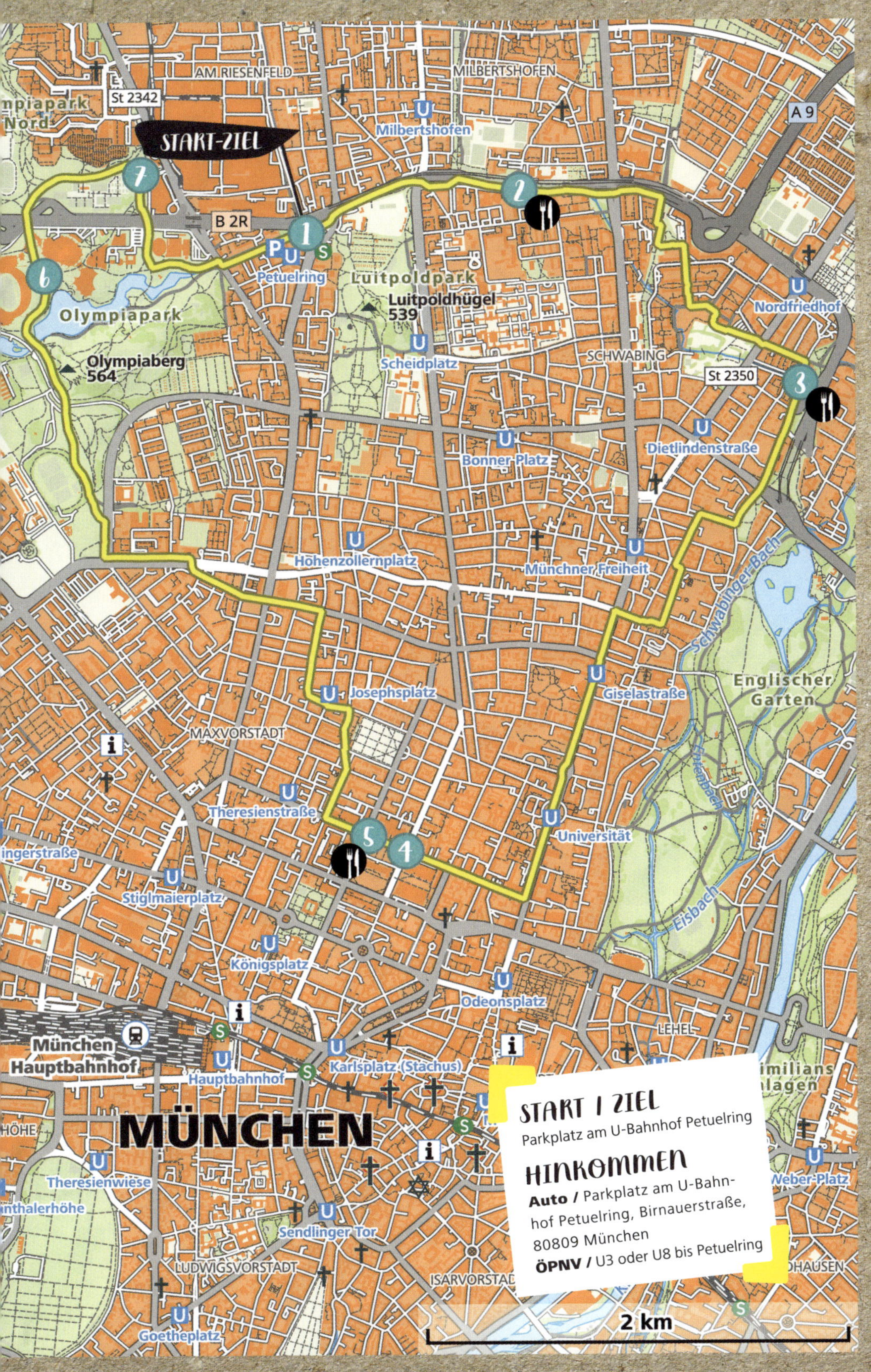
START-ZIEL
1
2
3
4
5
6
7
AM RIESENFELD
MILBERTSHOFEN
Milbertshofen
St 2342
A 9
B 2R
Petuelring
Luitpoldpark
Luitpoldhügel
539
Olympiapark
Olympiaberg
564
Nordfriedhof
Scheidplatz
SCHWABING
St 2350
Dietlindenstraße
Bonner Platz
Hohenzollernplatz
Münchner Freiheit
Schwabinger Bach
Giselastraße
Englischer Garten
Josephsplatz
MAXVORSTADT
Theresienstraße
Universität
Eisbach
Stiglmaierplatz
Königsplatz
Odeonsplatz
LEHEL
München Hauptbahnhof
Hauptbahnhof
Karlsplatz (Stachus)
MÜNCHEN
Theresienwiese
Sendlinger Tor
LUDWIGSVORSTADT
ISARVORSTADT
Goetheplatz
2 km
START / ZIEL
Parkplatz am U-Bahnhof Petuelring
HINKOMMEN
Auto / Parkplatz am U-Bahnhof Petuelring, Birnauerstraße, 80809 München
ÖPNV / U3 oder U8 bis Petuelring

NEUES ENTDECKEN

Nach Keferloh zieht es viele Leute. Auch mich, weil das Kleine Münchner Theater dort spielt und es im Raritätenmarkt Neues zu entdecken gibt.

➤ **1 /** Vom Parkplatz am Riemer See radeln wir an den See und nach der Tour und Entspannung vom See zum Parkplatz.

➤ **2 /** Unser erster Stopp ist das Wirtshaus Lindengarten

➤ **3 /** Im Franziskaner Garten herrscht tolle Feierabendstimmung

➤ **4 /** Die Gaststätte Zur Einkehr ist ein beliebter Radlertreff

➤ **5 /** Der Gasthof Gut Keferloh ist mit dem ganzen Drumherum einfach nur einmalig

➤ **6 /** Zu guter Letzt am Riemer See eine Runde schwimmen

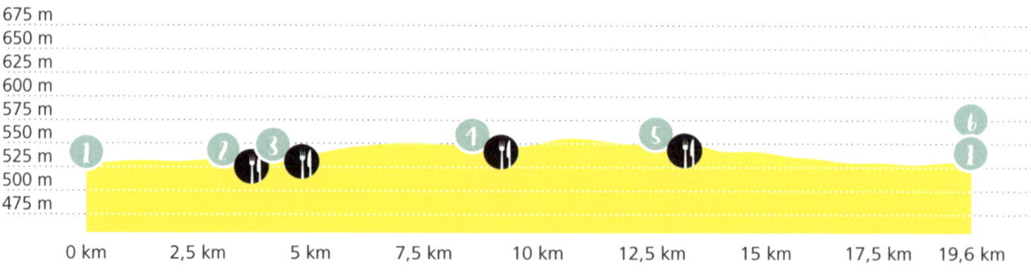

6

ABFLUG: MÜNCHEN-OST

Von der Messestadt Riem nach Keferloh

Da wo bis 1992 Flugzeuge aus aller Welt landeten und abhoben, starten wir zum Feierabend-Ride. Vom Riemer Park radeln wir über die Friedenspromenade zur Gartenstadt Trudering. Durch den Förchet geht's zum Radlertreff nach Solalinden und zum Event-Gut Keferloh. Zurück radeln entlang der Münchner Stadtgrenze zum Riemer See und lassen nochmal richtig die Seele baumeln.

19,5 Kilometer
31 Höhenmeter
1:30 Stunden
Rundtour

Ohne Schnörkel, aber mit Kante

Am Reißbrett entstand der neue Stadtteil Messestadt Riem, gradlinig, modern und zweckmäßig mit Park und See. Landschaftsarchitekt Gilles Vexlard hat das Wegesystem entworfen, streng symmetrisch, ohne Schnörkel. Selbst der Aussichtshügel hat Kanten. Deshalb radeln wir nun „schnurgerade" vom 1 / Parkplatz am Riemer See an den See. Der See ist grandios: sauberes Wasser, flacher Kiesstrand und jede Menge Entspannung. Er wurde für die Bundesgartenschau 2005 künstlich angelegt. Wir heben uns den Sprung ins kühle Nass fürs Ende der Tour auf und fahren vorerst am Ufer rechts und auf dem asphaltierten Weg am 700 Meter langen See ent-

CHARAKTER

Sportlich ●●○○○
Abkühlung ●●○○○
Schlemmen ●●●●○
Panorama ●●○○○

‹ links / Riemer Park vom Bugaberg

lang. Wie am Lineal gezogen führt er uns an den Weg, der im spitzen Winkel von rechts her kommt und folgen ihm nach links zum Gewerbegebiet am Rappenweg. An der Schwablhofstraße halten wir uns links und radeln durch die Bahnunterführung zur Wasserburger Landstraße in München Trudering.

Eine Berghütt'n in München

Gegenüber setzen wir unsere Tour durch die lang gezogene grüne Ader Friedenspromenade fort. Unterwegs, an der Kreuzung mit der Solalindenstraße, erwartet uns schon das 2 /Wirtshaus Lindengarten (11–22 Uhr, +49 89 4309178, Solalindenstraße 50, 81825 München, www.lindengarten.eu), natürlich mit einem Biergarten. Das Besondere: Es gibt eine große Auswahl an Weiß- und Rotweinen. Viele dieser Winzer sind Charakterköpfe und so sind ihre Weine ein ausgezeichnetes Trinkvergnügen. Lust auf einen Schoppen? Na dann reingehen. Wenig später liegt rechts an der Kreuzung Vogesenstraße schon der 3 / Franziskaner Garten (11–22 Uhr, +49 89 4300996, Friedenspromenade 45, 81827 München, www.franziskanergarten.de). Vor dem Haus steht eine echte Berghütt'n, die Franziskaner Alm. Sieht einmalig urig aus. Im Wirtshaus spüren wir die echte bayerische Gemütlichkeit in historischem Ambiente. Hier herrscht tolle Feierabendstimmung unter schattigen Kastanien bei einem original Franziskaner Weißbier und dem Spaten Hell, frisch vom Fass gezapft. Die Friedenspromenade führt Richtung Truderinger Grenzkolonie und heißt dort Friedrich-Creuzer-Straße. An der Günderodestraße biegen wir links in die Grenzkolonie ein und radeln gemütlich am Rande der Siedlung entlang. Der Name kommt von der Lage an der Stadtgrenze von München. Bald heißt sie Fauststraße und macht eine scharfe Linkskurve zur Schwedensteinstraße. Am Straßenende

FRIEDENSPROMENADE

Ein Obelisk erinnert an das Gründungsjahr der Siedlung Gartenstadt Trudering 1917. Wir kehren ins 2 / Wirtshaus Lindengarten oder im 3 / Franziskaner Garten ein.

➤ rechts oben / Wirtshaus Lindengarten ➤ rechts Mitte / Riemer Park

KM 0

Wo heute rund 16.000 Menschen leben und ein modernes Messegelände internationales Publikum anzieht, starteten bis Anfang der 1990er Jahre Flugzeuge in alle Himmelsrichtungen. Wir merken schon bei der Orientierung, dass die Messestadt Riem am Reißbrett entstanden ist. Symmetrisch, gradlinig, mit Park und See.

RADLERTREFF

Im kleinen Dorf Solalinden gibt es die **4 / Gaststätte Zur Einkehr**, die ein beliebtes Ausflugsziel ist. Besonders der schattige Biergarten steht hoch in der Gunst der Pedalritter.

verlassen wir die Siedlung nach rechts und radeln durch den lichten Wald, dem Förchet, zum kleinen Dorf Solalinden.

ZÜNFTIGE EINKEHR VOR DEN TOREN MÜNCHENS

Einfach Hallo sagen, im Weiler Keferloh

An der Straße halten wir uns links und sehen schon an den vielen Rädern vor der 4 / Gaststätte Zur Einkehr (Mi–So 11–22 Uhr, Keferloher-Markt-Straße 30, 85640 Putzbrunn, +49 89 32708450, www.zur-einkehr-solalinden.de), dass sie ein bei Radlern sehr beliebtes Ziel ist. Wir schauen mal rein und erfrischen uns bei einem Tegernseer Hell. Im Biergarten können wir unsere eigene Brotzeit auftischen. Unser Feierabend-Ride biegt dann vor der Gaststätte in die Straße Am Rehwinkel ab und führt uns über die weiten Felder und über die B471 an den Waldrand des Waldgebietes Lohholz. Wir fahren in einem Linksbogen um das Lohholz herum, an die Straße nach Keferloh. Das Gut Keferloh liegt links, also radeln wir dorthin. Im Innenhof des 5 / Gasthofes Gut Keferloh (Mi–So 12–24 Uhr, Biergarten Mo–Sa 17–24 Uhr, So 12–24 Uhr, In Keferloh 2, 85630 Grasbrunn, +49 89 469248, www.gut-

keferloh.de) stehen viele alte Kastanien, unter denen wir eine leckere bayerische Brotzeit genießen und einfach Hallo sagen. Sommer in Bayern. Das Herzstück vom Wirtshaus ist die Wirtsstube mit historischen Wandvertäfelung, der umlaufenden Bank, wobei die großen, langen Tische und die Schänke im Gründerzeitgewand eindeutig der Blickfang sind. Wir schauen auch mal ins Künstlerzimmer rein. Ein gemütlicher Raum mit Zeichnungen des bayrischen Malers und Grafikers Hans Prähofer an den Wänden. Ein echter Hingucker.

KM 12

Im Sommer ist es draußen am schönsten. Perfekt für Frühstück, Mittag- Abendessen im Biergarten. Passend zur leckeren Brotzeit gibt es ein kühles Augustiner-Helles. Die hauseigene Konditorei vom 5 / Gasthof Gut Keferloh zaubert Süßes und knuspriges Brot zum Mitnehmen.

Keineswegs bierernst

Im Gasthof Gut Keferloh spielt das „Kleine Münchner Theater" mit viel Leidenschaft Mundarttheater, typisch bayerisch, aber keineswegs bierernst. Immer freitags, samstags und sonntags (www.kleines-muenchner-theater.de). Und dann ist da noch die ehemalige Scheune nebenan. Dort findet jeden ersten Sonntag im Monat ein Antik- und Raritätenmarkt statt. Soll einer der größten in Deutschland sein. Also einfach mal durchstöbern. Es ist wirklich nicht langweilig im oberbayerischen Weiler Keferloh. Noch ein Highlight! Immer am ersten Montag im September findet der Keferloher Markt statt, einst ein traditioneller Vieh- und Pferdemarkt, heute ein ge-

---

< links / Gasthof Gut Keferloh, Wirtsstube ^ oben / Neue Messe München mit Gran Paradiso

BAYERISCH-ANTIK

Der 5 / Gasthof Gut Keferloh ist nicht einfach ein Wirtshaus mit einem Biergarten. Er ist eine Event-Location mit Mundarttheater, Blasmusik und einem Antik- und Raritätenmarkt.

mütliches Landwirtschaftsfest, auf dem sich auch gerne bayerische Lokalpolitiker zeigen.

Zurück am Riemer See

Anschließend geht es kurz Richtung Solalinden, an der kleinen Kirche St. Ägidius vorbei und rechts auf den schmalen Weg über das Feld zum Waldrand. Mitten im Wald schwenken wir auf der zweiten Wegekreuzung rechts ein und fahren geradeaus nach Haar an die Münchener Straße. Wir fahren erstmal rechts zur Ampel und dann hinüber zur Keferloher Straße, die uns nach Gronsdorf führt. An der Kirche in Gronsdorf halten wir uns links und an der folgenden Kurve geradeaus auf den Weg zum Ort der Besinnung am Riemer Park. Schon stehen wir vor dem 6 / Riemer See, biegen rechts ab und fahren am Ufer entlang zum Aussichtspunkt auf dem Hügel. Wir umfahren den Hügel rechtsherum und können dann mit dem Rad hinauf. Unser Anstieg wird von einer schönen Aussicht auf die Messestadt Riem belohnt. Hinunter lassen wir das Fahrrad rollen und biegen dann links ab zurück zum Ausgangspunkt der Tour, am 1 / Parkplatz am Riemer See. Und jetzt noch nach der Radltour die Badehose auspacken und in den Riemer See springen, klingt nach einem guten Tourabschluss. Snacks und Getränke gibt es am See-Kiosk. Im Riemer Park fand 2005 die Bundesgartenschau statt. Da wurde auch der See angelegt, der als einer der saubersten in München und Umgebung gilt.

KM 19

Wie ein Keil ragt der Aussichtshügel am 6 / Riemer See aus dem Boden. Von oben blicken wir auf lange, geradlinige Achsen und streng geometrische Flächen. Gilles Vexlard inszenierte wirkungsvoll die Weite des Raumes. Im Winter wird der Aussichtshügel zum Rodelhügel.

TOURENINFO / Wir wechseln zwischen asphaltierten Sträßchen und Wegen mit losem Untergrund. Immer ziemlich eben geht es durch lichten Wald und über Felder. Ist auch eine tolle Familientour mit größeren Kindern. Badesachen nicht vergessen.

➤ **1 /** Parkplatz am Riemer See ➤ **2 /** Wirtshaus Lindengarten ➤ **3 /** Franziskaner Garten ➤ **4 /** Gaststätte Zur Einkehr ➤ **5 /** Gasthof Gut Keferloh ➤ **6 /** Riemer See

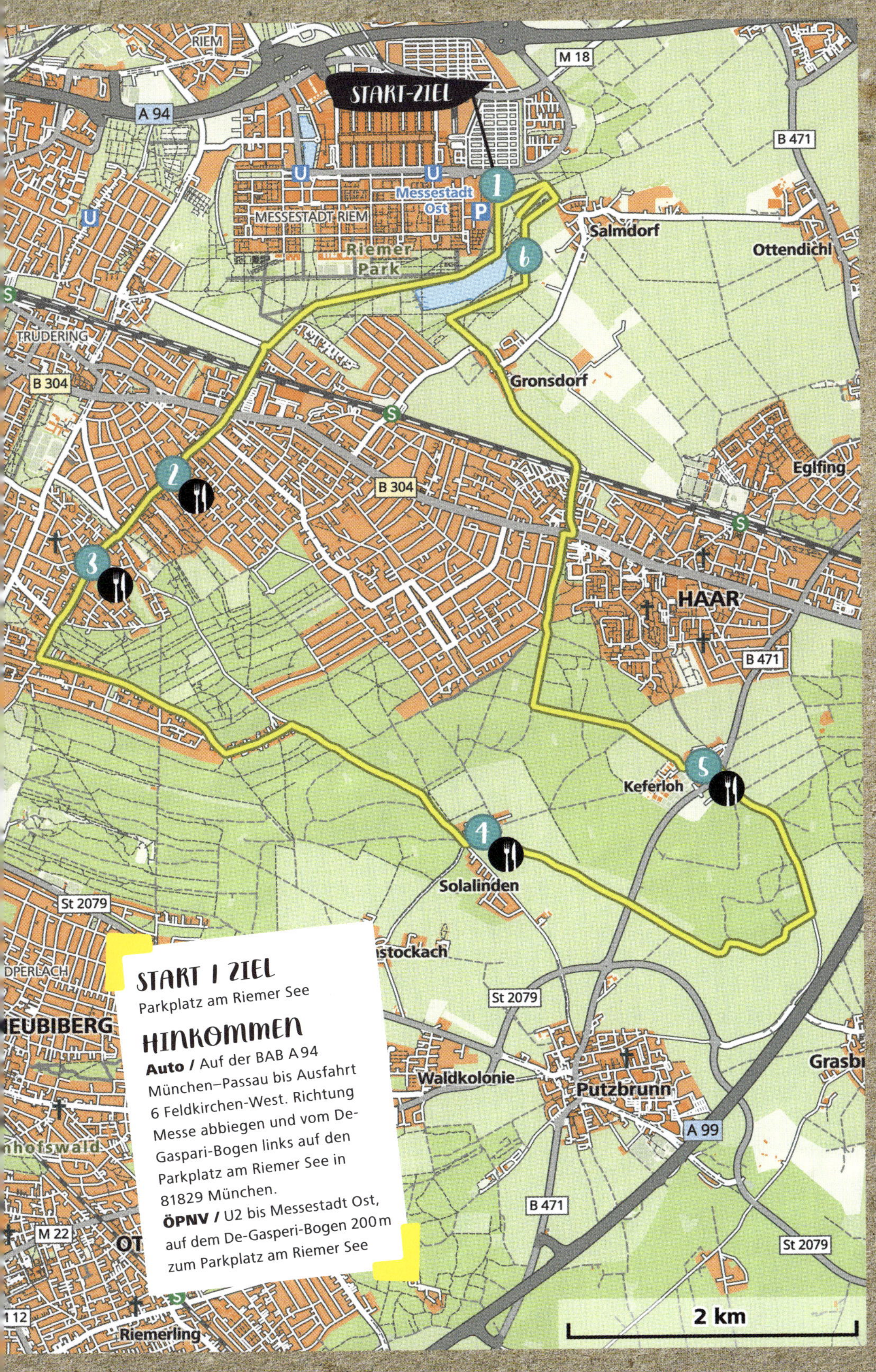

START / ZIEL

Parkplatz am Riemer See

HINKOMMEN

Auto / Auf der BAB A 94 München–Passau bis Ausfahrt 6 Feldkirchen-West. Richtung Messe abbiegen und vom De-Gasperi-Bogen links auf den Parkplatz am Riemer See in 81829 München.

ÖPNV / U2 bis Messestadt Ost, auf dem De-Gasperi-Bogen 200 m zum Parkplatz am Riemer See

SPANNENDER ABENDRIDE

Die Tour ist eine gute Mischung aus sportlichen Teilstrecken, gemütlichem Einkehren und interessanten Einblicken. Gerade richtig für meinen perfekten Abend.

➤ **1 /** Wir starten und enden am Parkplatz zur Bavaria-Filmstadttour

➤ **2 /** Auf Filmstadtour in den Studios der Bavaria Filmproduktion gehen

➤ **3 /** Einen Kaffee gibt es im Burgmuseum und die Aussicht vom Turm obendrauf

➤ **4 /** Zu Fuß geht's zum Georgenstein

➤ **5 /** Wir kehren ins urige Gasthaus zur Mühle ein

➤ **6 /** Die Chronik vom Gasthof zum Wildpark ist echt spannend

➤ **7 /** Im Waldhaus zur alten Tram können wir relaxen

➤ **8 /** Im Walderlebniszentrum Sauschütt liegt der Kletterwald München

➤ **9 /** Das Forsthaus Wörnbrunn ist die letzte Möglichkeit zur Einkehr

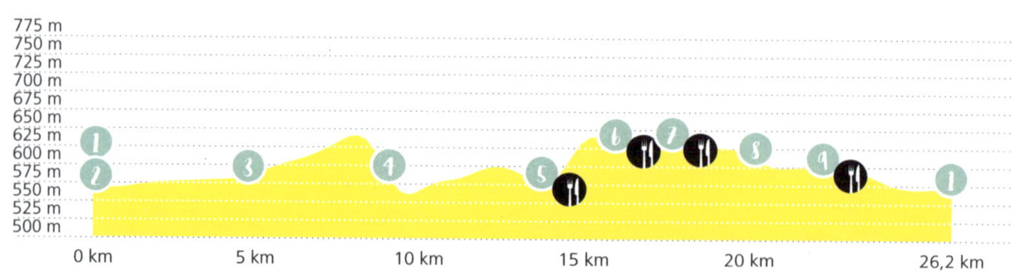

FILMSTADTTOUR

Von Geiselgasteig ins Isartal

Nachdem wir die spannenden Dreharbeiten bei der Filmproduktion erlebt haben, geht's zur Burg Grünwald und spektakulär an der Isarleite hinunter ins Isartal zum angesagten Radlertreff Gasthaus zur Mühle. Durch den schattigen Grünwalder Forst kommen wir zurück.

26 Kilometer
142 Höhenmeter
2 Stunden
Rundtour

Szene 5.2, Take 1

In den Studios der Bavaria Filmproduktion herrscht reger Betrieb. Täglich wird hier gedreht: deutsche Serien, großes Kino. Hier sehen wir einmal hinter die Kulissen. Rund 2 Stunden dauert eine 2 / Filmstadttour mit Spaß und Spannung inklusive eines 4D-Films (9–18 Uhr, letzter Einlass 15 Uhr, Bavariafilmplatz 7, 82031 Geiselgasteig bei München, +49 89 64992000, www.filmstadt.de).

CHARAKTER

Sportlich ●●●●○
Abkühlung ●○○○○
Schlemmen ●●●●○
Panorama ●●●○○

Grünwald, einst ein Dorf von Bauern und Taglöhnern

Erst als die Heilmann'sche Immobiliengesellschaft die Schwaige „Geiselgasteig" erwarb, entwickelte sich der Ortsteil zu einer bevorzugten Wohngegend wohlhabender Münchner. Mit dem Rad

---

< links / Im Relaxgarten Waldhaus zur alten Tram

geht es jetzt aber los auf unserem Feierabend-Ride von Grünwald ins Isartal. Keine Bange, wir kehren hierher zurück. Wir starten also am 1 / Parkplatz zur Bavaria-Filmstadttour. Erst einmal vor zur Gabriel-von-Seidl-Straße, dort links zur Graf-Seyssel-Straße und rechts zum Trambahnhaltepunkt Robert-Koch-Straße. Links geht es weiter, zwischen schmucken Häusern, an der Thomaskirche vorbei zur Nördlichen Münchner Straße. Gegenüber radeln wir durch die Dr.-Max-Straße am Grünwalder Freizeitpark entlang bis zur Schloßstraße. Wie der Name schon verrät, ist das Schloss nicht weit, liegt gleich rechts am Hang des Isartales. Das Mittelalterschloss ist eine Burganlage mit einem spannenden 3 / Burgmuseum (Mi–So 10–17 Uhr, Zeillerstr. 3, 82031 Grünwald, +49 89 6413218, www.archaeologie-bayern.de/de/zweigmuseen/gruenwald) über drei Etagen und der Turm bietet eine schöne Aussicht auf das Isartal. Auf einen Kaffee im Café im Foyer können wir schon mal Platz nehmen.

BURG MIT TURMAUSSICHT

In der Burg Grünwald gibt es ein schönes 3 / Burgmuseum, ansprechend für Kinder gemacht. Es wird die tausendjährige Geschichte der Burg und anderer „Burgen in Bayern" gezeigt.

Schrecken der Flößer

Weiter geht's zum Rathaus und zum Marktplatz. Dort fahren wir nach links über die große Kreuzung, und radeln neben der Tölzer Straße zum Wertstoffhof am Ortsende von Grünwald. Dahinter zweigt der Mühlweg ab, der Richtung Frundsbergerhöhe führt. Erst fahren wir eben dahin durch den Grünwalder Forst, bis sich dann rechts ein Taleinschnitt auftut. Ab hier folgen wir den römischen Legionären steil hinab ins Isartal. An der Verzweigung können wir zu Fuß einen Abstecher auf der Römerstraße geradeaus zum 4 / Georgenstein machen, der aus dem Flussbett der Isar herausragt. Der Fels war zur Zeit der Flößerei ein gefürchtetes Hindernis und Meilenstein an der römischen Handelsstraße der Via Julia Richtung Augsburg. Oben auf

---

➤ rechts oben / Burg Grünwald ➤ rechts Mitte / Bavaria-Filmstadt, VisualEffectsStudio

KM 0

Großes Kino gleich zu Beginn. Die Bavaria 2 / Filmstadt in Grünwald lässt uns hinter die Kulissen schauen. Während der Filmstadttour weiht uns der Guide in die Details der Dreharbeiten ein und führt zu Originalkulissen. Am Ende gibt es 4D-Kino in Extraklasse für alle Sinne. Dauert alles ca. 2 Stunden.

EIN FELS IN DER ISAR

Das Floß vom Flößer Georg Müller zerschellte 1805 an diesem Fels. Er rief in der Not seinen Namenspatron um Hilfe. Seit dieser Zeit heißt der Stein 4 / Georgenstein.

dem Fels steht die Figur des Heiligen Georg, Schutzpatron der Reiter und Bauern.

Urige Stub'n in Mühlthal

FLOSS-RUTSCHEN-GAUDI ZUM ZUSCHAUEN

Der Ride schwenkt an der Verzweigung aber links ab und führt uns unterhalb der steilen Isarleite am Hang entlang um die Bergzunge des 60 Meter höheren Horns herum und im rechten Bogen an die Straße zum 5 / Gasthaus zur Mühle (Di–So 10–23 Uhr, Mühltal 10, 82064 Straßlach, +49 8178 3630, www.gasthaus-muehle.de/index.html) nach Mühlthal. Uns erwartet eine der letzten original bayerischen Wirtschaften: Urige Stub`n mit Kachelofen, der schätzungsweise 250 Jahre auf der "Kachel" hat und Treffpunkt von Radlern und Sonnenanbetern ist, die auf den Kiesbänken an der Isar nicht nur den Alltagsstress ablegen. Das Gasthaus liegt an der Floßrutsche direkt am Isarkanal. Mit etwas Glück kommt ein Floß von Wolfratshausen her und muss durch dieses Nadelöhr hinab.

Entspannen für den Schlussspurt

Für uns geht es weiter steil bergauf an der Kapelle St. Ulrich vorbei nach Straßlach. Die Mühlstraße, auf der wir aus dem Tal kommen, bringt uns in den Ort. Dort wechseln wir halb links in die Kurzstraße und wieder links zum 6 / Gasthof zum Wildpark (11–22 Uhr, +49 8170 99620, Tölzer Str. 2, 82064 Straßlach-Dingharting, www.gasthof-zum-wildpark.de) mit schönem Biergarten und langer Tradition, wie die Chronik berichtet. Jetzt müssen wir ein Stück auf der Grünwalder Straße radeln, Richtung Grünwald bis zur Minigolfanlage am Riedweg. Das 7 / Waldhaus zur alten Tram (Mi–So 10–23 Uhr, Fr 9–23 Uhr, Riedweg 41, 82064 Straßlach-Dingharting, +49 8170 998880, www.waldhaus-tram.de) liegt am Ende des Sträßchens. Einst war es Ferienheim der Münchner Straßenbahner. Es ist nicht weit bis dorthin zum Gasthaus mit einmaligem Relax-Garten. Also einmal entspannen für den Schlussspurt.

KM 13

Für die Bauern im Mühltal war die Huismüle im 18. Jahrhundert noch in Betrieb. An ihrer Stelle steht das weit über das Mühltal hinaus bekannte noch echte bayerische 5 / Gasthaus zur Mühle, mit herrlich gemütlichem Flair, Treffpunkt der Wanderer und Radler.

Wildschweine am Kletterwald

Ein schmaler Weg führt uns an das Ludwig-Geräumt. Geräumte sind Wege, durch die der Forst in Quadrate aufgeteilt wurde. Das nur zur Erklärung, weil wir am nächsten Geräumt, dem Budick Geräumt, links einbiegen. Es ist nicht zu verfehlen, da die Schneise

< links / Floßrutsche Mühlthal ^ oben / Kletterwald München im Walderlebniszentrum

FORSTHAUS NEU ERFUNDEN

Einst feierten im **9 / Forsthaus Wörnbrunn** Promis wilde Partys. Heute rühmt es sich für seine Küche. Neben dem Forsthaus beobachten wir Rehe und Hirsche.

recht breit ist. Kurz vor der Staatsstraße wenden wir uns rechts in das Link Geräumt und radeln auf das Walderlebniszentrum Sauschütt zu. Wie der Name vermuten lässt, gibt es dort ein Wildschweingehege, einen tollen Walderlebnispfad und einen 8 / Kletterwald (9–12, 13–17 Uhr, +49 89 88902355, 82031 Grünwald, www.kletterwald-muenchen.de) mit fünf spektakulären Parcours und einer 120 Meter langen Seilbahn. Trauen wir uns?

KM 20

Dort finden wir das Walderlebniszentrum Sauschütt. Der Walderlebnispfad führt als Rundweg am Wildschweingehege vorbei. Das Wald-Café im Zentrum des Gartens hat bei schönem Wetter an den Wochenenden geöffnet. Einen 8 / Kletterwald gibt's obendrein.

Die letzte Einkehr

Geradeaus weiter kommen wir am Ortsrand von Grünwald vorbei. Bald haben wir es geschafft. Das Link Gerämt ist lang und bringt uns an die Kreisstraße. Gegenüber führt ein Weg zum 9 / Forsthaus Wörnbrunn (Mi–Fr 14–23 Uhr, Sa, So 11–23 Uhr, +49 89 809 11110, Wörnbrunn 1, 82031 Grünwald, www.forsthaus-woernbrunn.com). Die letzte Möglichkeit, um noch einmal einzukehren. Es kann schon vorkommen, dass hier der Wald „bebt". Das Forsthaus rühmt sich für seine Events. Hier gibt es zudem eine traditionelle Küche, neu interpretiert: furios, modern. An den Parkplätzen hinter dem Forsthaus zweigt die Forsthausstraße nach links ab und bringt uns ohne Umschweife nach Grünwald. An einem Wanderparkplatz erreichen wir den Ortsrand und biegen gleich rechts in die Gabriel-von-Seidl-Straße ein. Am Ende der Straße stoßen wir wieder auf die Bavariafilmstraße, noch einmal rechts abbiegen zum Eingang und wir sind wieder am 1 / Parkplatz Bavaria-Filmstadttour. Super gelaufen die Tour.

TOURENINFO / Die Tour ist echt sportlich und spannend zugleich. Die Strecke führt zum großen Teil über losen Untergrund und überwindet an der Isarleite steile Wege. Entspannung gibt es in gemütlichen Gasthäusern entlang der Tour.

➤ **1 /** Parkplatz zur Bavaria-Filmstadttour ➤ **2 /** Filmstadttour ➤ **3 /** Burgmuseum
➤ **4 /** Georgenstein ➤ **5 /** Gasthaus zur Mühle ➤ **6 /** Gasthof zum Wildpark
➤ **7 /** Waldhaus zur alten Tram ➤ **8 /** Kletterwald ➤ **9 /** Forsthaus Wörnbrunn

START / ZIEL
Parkplatz zur Bavaria-Filmstadttour
HINKOMMEN
Auto / Nach Grünwald und von der Nördlichen Münchner Straße in die Bavariafilmstraße abbiegen zum Parkplatz beim Filmtoureingang. Bavaria Studios, Bavariafilmplatz 7, 82031 Geiselgasteig
ÖPNV / U1 bis Wettersteinplatz, dann Tramlinie 25 Richtung Grünwald bis Bavariafilmplatz, ca. 800 m bis zum Filmtoureingang
START-ZIEL
FORSTENRIED
Biotop Siemenswäldchen
HARLACHING
SOLLN
Solln
B 11
St 2072
Warnberg
GROSSHESSELOHE
Isarwerkkanal
Isar
Pullach im Isartal
Gartenstadt
GRÜNWALD
Höllriegelskreuth
Buchenhain
Baierbrunn
Laufzorn
Straßlach
Hailafing
Ödenpullach
Kreuzpullach
M 4
M 5
2 km

DER SONNE ENTGEGEN

Am Abend, wenn sich die Sonne zum Horizont neigt, steige ich aufs Rad und radle durch die schattigen Grünzüge im Münchner Westen, um einen perfekten Sonnenuntergang zu erleben.

> **1 /** Zur Blutenburg werden wir wieder zurückkommen

> **2 /** Der Schlosspark Nymphenburg ist ein prächtiger barocker Landschaftsgarten

> **3 /** Im Biergarten des Königlichen Hirschgarten verweile ich am liebsten

> **4 /** Am Audidom mal nach Karten für Basketball fragen

> **5 /** Neue Münchner Bands im Hopfengarten hören

> **6 /** Im Westpark blühen im Frühjahr unzählige Rosen

> **7 /** Auch das Wirtshaus am Rosengarten hat einen Biergarten, der uns zum Verweilen einlädt

> **8 /** Im Traditionswirtshaus Einkehr zur Schwaige gibt's echt bayerische Lebensart

> **9 /** Am Campus Martinsried wird für die Zukunft geforscht

> **10 /** In der Schlossschänke Blutenburg genehmige ich mir noch ein Feierabendbier

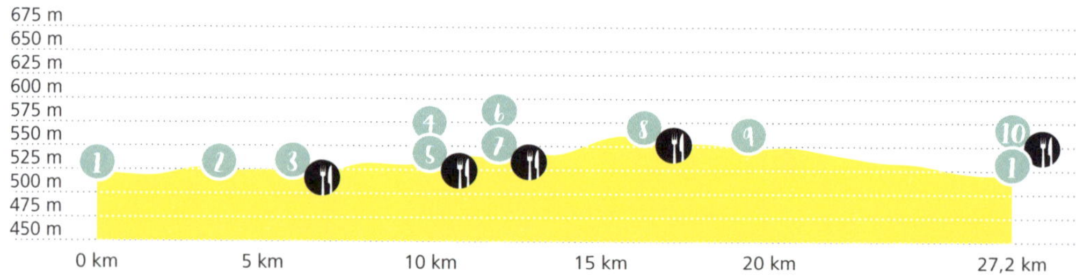

Entspannter Westen

Original Ochsenbraten *wie zum* Oktoberfest

Von der schönen Blutenburg und der herzzerreißenden Geschichte von der Bernauerin, die wie der Münchner Stadtschreiber festhielt, „am 15. Oktober 1435 gen hymel gefertigt hett", zum größten Münchner Biergarten im Königlichen Hirschgarten. Hirsche gibt es hier aber auch. Dann wartet auf uns das Asien-Ensemble im Westpark. Am schattigen Ufer der Würm entlang geht's wieder zur Blutenburg, vielleicht zum Pfälzer Herbstweinfest.

27 Kilometer
41 Höhenmeter
2 Stunden
Rundtour

Charakter

Sportlich ●●○○○
Abkühlung ●○○○○
Schlemmen ●●●●○
Panorama ●●●○○

Treffpunkt mit Freunden

Wir treffen uns auf dem Parkplatz am Seldweg an der 1 / Blutenburg. Hier sei erwähnt, dass wir hier auch wieder ankommen, fahren kurz Richtung Blutenburg und dann links auf dem Schirmerweg bis zum Feldrand. Hinter Bäumen versteckt liegt das russisch-orthodoxe Kloster des Heiligen Hiob. Links auf den Weg einbiegen und wir fahren, die Grandlstraße überquerend, zur Siedlung Am Durchblick an der Frauendorferstraße. Gleich am Anfang der Siedlung biegen wir rechts ein und erreichen die Brücke am Nymphenburger Kanal. Hinüber geht's, gleich

---

links / Blutenburg

links abbiegen und unter der Bahnbrücke hindurch zum 2 / Schlosspark Nymphenburg, einem prächtigen barocken Landschaftsgarten. Hinter der Bahnbrücke halten wir uns halb rechts zur Schlossparkmauer und radeln an ihr entlang zur Margarethe-Danzi-Straße. Wir fahren über den Parkplatz zwischen den Sportanlagen, stoßen an die Bahngleise und radeln nach links an ihnen entlang zum neuen Wohnquartier Hirschgarten. Wir biegen links in den Königlichen Hirschgarten ein zum Damwild- und Muffelwildgehege. Das Restaurant 3 / Hirschgarten (11–24 Uhr, Hirschgarten 1, 80639 München, +49 89 17999119, www.hirschgarten.de) war früher das Haus des Jägers, so um 1780. Im Schatten zahlloser Kastanien und Sonnenschirme finden wir Münchens größten Biergarten. Der richtige Ort für ein gemütliches Feierabendbier und um Freunde zu treffen.

EIN UFO MIT ZWEI KÖRBEN

Gemeint ist der 4 / Audidom, gebaut zur Olympiade, dann Konzerthalle, hier spielten Frank Zappa und Queen, jetzt Arena der Basketballmannschaft des FC Bayern München.

Hier passt das Runde in den Korb

Vom Parkplatz beim Restaurant radeln wir auf der Königsbauerstraße zur Kreuzung der Arnulfstraße mit der Wilhelm-Hale-Straße. Entlang der Wilhelm-Hale-Straße gelangen wir zum S-Bahnhaltepunkt Hirschgarten. Es geht geradeaus über die Friedenheimer Brücke und Landsberger Straße in die Elsenheimerstraße und weiter geradeaus durch die Lautensackstraße bis zur Zschokkestraße. Die Hans-Thonauer-Straße beginnt gegenüber und führt uns zur Nördlinger Straße. Dort biegen wir links ein und erreichen über die Siegenburger Straße den Westpark am 4 / Audidom (Grasweg 74, 81373 München). Früher traten hier Queen, Frank Zappa, Kiss und Bruce Springsteen auf. Das „Ufo", architektonisch betrachtet, ist heute Basketballarena und Heimat der Basketballmannschaft des FC Bayern München.

➤ rechts oben / Große Kaskade im Schlosspark Nymphenburg ➤ rechts Mitte / Königlicher Hirschgarten

KM 5

Im Biergarten des Königlichen 2 / Hirschgartens spielen zum Frühschoppen und zum Dämmerschoppen bekannte Musikkapellen. Ich behaupte mal, der Biergarten ist im Sommer das Wohnzimmer der Münchner. Hier spüren wir es. Umgeben von der wunderschönen Parkanlage bietet der Hirschgarten auch für die Kleinsten Spaß und Action.

OCHSENBRATEN

Nomen est omen. Beim **4 / Hopfengarten** gibt's einen Biergarten. Da steht original Oktoberfest-Ochsenbraten auf der Speisekarte und die Musik spielt zur kühlen Maß.

Wenn die Rosen blühen

Daneben liegt der 5 / Hopfengarten (Mo–Fr 14–23 Uhr, Sa, So, Feiertag 11–23 Uhr, Siegenburger Str. 43, 81373 München, +49 89 7608846, www.hopfen-garten.de), ein Biergarten und Bühne für neue Münchner Bands, live on stage. Weiter geht's hinunter an den Mollsee und rechts an ihm entlang über die Brücke der Garmischer Straße in den 6 / Westpark und darin zum Westsee. Der Westpark im Überblick: China- und Japangarten, Seebühne, Rosengarten. Hier blühen im Frühjahr 20.000 Rosen in 500 verschiedenen Arten. Oberhalb des Rosengartens liegen, was München so angenehm macht, ein Wirtshaus und ein Biergarten, nämlich das 7 / Wirtshaus am Rosengarten (10–1 Uhr, Westendstr. 305, 81377 München, +49 89 57869300, www.wirtshausamrosengarten.de). Am großen Parkplatz halten wir uns links zur Gilmstraße und erreichen die Ehrwaldstraße. Hier nun rechts einbiegen zur Fürstenrieder Straße und links zum Waldfriedhof. Die Straße am Waldfriedhof und neben der Autobahn heißt Forst-Kasten-Allee. Schloss Fürstenried ist bald

DER FAMILIÄRE PARK MIT HIGHLIGHTS FÜR GROSS UND KLEIN

erreicht. Es wird auch das kleine Nymphenburg genannt, wegen seiner Ähnlichkeit mit dem großen Schloss. Leider ist es nicht zu besichtigen. Also halten wir uns auch nicht lange auf und radeln zum Traditionswirtshaus 8 / Einkehr zur Schwaige (11–22 Uhr, Forst-Kasten-Allee 114, 81475 München, Tel. +49 89 72447622, www.einkehr-schwaige.de), natürlich mit Biergarten.

Forschen für die Zukunft

Unweit zweigt rechts die Tischlerstraße ab. Wir folgen ihr bis an den Weg, der hinter der Unterkunft für Flüchtlinge links der Straße in den Wald führt. Wir gelangen an die Straße Haderner Weg, queren sie und radeln bis zur nächsten Wegekreuzung im Fürstenrieder Wald. Rechts einbiegen und geradeaus fahren bis an den breiten Querweg, der Großhadern mit Martinsried verbindet. Wir biegen links ein zum 9 / Campus Martinsried der LMU. Der versteht sich als Life Science Campus für Biologie und Medizin. Hier werden Grundlagenforschung und Anwendung praxisnah verbunden, unsere Zukunftsschmiede. Die Straße Am Klopferspitz führt nach rechts über die Würmtalstraße bis zur asphaltierten Großhaderner Straße mitten im Wald des Lochhamer Schlags. Links biegen wir ein und erreichen den Friedhof

KM 11

Hier finden wir die Thai-Sala, eine Pagode im Bangkok-Stil mit einer geweihten Buddhafigur, die sich im kleinen Teich spiegelt. Die Nepalpagode ist komplett aus Holz und wurde von 300 nepalesischen Handwerkern geschnitzt. Gekrönt wird der 5 / Westpark im Frühjahr: Da blühen 20.000 Rosen.

< links / Rosengarten im Westpark ^ oben / Thai-Sala Pagode im Westpark

Einst ein Viehhof

Am Fürstenrieder Schloss liegt die Traditionswirtschaft 7 / „Einkehr zur Schwaige". Eine urgemütliche Gaststube erwartet uns, die an die Geschichte der Schwaige erinnert.

von Gräfelfing. Vor dem Friedhof nun rechts und an der Lohenstraße links abbiegen.

Biergarten mit einem Hauch Romantik

Jetzt sind wir an der Pasinger Straße in Gräfelfing und radeln hinüber über die Würm zum Kirchweg. Er führt uns rechts über die Lochhamer Straße und die Autobahn in den Paul-Diehl-Park. Dort halten wir uns rechts noch einmal über die Würm in den Pasinger Stadtwald hinein. Die Würm zur Linken radeln wir durch den Park. Der Weg macht einen Rechtsbogen zur Brücke über den Kanal. Gleich dahinter links auf den Weg einbiegen, der uns nun entlang des Kanals zur Institutstraße führt. Jenseits des Kanals auf den Weg rechts einbiegen und zur Kaflerstraße radeln. Nach der Kurve links in den Hermann-Hesse-Weg einbiegen und unter der Bahnanlage hindurch geht's zur Theodor-Storm-Straße. Rechts in der Kurve zweigt der Schirmerweg ab, der uns zurück zum Parkplatz an der 1 / Blutenburg führt. Jetzt nehmen wir uns noch die Zeit zur Einkehr in der romantischen 10 / Schlossschänke Blutenburg (12–19 Uhr, Seldweg 15, 81247 München, +49 89 8119808, www.schlossschaenke-blutenburg.de). Das malerische Idyll mit fünf kleinen Türmen, Herrenhaus und Schlosskapelle, ist wunderschön für eine kirchliche Trauung; Schlossweiher und eine parkähnliche Anlage ringsum dürfte auch den letzten Ausflugsmuffel zum Freiluftliebhaber bekehren.

KM 17

Im Sommer können wir auf der großen Terrasse am See vor der 1 / Burg ein frisches Bier trinken und den majestätischen Anblick der Burg genießen. Beim Weinfest zur Herbstzeit und zur Blutenburger Weihnacht entfaltet die Burg ihren ganzen Charme.

TOURENINFO / Dank der Münchner Schotterebene haben wir keine natürlichen Steigungen, nur an den Brücken geht's aufwärts. Die Bäume in den Grünzügen bieten guten Schatten. Bis auf wenige Ausnahmen radeln wir auf asphaltierten Wegen.

➤ **1 /** Blutenburg ➤ **2 /** Schlosspark Nymphenburg ➤ **3 /** Hirschgarten ➤ **4 /** Audidom ➤ **5 /** Hopfengarten ➤ **6 /** Westpark ➤ **7 /** Wirtshaus am Rosengarten ➤ **8 /** Einkehr zur Schwaige ➤ **9 /** Campus Martinsried ➤ **10 /** Schlossschänke Blutenburg

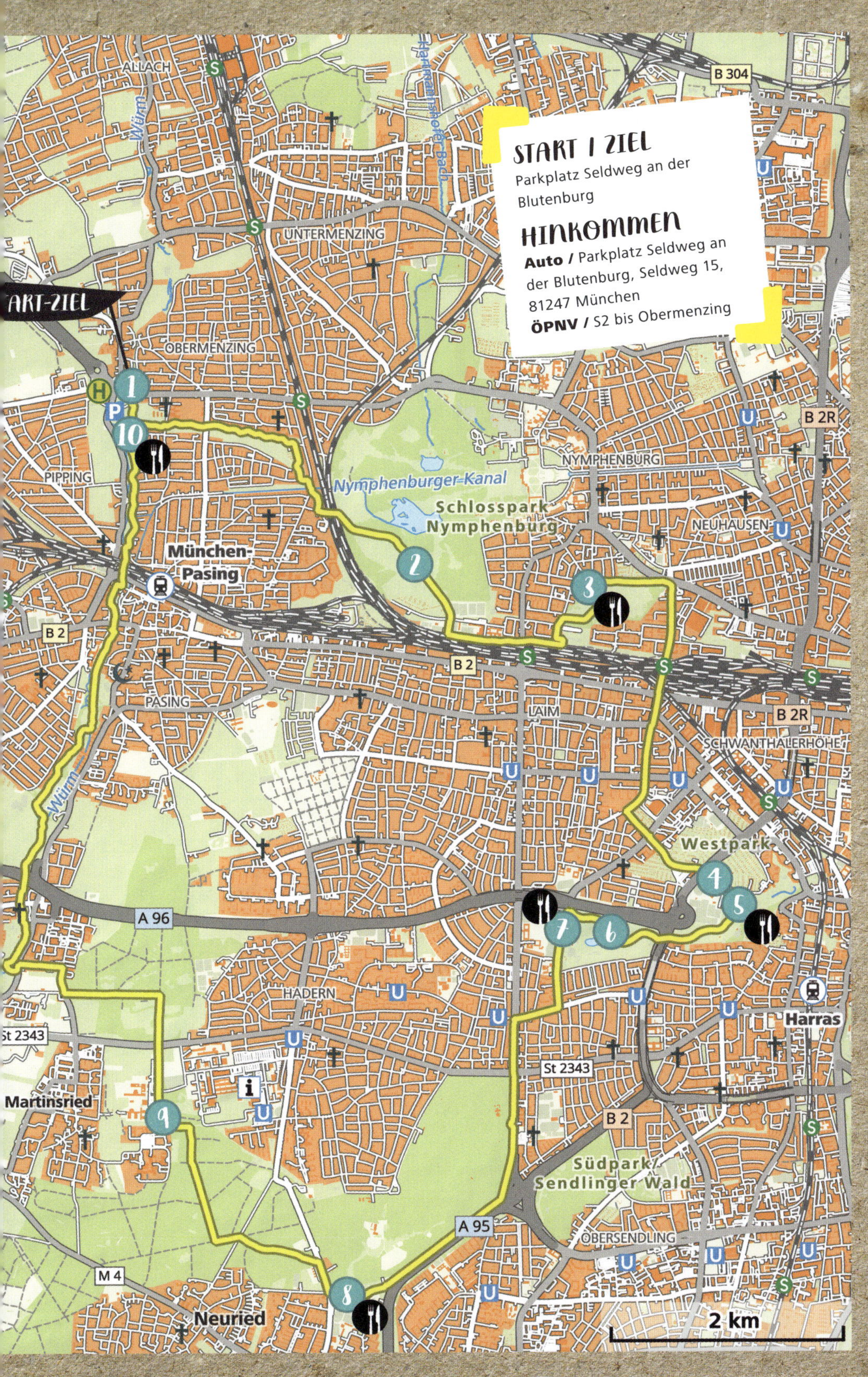
START / ZIEL
Parkplatz Seldweg an der Blutenburg
HINKOMMEN
Auto / Parkplatz Seldweg an der Blutenburg, Seldweg 15, 81247 München
ÖPNV / S2 bis Obermenzing
ART-ZIEL
ALLACH
UNTERMENZING
OBERMENZING
PIPPING
München-Pasing
PASING
Nymphenburger Kanal
Schlosspark Nymphenburg
NYMPHENBURG
NEUHAUSEN
LAIM
SCHWANTHALERHÖHE
Westpark
HADERN
Harras
Martinsried
Südpark/ Sendlinger Wald
OBERSENDLING
Neuried
Würm
B 304
B 2R
B 2
A 96
A 95
St 2343
M 4
2 km

LOCATION-RIDE

Die Tour durch die Szeneviertel Münchens macht "nur" Spaß. Hotspot reiht sich an Hotspot. Gerade in den Sommermonaten verführen die Schanigärten zum Bleiben und die Isar zum Träumen.

➤ **1 /** Am Start bei der Alten Utting schon hängen bleiben; bei Livemusik ist sie rammelvoll

➤ **2 /** Beim Bahnwärter Thiel Menschen aus aller Welt treffen

➤ **3 /** Junge Leute treffen am Kulturstrand bei Musik

➤ **4 /** Im Wirtshaus in der Au dreht sich alles um Knödel

➤ **5 /** Den Sonnenuntergang am Praterstrand genießen

➤ **6 /** Ist eine spannende Location; die Eisbachwelle

➤ **7 /** Im Tambosi gibt's italiensich, eigentlich ein historisches Caféhaus

➤ **8 /** Einkaufen am Viktualienmarkt ist einfach genial

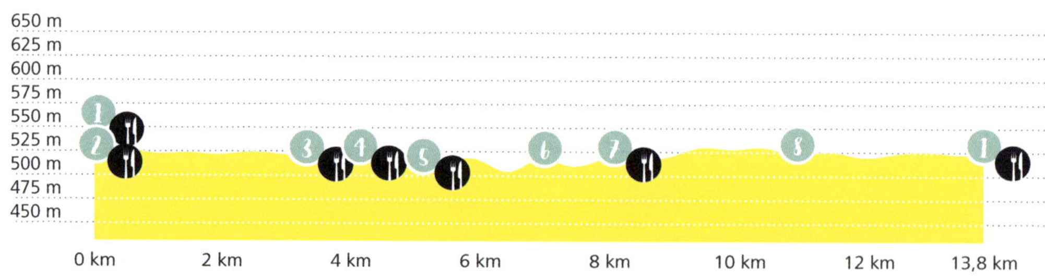

SZENEVIERTEL

Münchner Altstadttour mit bayerischer Lebensart

TOUR, DIE DU SO NIE GEMACHT HÄTTEST

Die Tour ist echt etwas für Szenegänger, oder Szeneradler, vom Schlachthof zum Glockenbachviertel an die Sandstrände mit Liegestühlen und karibischen Cocktails zum Sonnenuntergang an die Isar. Nicht zu vergessen kommen wir auch am Eisbach vorbei, dem Hotspot an der besten Surfwelle Bayerns. Am Viktualienmarkt gibt es noch die leckersten kulinarischen Happen vor 20 Uhr.

14 Kilometer
20 Höhenmeter
1 Stunde
Rundtour

CHARAKTER

Sportlich ●○○○○
Abkühlung ●●○○○
Schlemmen ●●●●●
Panorama ●●○○○

Auf der Brücke liegt ein alter Dampfer

Morgens wie abends herrscht hier lebendiges Treiben, am alten Ammersee-Dampfer, MS Utting, quer über der Straße liegend, vier Meter über uns, auf der Brücke über der Lagerhausstraße. Die 1 / Alte Utting (Mo–Do 16–24, Fr 16–2, Sa 10–2, So 10–22 Uhr, Lagerhausstraße 15, 81371 München, +49 89 707770, www.alte-utting.de) ist Münchner Szene-Hotspot und Eventlocation mit Livemusik, Comedy und Workshop. Toll, um zu chillen.

Beim Bahnwärter Thiel

Auf zum nächsten Hotspot, zum 2 / Bahnwärter Thiel (Mo 17–22, Di–Do 17–24, Fr 16–1, Sa 14–1,

---

◀ **links / Bahnwärter Thiel**

TOUR, DIE DU SO NIE GEMACHT HÄTTEST

So, Feiertag 14–23 Uhr, Tumblinger Straße 29, 80337 München, +49 89 45215063, www.bahnwaerterthiel.de) gleich ums Eck. Wir radeln auf der Thalkirchner Straße und an der Tumblinger Straße rechts durch die Bahnbrücke. Hier im Schlachthofviertel erwartet uns ein kurioses Sammelsurium aus Münchner Tram- und U-Bahnwägen, ein pulsierender Ort der Kunst und Kultur. In einer U-Bahn mit umliegender Sonnenterrasse gibt es ein Bistro, das Treffpunkt für Menschen aus aller Welt ist. Echt coole Gegend. Am Münchner Volkstheater geht es nach rechts durch die Zenettistraße zum Schlachthof in die Isarvorstadt. Damit wir uns richtig verstehen, ich meine das Kabarett und das Wirtshaus im Schlachthof.

Karibik an der Isar

Am Ende der Zenettistraße schwenken wir nach links in die Thalkirchner Straße ein und erreichen die Kapuzinerstraße am Alten Südlichen Friedhof. Gleich hinter dem Westermühlbach liegen das absolute In-Viertel Münchens, das Glockenbachviertel und der Hotspot Gärtnerplatz. Es gibt unzählige angesagte Bars, Kneipen und urige Wirtshäuser hinter den wunderschönen Altbaufassaden. Lassen wir die Atmosphäre auf uns wirken und radeln durch die Geyerstraße zur Straße Am Glockenbach, links durch die Jahnstraße. An der Westermühlstraße links-rechts durch die schmucke Hans-Sachs-Straße, rechts durch die Müllerstraße zur Fraunhoferstraße. An der Klenzestraße biegen wir links ab zum Gärtnerplatz. Ein idealer Platz zum Verweilen, bevor es durch die Corneliusstraße an die Isar geht. Der Isarbalkon wird in den Sommermonaten zum 3 / Kulturstrand (12–22 Uhr, Corneliusbrücke, 80469 München), zum karibischen Paradies mit Strandbar, Loungemusik und feinem Sand.

SCHLACHTHOFVIERTEL

Ein kunterbuntes Sammelsurium alter U-Bahn- und S-Bahnwägen erwartet uns beim 2 / Bahnwärter Thiel, gefüllt mit jungen Künstlern, Sonnenterrasse und Bistro.

➤ rechts oben / Gärtnerplatz ➤ rechts Mitte / Die Alte Utting am Schlachthof

KM 0

Einst fuhr sie über den Ammersee. Heute liegt die 1 / Alte Utting über der Lagerhausstraße, ist Szenehotspot der Münchner mit Food aus aller Welt, Livemusik verschiedenster Stilrichtungen, Comedy vom Feinsten. Für diejenigen, die den Sonnenaufgang dem Sonnenuntergang vorziehen, gibt es sonntags Jazz-Frühstück.

Wo die Nacht beginnt

Szenelokale, ruhige Hinterhöfe, kultige Läden und Werkstätten und ein buntes Miteinander machen den Charme von Gärtnerplatz und Glockenbachviertel aus.

Tour, die du so nie gemacht hättest

Knödel seit 1901

Gegenüber befinden wir uns schon in der Au. Ein Stadtteil mit Tradition und Brauchtum, erlebbar bei einem Zwischenstopp im 4 / Wirtshaus in der Au (Mo–Fr 17–23 Uhr, Sa, So, Feiertag 10–23 Uhr, Lilienstr. 51 81669 München, +49 89 4481400, www. wirtshausinderau.de) am Paulanerplatz. Wenn's dann doch lieber ein cooler Biergarten sein soll, radeln wir durch die Lilienstraße zum Biergarten an der Eventlocation Muffathalle. Ein toller Badestrand liegt gleich nebenan, direkt an der Isar mitten in der Stadt. Man muss dort mal gebadet haben. Über den Kabelsteg geht's auf die Praterinsel. Auch hier lädt der schöne 5 / Praterstrand (Mo 15–23, Di–Fr 13–23, Sa, So 11.30–23 Uhr, Praterinsel 3-4, 80538 München, +49 89 41 68180, www.feinkost-kaefer.de/praterstrand) zum Bleiben ein. Beachfeeling an der Isar.

Surfen am Eisbach

Von der Insel geht's hinüber zum Maximilianeum und rechts hinunter ans Ufer zu den Maximiliansanlagen. Am Abend ist der Son-

nenuntergang am Maximilianeum fantastisch. Tagsüber genießen wir den Blick auf die Altstadt. Am Denkmal des Friedensengels können wir gleich zwei Aussichten genießen: einerseits den Blick zur Prinzregentenstraße und zum Bayerischen Nationalmuseum, andererseits die Schönheit der Statue in Gold. Die Blickrichtung fixiert unser nächstes Ziel, die Prinzregentenstraße und an ihrem Ende die 6 / Eisbachwelle, beliebter Hotspot für Surfer, Zuschauer und Fotografen. Warum hier so viele junge Leute zuschauen? Die Stimmung ist einfach locker.

KM 5

Sonnen am Isarstrand vorm Müller'schen Volksbad. Hier ist die Isar so seicht, dass auch Kind, Hund & Co baden können. Und abends dann zum Chillen in den Muffat-Biergarten.

Ein historisches Caféhaus am Dichtergarten

Hinter dem Haus der Kunst geht's hinüber in den Dichtergarten und am Hofgarten entlang zum Odeonsplatz. Hier gibt's das 7 / Tambosi (8–1 Uhr, Odeonsplatz 18, 80539 München, +49 89 23069360, www.tambosi-odeonsplatz.de), ein historisches Caféhaus mit klassischer Einrichtung. Ein Italiener, bei dem auch Kuchen serviert wird. Weiter durch die Brienner Straße Richtung Karolinenplatz mit dem großen Obelisken in der Mitte. Vor uns nun der Königsplatz mit den Propyläen, dem imposanten Stadttor im griechischen Stil und prunkvolles Entree zum Königsplatz mit Glyptothek und Antikensammlung. Wir halten uns anschließend links

---

< links / Kulturstrand an der Isar ^ oben / Exoten auf dem Münchner Viktualienmarkt

und radeln direkt auf das Parkcafé am Alten Botanischen Garten zu. Mondäne Atmosphäre mit gemütlichem Biergarten.

TOUR, DIE DU SO NIE GEMACHT HÄTTEST

Rechtsprechung im neobarocken Prachtbau

Am Karlsplatz erhebt sich der Justizpalast, ein barocker Prachtbau mit mächtiger Kuppel. Hier wechseln wir die Straßenseite zum Stachusbrunnen. Er ist geradezu eine Münchner Institution. Die einen setzen sich hier auf die Steinblöcke und genießen, leicht berieselt, ihr Mittagssandwich, die anderen gönnen sich nach dem Einkaufsbummel gleich die Komplettdusche. Hier endet oder beginnt, je nachdem von wo man kommt, die Shoppingmeile der Münchner, die Neuhauser- und Kaufingerstraße. Auf jeden Fall kommen wir am Stammhaus der Augustiner Brauerei vorbei.

River Surfing am 6 / Eisbach. Das hat auch Profi-Surfer wie Mick Fanning und Jack Freestone nicht kalt gelassen. Die Eisbachwelle hat sich in der Surferszene etabliert, denn sie läuft immer, sommers wie winters, unter den größten Zuschauerscharen.

Vom Bauernmarkt zum Feinschmeckerparadies

Auf zu den Hotspots der Münchner "Touris", zum Marienplatz und 8 / Viktualienmarkt. Wenn wir noch vor 20 Uhr dort sind, können wir zwischen den Figurenbrunnen mit Karl Valentin, Liesl Karlstadt & Co. Obst, Gemüse, Fisch und Fleisch kaufen. Das nächste Highlight ist die jüdische Synagoge am St. Jakobsplatz gleich ums Eck. Ein Ort des Nachdenkens. Von hier radeln wir hinüber zur Sendlinger Straße und folgen ihr zum Sendlinger Tor an der Sonnenstraße. Von dort geht's nach links zur Thalkirchner Straße, wo wir am Alten Südlichen Friedhof entlang zurück zur Großmarkthalle radeln. Hinter der Bahnbrücke liegt immer noch die 1 / Alte Utting vor Anker. Ahoi an Bord.

TOURENINFO / Da es keine Steigung gibt und die Tour recht kurz ist, wäre sie für die Familie gut geeignet. Aber die Hotspots auf der Route sind eher etwas für Junge und ältere Leute. Die Wege und Straßen sind fast ausschließlich asphaltiert.

➤ **1 /** Alte Utting ➤ **2 /** Bahnwärter Thiel ➤ **3 /** Kulturstrand ➤ **4 /** Wirtshaus in der Au ➤ **5 /** Praterstrand ➤ **6 /** Eisbachwelle ➤ **7 /** Tambosi ➤ **8 /** Viktualienmarkt

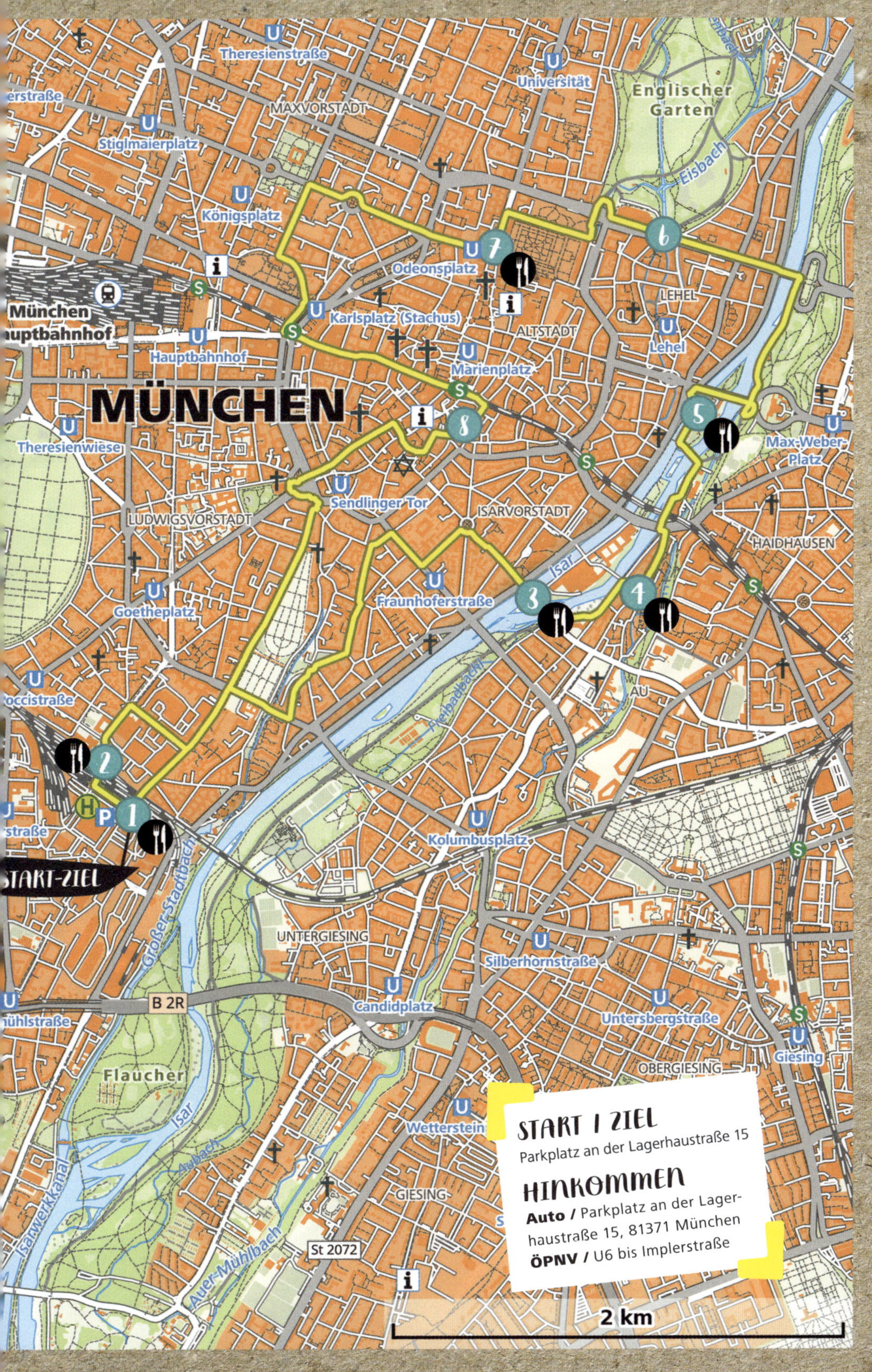

START / ZIEL
Parkplatz an der Lagerhausstraße 15
HINKOMMEN
Auto / Parkplatz an der Lagerhausstraße 15, 81371 München
ÖPNV / U6 bis Implerstraße
START-ZIEL
MÜNCHEN
Theresienstraße
Universität
Englischer Garten
MAXVORSTADT
Stiglmaierplatz
Eisbach
Königsplatz
Odeonsplatz
LEHEL
München Hauptbahnhof
Karlsplatz (Stachus)
ALTSTADT
Lehel
Hauptbahnhof
Marienplatz
Theresienwiese
Max-Weber-Platz
Sendlinger Tor
LUDWIGSVORSTADT
ISARVORSTADT
HAIDHAUSEN
Goetheplatz
Fraunhoferstraße
Isar
AU
Auer Mühlbach
Kolumbusplatz
Großer Stadtbach
UNTERGIESING
Silberhornstraße
B 2R
Candidplatz
Untersbergstraße
Giesing
Flaucher
OBERGIESING
Wetterstein
Isarwerkkanal
GIESING
Auer-Mühlbach
St 2072
2 km

HALLO FEIERABEND!
Auf einer Radrunde entspannen, wie hier im Englischen Garten auf Tour 4

MEHR ERFAHREN

SPANNENDE TAGESTOUREN
DIE JEDER SCHAFFT

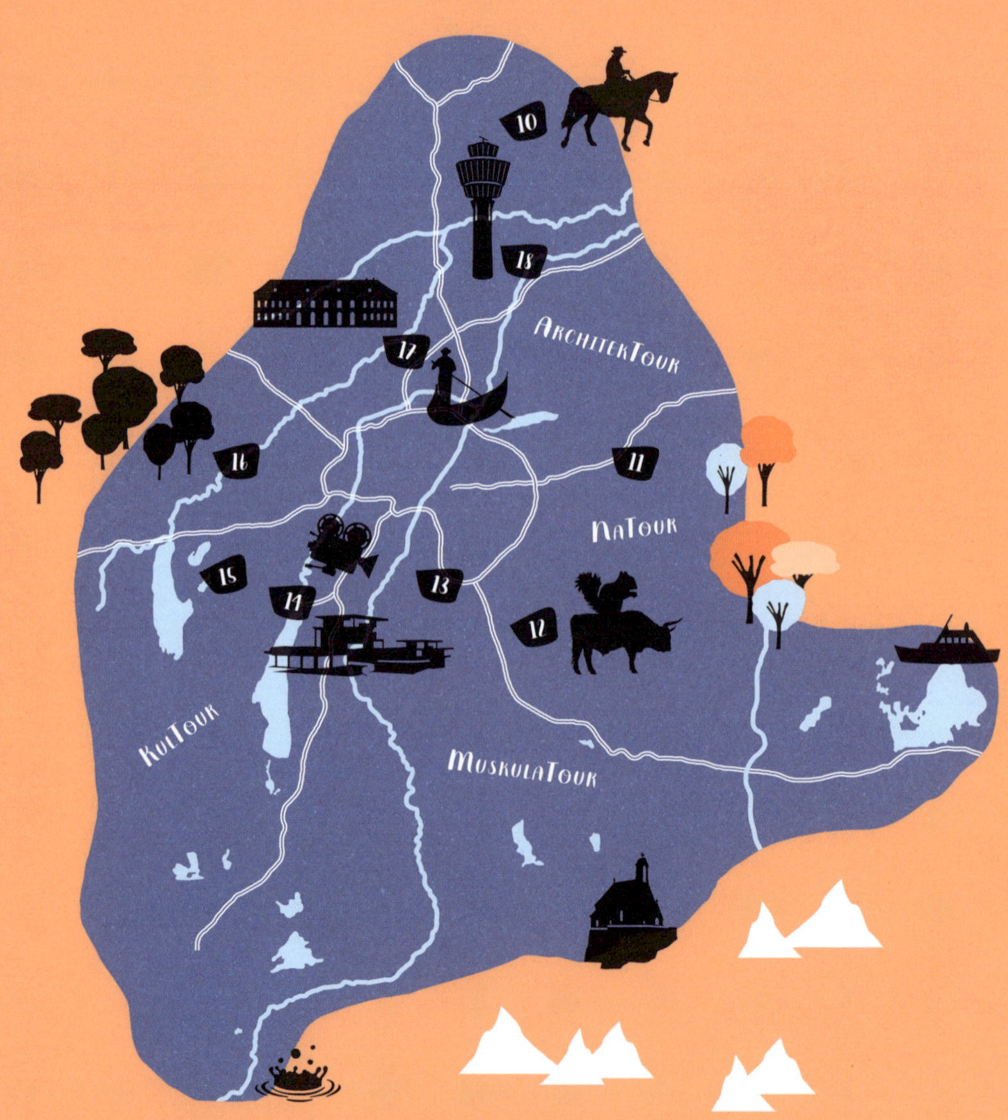

AUSZEIT

Ich radle die Tour am liebsten im Spätsommer, wenn die duftenden grünen Blüten des Hopfens kurz vor der Ernte stehen und die Sonnenblumen ihre Köpfe zur Sonne strecken.

➤ **1 /** Treffpunkt Marktplatz Au i.d.Hallertau neben dem Rathaus

➤ **2 /** Im Schloss Au zeigt der Schlossherr seine Jagdtrophäen

➤ **3 /** Im Biergarten des Schlossbräukellers noch ein Weißwurstfrühstück nehmen

➤ **4 /** Mit den Hopfenland Cowboys durchs Hopfenland reiten

➤ **5 /** Von der Terrasse des Holledauer Wirtshauses blicken wir ins Hopfenland

➤ **6 /** Im Deutschen Hopfenmuseum erfahren wir alles zum „Grünen Gold"

➤ **7 /** Der Koch von der Nepomuk Stub'n bereitet zur Saison leckeren Hopfenspargel

➤ **8 /** Im Erlebnisbad von Wolnzach ins kühle Nass springen

➤ **9 /** Einkehrstopp im Wirtshaus Spitzer

➤ **10 /** Der Biergarten im Gasthaus Bergsteffl gehört zu den Top Ten in der Hallertau

➤ **1 /** Der schöne Marktplatz Au i.d.Hallertau hat uns wieder

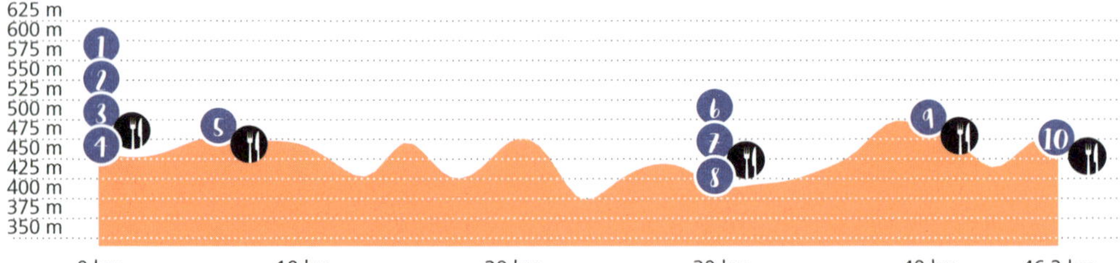

GRÜNES GOLD

Durchs *Hopfenland Hallertau*

Von Ende Juli bis in den September, wenn die Hopfenreben meterhoch in den Himmel ragen, stehen die Hopfengärten in voller Pracht. Unsere Tagestour führt durch das sehr hügelige Hopfenland Hallertau zum großen Teil auf asphaltierten Sträßchen von Au i.d.Hallertau nach Wolnzach und zurück zum Auer Schloss.

46 Kilometer
242 Höhenmeter
3 Stunden
Rundtour

Jagdtrophäen

Treffpunkt 1 / Marktplatz Au i.d.Hallertau neben dem Rathaus. Hier werden wir unsere Rundtour auch beenden. Bevor wir nun durch das Hopfenland radeln, sollten wir mal kurz zur Schlossbrauerei und Schloss Au vorbeischauen. Im Jagdsaal von 2 / Schloss Au (Tel. +49 8752 86320, Schlossbräugasse 2, 84072 Au-Hallertau, www.auer-bier.de) gibt es eine riesige Sammlung von Jagdtrophäen zu sehen. Besichtigung nur nach Anmeldung. Im alten Sudhaus sind dank der Sammelleidenschaft des Schlossherrn Eugen Beck von Peccoz alle Wände mit emaillierten Werbeschildern aus früheren Zeiten dekoriert. Besichtigung zu den Öffnungszeiten des 3 / Schlossbräukellers (Mo 16–22 Uhr, Di–So 11–22 Uhr,

CHARAKTER
Sportlich ●●●●○
Abkühlung ●●○○○
Schlemmen ●●●○○
Panorama ●●●●○

◂ **links / Auer Schloss**

Tel. +49 8752 9822, Schloßbräugasse 2, 84072 Au in der Hallertau, www.schlossbraeukeller.de).

ZUM "GRÜNEN GOLD"

Das Hopfenland wartet. Bevor wir durchs Hopfenland radeln nehmen wir im 3 / Schlossbräukeller der Auer Schlossbrauerei noch ein Radler zu uns.

Drahtesel oder Pferdesattel?

Gegenüber dem Rathaus starten wir durch die Schlesische Straße zur Hochfeldstraße. Über die Richard-Strauß-Straße und Schießstattstraße gelangen wir zur Pfaffenhofer Straße. Wir biegen links ein und radeln gleich rechts auf der schmalen Straße Richtung Osseltshausen. Rechts im Haus wird Wanderreiten durch die Hallertau angeboten. 4 / Hopfenland Cowboy (Mo–So 9–19 Uhr, Tel. +49 171 8053276, Pfaffenhofener Str. 50, 84072 Au in der Hallertau, www.wanderreiten-hopfenlandcowboy.de). Vielleicht sollten wir das Sportgerät tauschen.

Brandkatastrophe in Eschelbach

Also mit dem Radfahren kenne ich mich aus und komme gewiss nach Osseltshausen. Vor dem Dorf strebt der Hopfen in die Höhe. Im Dorf nehmen wir auf der Terrasse des 5 / Holledauer Wirtshauses (So + Feiertags, 11.30–14 Uhr, Tel. +49 8752 7405, Schäfflerstr. 29a, 84072 Osseltshausen, www.holledauer-wirtshaus.de) Platz und genießen den Blick über die Hopfengärten. Der kurze Weg dorthin lohnt sich allemal. Sonst biegen wir aber bereits am Dorfanfang links ab und folgen der Talstraße über Gschwend nach Geroldshausen. Auf der Gschwendner Straße kommen wir zur Hauptstraße, biegen rechts ein und radeln durch das Dorf bis zum Abzweig zur Kirche. Den Kirchberg hoch zur Kirche St. Martin und hinunter an die Kreisstraße. Dort rechts einbiegen und gleich links auf den Fahrweg über Abeltshausen nach Kemnathen radeln. An der Wegkapelle schwenken wir links ein auf die Straße nach Eschelbach an der Ilm. Die Dorfstraße führt bis zur Turmstraße. Rechts oben erhebt sich die Brandkapelle.

➤ rechts oben / Braukessel ➤ rechts Mitte / Panorama von Au in der Hallertau

AUER SCHLOSS

Im Herzen von Au liegt das 2 / Schloss mit einer riesigen Sammlung von Jagdtrophäen. Freiherr Eugen Beck von Peccoz, Sammler aus Leidenschaft, hat zudem im Sudhaus der Schlossbrauerei die Wände mit emaillierten Werbeschildern aus früheren Zeiten dekoriert. Noch mehr erfahren wir während einer Brauereiführung.

DIE HOPFENLAND COWBOYS

Wir steigen in den Sattel und probieren mal 4 / Wanderreiten aus durch eine der schönsten Gegenden Bayerns. Im Rhythmus der Pferde lassen wir den Alltag hinter uns.

HIER WÄCHST DAS BIER AM WEGESRAND

Gosseltshausen hieß mal Gozilhusa; hat aber nichts mit Godzilla zu tun

Die Turmstraße führt hinauf nach Schermbach. Dort schwenken wir links ein und radeln am Waldrand entlang über Edenthal auf den Schlickerberg. Dort stoßen wir auf den Hallertauer Lehrpfad. Auf Schautafeln wird die Hallertauer Kulturlandschaft beschrieben. An der Staatsstraße kurz nach links einbiegen und dann rechts zur Kompostieranlage. Dahinter fahren wir rechts hinab nach Gosseltshausen. Wir steuern auf die Pfarrkirche Mariä Heimsuchung zu. Die fantastischen Deckenfresken der Saalkirche und die prächtigen Altäre schauen wir uns einmal an.

Von der Geschichte des Hopfens

Vor der Bahnlinie halten wir uns links, am Bahnübergang rechts durch Sterzhausen bis zur Hofmarkstraße. Wir radeln nach rechts bis links der Fahrweg nach Niederlauterbach abzweigt. Er führt uns auf den Kastanienberg. Oben im Wald wird der Weg schmal und unbefestigt. Dann rollen wir zur Kreisstraße hin-

unter und biegen rechts ein, Richtung Wolnzach. An der Staatsstraße kurz rechts einbiegen und hinter der Baumreihe links. Von rechts kommt ein Fahrweg, dem wir zur Wegekreuzung folgen. Nun rechts den Weg zur Straße Sieglberg in die Stadtmitte von Wolnzach zum 6 / Deutschen Hopfenmuseum (Di–So 10–17 Uhr, Tel. +49 8442 7574, Elsenheimerstraße 2, 85283 Wolnzach, www.hopfenmuseum.de, E-Bike-Ladestation). Im Haus, das aussieht wie ein Hopfengarten, schauen wir uns die wohl größte Spezialsammlung der Welt zum Thema „Hopfen" an. Damit die Sache nicht zu trocken wird, gibt es im Museum auch Bierseminare. Na dann Prost.

Sprung in kühle Nass

Am historischen Marktplatz erheben sich Rathaus und Pfarrkirche St. Laurentius. Sie ist das Glanzstück von Wolnzach, 55 Meter lang mit markanter Doppelkuppel auf dem 55 Meter hohen Turm. Wir radeln mal weiter, die Schlossstraße hinunter an die Wolnzach zur 7 / Nepomuk Stub'n (Mi–Sa 18–22 Uhr, So 11–14 Uhr + 17.30–22 Uhr, Tel. +49 8442 3223, Schloßstr. 15, 85283 Wolnzach, www.nepomuk-stubn.de). Hinter dem Restaurant führt der Radweg an der Wolnzach entlang zum 8 / Erlebnisbad (tgl. 9 – 19:30 Uhr,

HOPFENBLÜTEN

Das 5 / Holledauer Wirtshaus hat eine tolle Terrasse mit super Aussicht auf die Hopfengärten. Wir besuchen es im Frühjahr, da finde ich es besonders schön. Die ersten Wurzeltriebe des Hopfens, der Hopfenspargel, gelten als regionale Delikatesse, die es nur von Mitte März bis Mitte April gibt.

◂ links / Hopfen am Weg ▴ oben / Hopfenpflanzen

Tel. +498442 916873, Hanslmühlweg 8, 85283 Wolnzach, www.wolnzach.de/schwimm-erlebnisbad).

Es gab sie mal, die Hallertauer Bockerlbahn

Am Parkplatz biegen wir links ein zum Hanslmühlweg und radeln zur Auenstraße. Rechts zur Preysingstraße und hinter der Autobahn erneut rechts zur Mühlfeldstraße. Wir biegen links ein und radeln nach Jebertshausen. Hier fuhr einst die Hallertauer Bockerlbahn. Die ehemalige Bahntrasse ist jetzt ein Radweg. An der Auerbergstraße biegen wir rechts ab und gleich links auf den Bockerlbahn-Radweg. Der führt uns über Gebrontshausen nach Hüll zum Hopfenforschungszentrum. An der „Busch-Farm" geht's rechts auf der Kreisstraße zum Abzweig nach Hagertshausen. Nach dem Weiler gelangen wir an ein asphaltiertes Sträßchen. Rechts geht's nun nach Osterwaal und wir kehren dort im 9 / Wirtshaus Spitzer (Do–So 11–23 Uhr, Tel. +49 8752 7455, Lohweg 10, 84072 Au in der Hallertau, www.gasthaus-spitzer.de) ein. Zum Wirtshaus geht's Richtung Kirche, in der scharfen Linkskurve rechts in den Lohweg.

KÜHLES NASS

Einmal noch eintauchen im 8 / Erlebnisbad Wolnzach, dazu eine Runde Minigolf oder ein Match mit Freunden auf dem Beachvolleyballfeld.

BIER

Als Bierfreund muss ich ins 6 / Deutsche Hopfenmuseum gehen. Das Haus sieht aus wie ein Hopfengarten, modern mit einer Ausstellung, die alle Facetten der Hopfenwelt zeigt, die Pflanze, die Geschichte, die Personen, der Handel, die Berufe. Zum Schluss nehmen wir noch eine Bierverkostung mit.

Endspurt

Nächstes Dorf ist Enzelhausen. An der B 301 biegen wir links ein und nach der Rechtskurve rechts auf die ehemalige Bahntrasse der Bockerlbahn Richtung Au. Wo der Bockerlbahn-Radweg die Maria-Eich-Straße in Au kreuzt, biegen wir rechts ab zur Straße Klosterberg. Rechts zur Kirche St. Vitus einbiegen und wir sind zurück am 1 / Marktplatz in Au i.d.Hallertau. Zum Abschluss kehren wir nochmal ein im Gasthaus Bergsteffl in der Bürgergasse neben dem Rathaus. Der urige Biergarten gehört zu den Top Ten in der Hallertau. 10 / Gasthaus Bergsteffl (Di–Sa 10–14 Uhr + ab 16.30 Uhr, So 10–14 Uhr, + ab 17.30 Uhr, Tel. +49 8752 207, Bürgergasse 1, 84072 Au i.d.Hallertau).

TOURENINFO / Die Tour führt durch eine wunderschöne aber sehr hügelige Landschaft mit oft wechselnden Straßen und Wegebeschaffenheiten. Neben einer guten Kondition ist die Mitnahme einer Badehose von Vorteil. E-Bike-Ladestation am 6 / Deutschen Hopfenmuseum.

< links / Deutsches Hopfenmuseum ^ oben / Marktplatz in Au mit St.-Vitus-Kirche

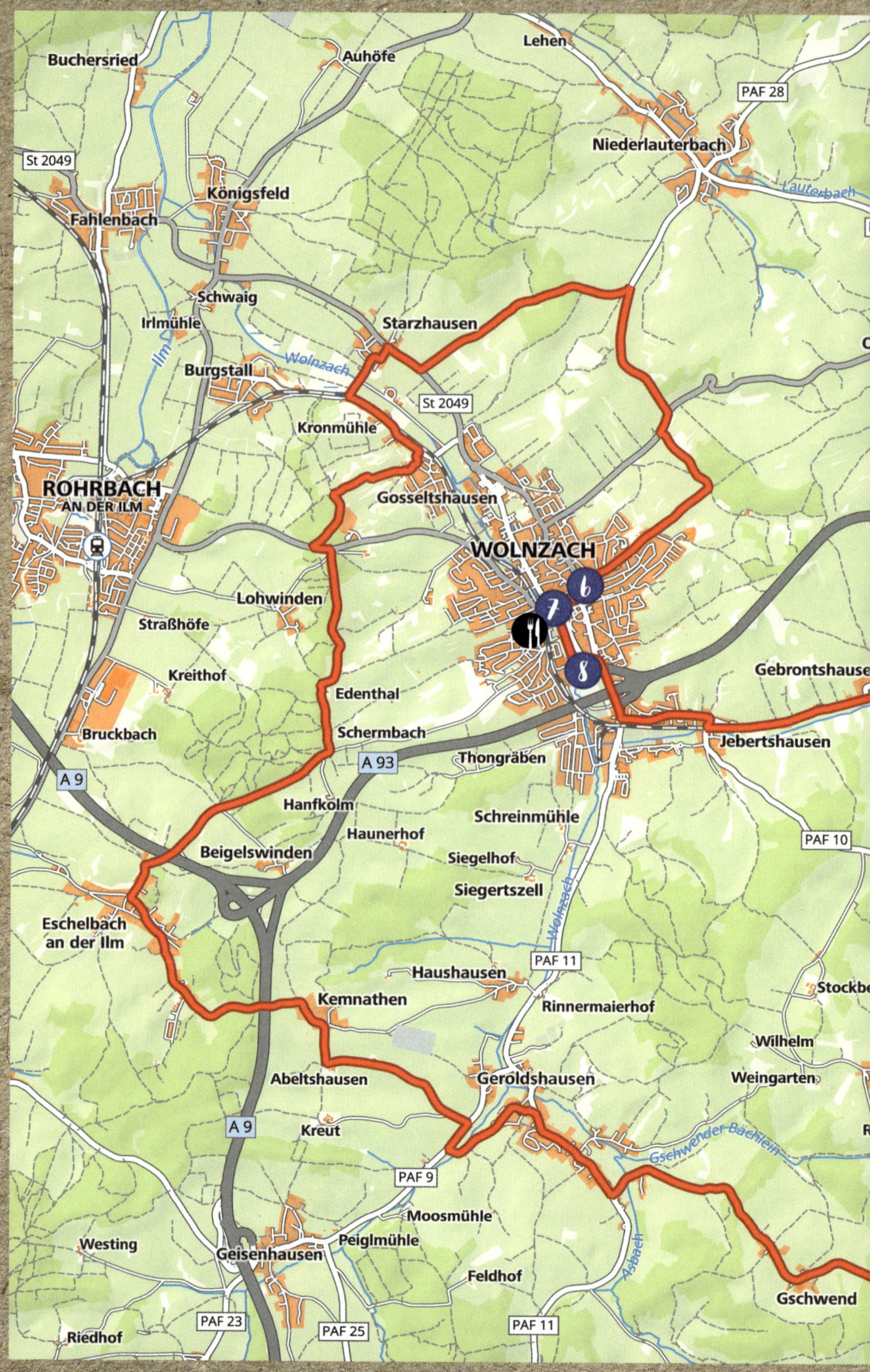
Buchersried
Auhöfe
Lehen
PAF 28
Niederlauterbach
Lauterbach
St 2049
Königsfeld
Fahlenbach
Schwaig
Irlmühle
Starzhausen
Ilm
Burgstall
Wolnzach
St 2049
Kronmühle
ROHRBACH
AN DER ILM
Gosseltshausen
WOLNZACH
Lohwinden
Straßhöfe
Kreithof
Edenthal
Gebrontshause
Bruckbach
Schermbach
Jebertshausen
A 93
Thongräben
A 9
Hanfkolm
Schreinmühle
Haunerhof
PAF 10
Beigelswinden
Siegelhof
Siegertszell
Eschelbach
an der Ilm
Wolnzach
PAF 11
Haushausen
Stockbe
Kemnathen
Rinnermaierhof
Wilhelm
Abeltshausen
Geroldshausen
Weingarten
A 9
Kreut
Gschwender Bächlein
PAF 9
Moosmühle
Westing
Geisenhausen
Peiglmühle
Asbach
Feldhof
Gschwend
PAF 23
PAF 25
PAF 11
Riedhof

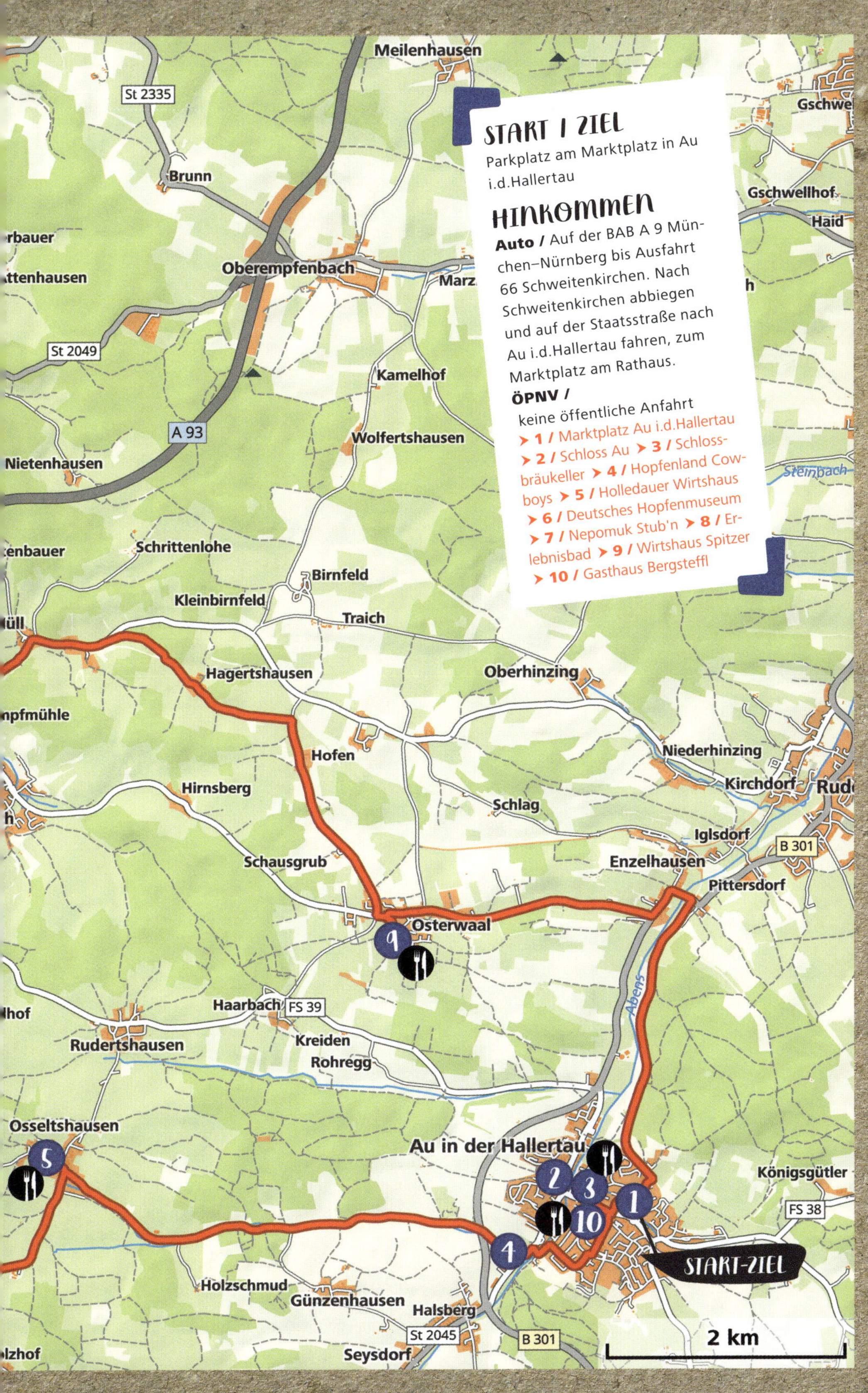

START / ZIEL

Parkplatz am Marktplatz in Au i.d.Hallertau

HINKOMMEN

Auto / Auf der BAB A 9 München–Nürnberg bis Ausfahrt 66 Schweitenkirchen. Nach Schweitenkirchen abbiegen und auf der Staatsstraße nach Au i.d.Hallertau fahren, zum Marktplatz am Rathaus.

ÖPNV /
keine öffentliche Anfahrt

➤ **1 /** Marktplatz Au i.d.Hallertau ➤ **2 /** Schloss Au ➤ **3 /** Schlossbräukeller ➤ **4 /** Hopfenland Cowboys ➤ **5 /** Holledauer Wirtshaus ➤ **6 /** Deutsches Hopfenmuseum ➤ **7 /** Nepomuk Stub'n ➤ **8 /** Erlebnisbad ➤ **9 /** Wirtshaus Spitzer ➤ **10 /** Gasthaus Bergsteffl

ABSEITS EINKEHREN

Dies ist die perfekte Tour, wenn mich an warmen Sommertagen die Lust zum Radeln packt. Wald, soweit das Auge reicht.

➤ **1 /** Vom Parkplatz beim Waldfriedhof geht's in den Forst

➤ **2 /** Die Waldgaststätte Sauschütt ist das Highlight für große und kleine Kinder

➤ **3 /** Vom Aussichtsturm an der Ebersberger Alm schauen wir bis zu den Alpen

➤ **4 /** Im Museum Wald und Umwelt sehen wir uns die Holzbibliothek an

➤ **5 /** An der Köhlerei Max Perfler raucht es

➤ **6 /** Im Forsthaus St. Hubertus spielt immer mal wieder die Musi

➤ **7 /** Wir kommen zurück aus dem Wald zum Parkplatz am Waldfriedhof

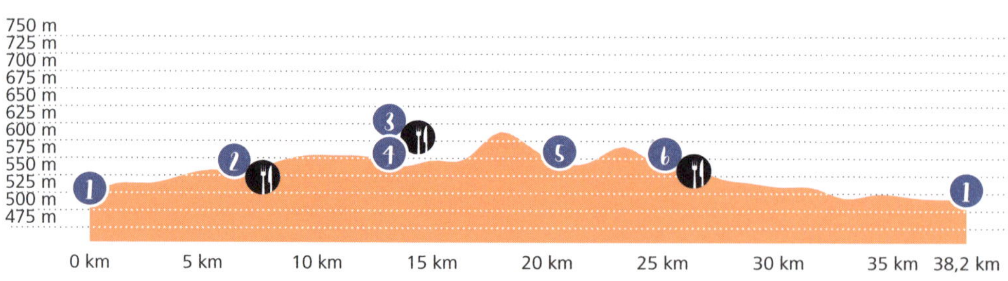

SCHACHBRETTWALD

Urige Gasthäuer zwischen Forstinning und Ebersberg

Durch das Waldgebiet des Ebersberger Forstes geht's über Schotterwege zum Wirtshaus Sauschütt. Dann hinauf zur Ludwigshöhe über Ebersberg, wo wir vom Aussichtsturm bis zu den Alpen schauen können. Am Eggelburger See geht's dann erneut bergauf in den Forst zur Köhlerei und über das Forsthaus/Gasthaus St. Hubertus zurück nach Forstinning.

38 Kilometer
136 Höhenmeter
2:30 Stunden
Rundtour

Den Wildschweinen und Hirschen ganz nahe

Wir treffen uns auf dem 1 / Parkplatz beim Waldfriedhof von Forstinning, wo auch der Waldlehrpfad beginnt. Zum Schluss der Rundtour kommen wir hier wieder an. Aber jetzt mal los und rechts am Rand des Wäldchens entlang zur Wegekreuzung. Links biegen wir ein zur schönen Franziskuskapelle am Rande einer parkähnlichen Wiese. Auf schmalem Weg radeln wir in den Forst hinein und halten uns links bis an das Törring-Geräumt. Auf dem breiten Weg fahren wir nach rechts bis an die nächste Wegekreuzung. Da biegen links in das Rothsäuerl-Gerämt ein und kommen zum Hohenlindener Grenz-Geräumt. Hier wenden wir uns nach links und erreichen das

CHARAKTER

Sportlich ●●○○○
Abkühlung ●●○○○
Schlemmen ●●●○○
Panorama ●●●○○

‹ links / Weg im Ebersberger Forst

Pürsch-Geräumt. Wir biegen rechts ein zur 2 / Waldgaststätte Sauschütt (Mi–So 10.30–22 Uhr, Tel. +49 8124 446478, Sauschütt 1, 85664 Hohenlinden), das Highlight im Forst. Ein schöner Ort, an dem wir verweilen. Hier schlängelt sich auch ein toller Walderlebnispfad mit vielen Stationen rund um das Wildschwein- und Rothirschgehege durch den Wald und zum Helmetsmoos.

Von Sauschütten und Geräumte

Die Hohenlindener Sauschütt wie auch die ältere Anzinger Sauschütt waren einst Futterstellen für das Schwarzwild und gleichzeitig Wohnung des Fütterers. 1818 wurde der Ebersberger Forst zum Wildpark erklärt und mit einem Eichenzaun umgeben, um die landwirtschaftlichen Schäden durch Wildschweine und äsendes Rotwild einzudämmen. Schon viel früher wurde der Forst wirtschaftlich genutzt. Um das Holz auch während des Winters schlagen und abführen zu können, wurden Wege in einem Raster von 400 x 400 Metern angelegt und bei Schnee „geräumt". So erklären sich die heutigen Wegenamen im Ebersberger Forst.

WALDLUFT

Die 2 / Waldgaststätte Sauschütt ist das Highlight im Forst mit herrlichem Biergarten. Ein schöner Ort, an dem wir verweilen.

Sonntägliche Erleuchtung über Ebersberg

Auf dem Ludwig-Geräumt verlassen wir die Sauschütt Richtung Helmetsmoos immer geradeaus, bis wir zu einem Wanderparkplatz kommen. Dort folgen wir nun dem breiten Weg halb rechts zur Straße. Auf dem begleitenden Weg radeln wir Richtung Ebersberg hinauf bis zur Anzinger Straße beim Gewerbegebiet. Am Kreisverkehr biegen wir rechts ein und an der nächsten Straße links zum Parkplatz an der Tennisanlage. Gegenüber führt uns jetzt der Manfred-Bergmeister-Weg zum Aussichtsturm auf der Ludwigshöhe über Ebersberg. Wenn wir die 169 Stufen bis zur Plattform aufsteigen bekommen wir eine fantastische Aus-

---

➤ rechts oben / Wildgehege bei der Hohenlindener Sauschütt ➤ rechts Mitte / Waldgaststätte Hohenlindener Sauschütt

SAU-SCHÜTT

Ein super Ausflugsziel für die Familie. Mit dem Radl um die 2 / Sauschütt sausen und die Wildschweine beobachten. Durch den Wald um die Waldgaststätte Sauschütt schlängelt sich ein Waldlehrpfad zum spannenden Fledermauspavillon. Unterwegs sehen wir nette Holzskulpturen, Baumscheiben–Rätsel und spaßige Spielstationen.

Logenplatz

Bei der 3 / Ebersberger Alm steht ein Aussichtsturm auf der Ludwigshöhe. Nach 169 Stufen blicken wir auf das gesamte Voralpenland von den Berchtesgadener Alpen bis hin zum Allgäu.

sicht bis ins Allgäu geboten. In den Nächten von Sonn- und Feiertagen leuchtet der Turm. Unterhalb des Turmes erwartet uns die 3 / Ebersberger Alm (Mi–So 11–24 Uhr, Tel. +49 8092 2911, Ludwigshöhe 3, 85560 Ebersberg, www.ebersberger-alm.de). Wir treten in die Gaststube ein, deren Mittelpunkt ein gemütlicher Kachelofen ist. Biergarten mit Alpenblick.

Durch eines der grössten zusammenhängenden Waldgebiete in Deutschland

Zum Holzherrle

Daneben öffnet das 4 / Museum Wald und Umwelt (Sa, So + Feiertage 12–17 Uhr, Tel. +49 8092 825552, Ludwigshöhe 2, 85560 Ebersberg, www.museumwaldundumwelt.de) für uns die Türen. Die Ausstellung erzählt uns die Geschichte der Waldnutzung und die Wechselwirkung von Umwelt und Wald. Eine Rarität der besonderen Art ist die Holzbibliothek des Benediktinermönchs Candid Huber, von seinen Zeitgenossen „Holzherrle" genannt. Wir schauen auf ein Kompendium, hölzerne Bücher, von über 100 der „vorzüglichsten baierischen Holzarten". Vor dem Museum gibt's den Sommer über Events für Kinder, z. B. das Jurten-Zauber-Camp.

Max Perflers rauchige Leidenschaft

Von der Ludwigshöhe geht's erstmal hinunter bis kurz vor den Klostersee. Die Straße Am Priel führt uns rechts oberhalb des Langweihers zum Egglburger See. Vor dem Ziegelhof führt rechts der Weg unter Bäumen an den Waldrand. Dort wenden wir uns nach links und radeln am Nordufer des Sees in den Wald hinauf. Am Querweg rechts und dann gleich links an das Hohenlindener Grenz-Geräumt. Wir wenden uns nach links und fahren an einem Teich vorbei bis an das Maurer-Geräumt. Rechts einbiegen und am Törring-Geräumt wieder rechts zum Forsthaus Diana, weiß getüncht mit grünen Fensterläden und rote Geranien vor den Fenstern. Wenn wir Holzkohlenfeuer riechen und den Rauch aufsteigen sehen, dann hat Köhler Max Perfler seinen Kohlenmeiler unter Feuer, 5 / Köhlerei Max Perfler (Tel. +49 8091 4506, Reitöster Geräumt, 85661 Eglhartinger Forst, www.koehlerei-perfler.jimdofree.com). Das geschieht von Mai bis August. Schon das Schichten des Holzes und Abdecken mit Laub erfordert viel Erfahrung, erzählt er uns. Der Max verkohlt Buchenholz in seinen Kohlenmeilern, das bereits zwei Jahre gelagert wurde. Echt interessanter Job und ein sehr seltener Beruf, die Köhlerei.

HOLZ-HERRLE

Im 4 / Museum Wald und Umwelt auf der Ludwigshöhe schauen wir uns die Holzbibliothek des Benediktinermönchs Candid Huber an. Das sind kleine hölzerne Bücher, Kästchen, mit den typischen Merkmalen von über 100 bayerischen Holzarten.

< links / Ebersberger Alm ^ oben / Am Klostersee

Hier spielt die Musi

„Gerauchtes" hält sich zwar länger, aber wir trennen uns und radeln weiter durch das Törring-Geräumt bis zum Herdgassen-Geräumt und radeln nach rechts bis zur Linkskurve. Gleich dahinter biegen wir rechts zum Antoni-Weiher ab. Liegt etwas versteckt der romantische See mit seltenen Tieren. Ein herrliches Platzerl. Wir folgen dem breiten Weg bis zur Anzinger Straße. Links geht's nun ins Hohenlindener Grenz-Geräumt und zum 6 / Forsthaus St. Hubertus (Mi–So 11–20 Uhr, Tel. +49 8092 8579996, St. Hubertus 1, 85560 Ebersberg, www.forsthaushubertus.de). Mitten im Wald mit herrlichem Biergarten. Hier lassen wir uns nieder. Daneben das rustikale Salettl, einfach gemütlich. Hier spielt immer wieder mal die Musi.

DIE MUSI SPIELT

Die Wirtsleut vom 6 / Forsthaus St. Hubertus sorgen für viel Abwechslung mitten im Wald. Es spielen immer wieder neue Bands.

Von Geräumt zu Geräumt

Vom Forsthaus geht's jetzt quer durch den Ebersberger Forst Richtung Anzing. Erst radeln wir noch am Parkplatz beim Forsthaus vorbei zum Anzinger-Geräumt. Dann halten wir uns geradeaus und bleiben immer auf dem breiten Weg, bis das Oberasch-

RAUCH

Wenn wir im Wald Rauch riechen und die Schwaden durch die Bäume ziehen, dann hat Köhler Max Perfler seinen 5 / Kohlenmeiler unter Feuer. Er verkohlt lange gelagertes Buchenholz. Von Mai bis August geht er seiner rauchigen Leidenschaft nach. Er erzählt gerne von der Köhlerei.

bacher-Geräumt kreuzt. Wir biegen rechts ein, hier gibt es auch einen Parkplatz, und folgen dem Oberaschbacher-Geräumt bis an den Waldrand zum Schulze-Geräumt. Hier rechts abbiegen und am nächsten Geräumt links bis zum Pürsch-Geräumt radeln. Dort halten wir uns rechts und folgen dem Heilig-Kreuz-Geräumt links zum Hochstraß-Geräumt. Vom Hochstraß-Geräumt wenden wir uns nach links in das Schwaber-Haupt-Geräumt zum Wanderparkplatz in Schwaberwegen. An der Straße fahren wir nach rechts bis zum linksseitigen Abzweig des Rothsäuerl-Geräumt. Noch einmal links abbiegen und dem Viereichenweg zur Kiesgrube folgen. Der Weg vor der Kiesgrube führt uns rechts direkt zum 1 / Parkplatz beim Waldfriedhof von Forstinning zurück.

TOURENINFO / Ziemlich alle Wege der Tour haben losen Untergrund und führen über kurze aber heftige Steigungen. Für kleine Radler aber nur bedingt geeignet. Die Sauschütt erreichen wir auch mit dem Auto.

< links / Köhlerei Perfler ^ oben / Forsthaus Diana

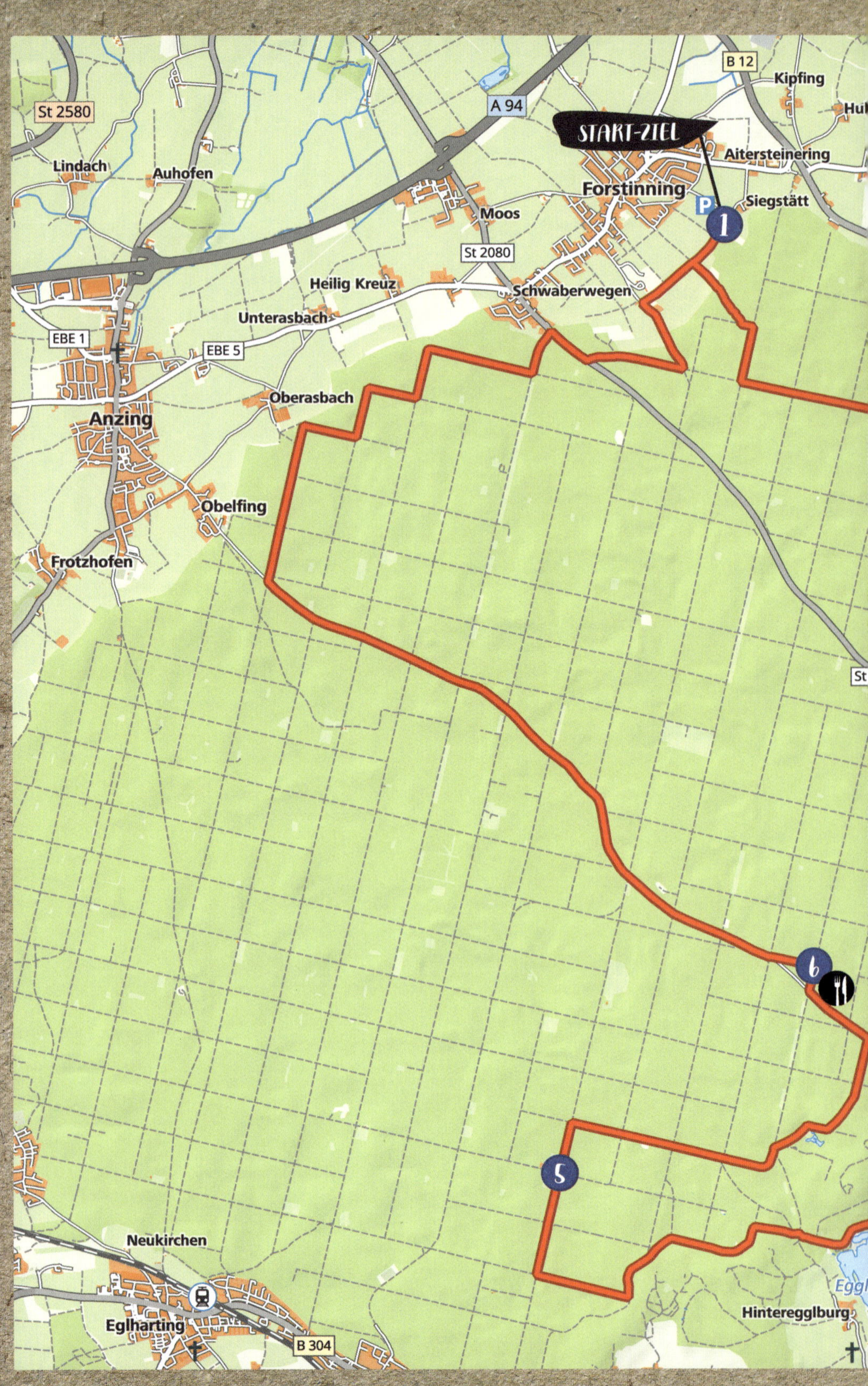

St 2580
A 94
B 12
Kipfing
START-ZIEL
Lindach
Auhofen
Aitersteinering
Forstinning
Moos
Siegstätt
1
St 2080
Heilig Kreuz
Schwaberwegen
Unterasbach
EBE 1
EBE 5
Oberasbach
Anzing
Obelfing
Frotzhofen
St
6
5
Neukirchen
Eglharting
B 304
Hinteregglburg
Eggl

START / ZIEL

Parkplatz bei Waldfriedhof in Forstinning

HINKOMMEN

Auto / Auf der BAB A 94 München–Passau bis Ausfahrt 11 Forstinning. Nach Forstinning abbiegen, auf der Münchener Straße zum Rathaus fahren und nach der Kirche rechts in den Siegstätter Weg zum Waldfriedhof abbiegen.

ÖPNV /
keine öffentliche Anfahrt

➤ **1 /** Parkplatz am Waldfriedhof ➤ **2 /** Waldgaststätte Sauschütt ➤ **3 /** Ebersberger Alm ➤ **4 /** Museum Wald und Umwelt ➤ **5 /** Köhlerei Max Perfler ➤ **6 /** Forsthaus St. Hubertus

AUSPOWERN

Ich radle die Tour weil sie eigentlich alles bietet: Steile Passagen, lange ebene Strecken und super Gaststätten in einer abwechslungsreichen Landschaft.

➤ **1 /** Auto abstellen am Parkplatz bei S-Bahnhof Aying und losradeln.

➤ **2 /** Eine Führung durch die Privatbrauerei Ayinger bringt innere Abkühlung

➤ **3 /** Im Ayinger Bräustüberl nehme ich gern im Biergarten Platz

➤ **4 /** In der Gaststube des Haflhofs steht ein irrer gemütlicher Kachelofen

➤ **5 /** Im Wirtshaus an der Wiesmühle kehren wir mit dem Rad zu einem Radler ein

➤ **6 /** Im Gasthaus Oswald werden wir mit einem „Servus, Grias eich" begrüßt

➤ **7 /** Auerochsen und Streifenhörnchen sind im BergTierPark Blindham zu Hause

➤ **8 /** Wo, außer in der Mangfalltal-Alm, gibt's noch eine schöne dicke Scheibe Bauernbrot mit Erdäpfekas

➤ **9 /** Wir besuchen Wüstenschiffe, Alpakas und Esel auf dem Hof der Bayern-Kamele

➤ **10 /** Nach der Mangfalltal-Querung kommt uns der Bartewirt gerade recht

➤ **11 /** Beim Bahnhof kehren wir noch in die Gaststätte Kastanienhof ein

➤ **12 /** VomParkplatz am S- Bahnhof Aying machen wir uns auf den Heimweg

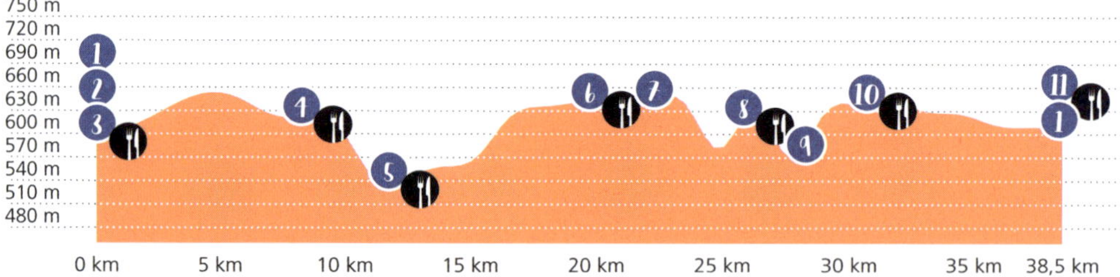

Wüstenschiffe

Von Aying ins Kupferbach- und Mangfalltal

Lassen wir heute mal die Muskeln spielen, den Stammtisch mal Stammtisch sein und genießen unser Bier in Aying. Dort starten wir zur rund 39-Kilometer-Tour mit urigen Wirtschaften nach Glonn ins Kupferbachtal. Hinauf geht's nach Spielberg und bei Aschach steil hinunter ins Tal der Mangfall. Hinauf auf den Bergrücken und wieder steil hinunter zur Mangfallbrücke am Höllenstein. Wieder oben radeln wir auf der Hochfläche nach Aying zurück.

39 Kilometer
254 Höhenmeter
2:30 Stunden
Rundtour

Charakter
Sportlich ●●●●●
Abkühlung ●●○○○
Schlemmen ●●●●○
Panorama ●●●●○

Das Bierdorf Aying

Der 1 / Parkplatz beim S-Bahnhof Aying ist unser Start- und Zielpunkt. Bei dem Wort Aying fällt so manchem Biergenießer das Ayinger Bier aus der 2 / Privatbrauerei Ayinger ein. Also besuchen wir gleich mal die Brauerei und radeln vom Bahnhof auf der Straße Am Bahnhof links hinauf zur Münchener Straße. Rechts sehen wir dann schon die Gebäude der Brauerei. Einen Besuch der Brauerei sollte man mit einer Führung verbinden, die von Freitag bis Sonntag angeboten wird. Weiter geht's auf der Münchner Straße in die Dorfmitte zur Kirche. Unterhalb von St. Andreas haben

---

◂ **links / Aying Brauereigasthof**

wir die Wahl zur Einkehr in das 3 / Ayinger Bräustüberl (Mo–Sa 11–23 Uhr, So + Feiertag 10–23 Uhr, Tel. +49 8095 1345, Münchener Str. 2, 85653 Aying, www.ayinger-braeustueberl.de) mit Biergarten oder in den Ayinger Brauereigasthof] (Mo–So 12–17 Uhr + 18–24 Uhr, Tel. +49 8095 90650, Zornedinger Str. 2, 85653 Aying, www.august-und-maria.de).

Lust aufs Land?

Weit sind wir ja noch nicht gekommen. Die Zornedinger Straße bringt uns zum Lindacher Weg. Nach rechts führt der Weg zur Lambertuskapelle (ganz aus Holz gefertigt) gleich hinterm Waldrand. Danach wenden wir uns in den rechten Weg und radeln durch den Wald nach Kaltenbrunn. Links führt uns der Weg um den Scheeresberg herum nach Graß. Bei den ersten Häusern des Dorfes biegen wir rechts in das Sträßchen ein und fahren durch Wiesen und Wald an die Straße bei Neumünster. Wir wollen aber nach Münster und biegen daher links ab. Die Kirche fest im Blick geht's zum 4 / Haflhof (Do + Fr ab 18 Uhr, Sa + So ab 11.30 Uhr, Tel. +49 8093 5336, Killistraße 6, 85658 Münster, www.haflhof.de), hinter der Kirche gelegen. Auf der Straße rollen wir nun über das Dörflein Kreuz mit der weithin sichtbaren Kirche Richtung Glonn.

URIG, BAYERISCH

So geht's im 5 / Wirtshaus an der Wiesmühle zu. Eine Stätte der Gemütlichkeit mit Naturbad, Biergarten und Restaurant im Tal des Kupferbachs in Glonn.

Der Heilige St. Emmeram

Bei Reinstorf stoßen wir auf die Kreisstraße und folgen ihr in den Markt Glonn. Von der Kastenseestraße geht's nach rechts in die Hans-Brunner-Straße und folgen dann der Wiesmühlstraße zum urig-bayerischen 5 / Wirtshaus an der Wiesmühle (Mi–Sa ab 17 Uhr, bei Badewetter ab 11 Uhr, So ab 11 Uhr, Tel. +49 8093 5295, Reisenthalstr. 13, 85625 Glonn, www.wadw.de) hinab. Eine Stätte

---

➤ rechts oben / St. Emmeram in Kleinhelfendorf ➤ rechts Mitte / Aying, Liebhards Braustüberl

AYING

Mit Aying verbinde ich süffiges Bier, und das 3 / Ayinger Bräustüberl. In der Privatbrauerei Ayinger wird uns eine Führung mit Bierverköstigung angeboten. Einfach mitmachen. Gemütlicher geht's im Bräustüberl und im Biergarten, behütet von alten Bäumen zu, gleich neben der Dorfkirche.

Der heilige Emmeram

Ihm zu Ehren wurden Kirche und Kapelle errichtet. Uns zu Ehren werden wir im 6 / Gasthaus Oswald mit einem „Servus, grias eich" empfangen.

Zwischen Kirchen und Tieren

der Gemütlichkeit mit Naturbad, Biergarten und Restaurant. Weiter geht es durchs Tal des Kupferbaches nach Reisenthal. Dort radeln wir geradeaus auf dem unbefestigten Weg hinauf nach Spielberg und weiter bergauf nach Kaps und an die Kreisstraße. Hier heißt es rechts einbiegen und nach Kleinhelfendorf radeln. Der Flecken ist berühmt für seine beiden Kirchen: Die Marterkapelle und die barocke St.-Emmerams-Kirche. Der heilige Emmeram wurde im Jahre 652 in Kleinhelfendorf ermordet. Ihm zu Ehren stehen dort seit Mitte des 17. Jahrhunderts die beiden Kirchen. Natürlich gibt's hier auch ein Gasthaus. Mit einem „Servus, grias eich" werden wir im 6 / Gasthaus Oswald (Mo + Fr 11–14 Uhr + 17:30–23 Uhr, Sa + So 11–23 Uhr, Tel. +49 8095 332, Kleinhelfendorf 6, 85653 Aying, www.gasthaus-oswald.de) begrüßt.

Hier sind Streifenhörnchen und Auerochsen zu Hause

Zurück zur Straße auf der wir kamen und rechts auf den befestigten Fahrweg zum 7 / BergTierPark Blindham (tgl. ab 9 Uhr, Tel. +49 8063 207638, Blindham 3, 85653 Aying, www.bergtier-

park.de). Dort führen uns schöne Wege an Streifenhörnchen, Auerochsen, Esel, Ziegen, Pferd und Rind vorbei zu den begehbaren Vogel- und Damwildgehegen und zu den gewaltigen Hirschen. Für Kinder gibt es einen Spielstadl.

Wo is richtig „griabig" is

Weiter geht's nach Aschbach. Wir queren die Staatsstraße und fahren in das Dörfchen hinein Richtung Schloss Altenburg. Das ist heute eine Klinik. Vor der Schlosszufahrt biegen wir rechts ab, steil hinunter ins Tal der Mangfall zum Gutshof Niederaltenburg mit einem schönen Brunnen an der Auffahrt. Im ehemaligen Landwirtschaftsbetrieb werden heute gute Umgangsformen gelehrt. Aus dem Tal steil hinauf führt uns das Sträßchen nach Kleinhöhenkirchen. Auf dem Bergrücken neben der Kirche liegt die 8 / Mangfalltal-Alm (Do–So 10–18 Uhr, Tel. +49 8063 2070400, Gruber Str. 7, 83629 Weyarn, www.facebook.com/Mangfalltalalm) „Do is so richtig griabig und guad essn konnsd a".

Wüstenschiffe in Bayern

Auf der Gruber Straße rollen wir erstmal gemütlich dahin, dann haben wir hoffentlich gute Bremsen um heil hinab zur Mangfallbrücke

BERG-TIER-PARK

Über Wiesen, durch Wälder und vorbei an Tiergehegen gehen wir im 7 / Bergtierpark Blindham zu den mächtigen Auerochsen, den Hirschen mit ausladenden Geweihen, sehen Streifenhörnchen und in der Ferne die Berge im Voralpenland. Kinder toben sich im Spielstadl aus.

< links / Am Mangfallknie ^ oben / BergTierPark Blindham

über der romantisch daherfließenden Mangfall zu gelangen sowie über eine gute Kondition, um den Höllenstein nach Grub hinaufzukommen. Oben begrüßen uns die Wüstenschiffe am Kamelhof. Dort leben neben Kamelen auch Lamas, Pferde, Alpakas, Esel und Ziegen. Besuchen können wir die Tiere nicht, aber nach Terminvereinbarung einen Reittermin buchen, bei den 9 / Bayern-Kamelen (Tel. +49 8063 9966, Rosenheimer Straße, 83626 Grub/Valley, www.bayern-kamele.de).

ZUM BARTEWIRT

Noch mal zünftig einkehren in der urigen Bierstube des 10 / Bartewirts und am Wochenende im Biergarten Steckerlfisch genießen, bei Events mit bayerischem Humor.

Endspurt über die Via Julia

Auf der Hochebene radeln wir nun Richtung Kreuzstraße. Hier endet die S-Bahnlinie S7 aus München. Der Bahnhof liegt links an der Römerstraße. Wir halten uns jedoch rechts nach Kleinkarolinenfeld. An der Kreuzung liegt der 10 / Bartewirt (Mo–So 11– 3 Uhr, Tel. +49 8024 7781, Gruber Straße 1, 83626 Valley, www.barte-wirt.de), bei dem wir typische bayerische Spezialitäten serviert bekommen. Über Kleinkarolinienfeld zieht es sich dahin. Am Abzweig zur Römersiedlung biegen wir rechts ab und radeln über die Bahngleise nach Peiß zur Kirche. Am Parkplatz der Kirche halten wir uns links, queren die Staatsstraße und radeln nach Aying.

WÜSTEN-SCHIFFE

Im Mangfalltal begrüßen uns Kamele, Lamas, Pferde, Alpakas … Sie stehen auf dem bunten Kamelhof. Es macht sehr viel Spaß auf den Tieren zu reiten oder im Beduinenzelt dem Zauberer oder der Schwertshow zuzuschauen. Die Reittouren finden von Do–So statt.

Am Ortsanfang biegen wir links in den Behamweg ab und vor der Staatsstraße rechts zum Bahnhof von Aying. Gegenüber dem Bahnhof sehen wir die 11 / Gaststätte Kastanienhof (Di–Sa 11.30–14.30 Uhr + 17–20 Uhr, So 11–20 Uhr, Tel. + 49 8095 9299, Bahnhofstraße 34, 85653 Aying, www.kastanienhof-aying.de). Zum krönenden Abschluss können wir hier ja noch mal einkehren, bevor wir den Heimweg antreten. Jedenfalls sind wir wieder an unserem Ausgangspunkt dem 1 / Parkplatz beim S- Bahnhof Aying angekommen. Hier hält die S-Bahn Linie S7 München-Kreuzstraße.

TOURENINFO / Die Tour ist etwas Feines für sportliche Typen, die aber auch genießen können und Sinn für die Natur haben. Wir fahren fast alles auf asphaltierten Straßen und Wegen mit zum Teil heftigen Steigungen.

links / Kamelkarawane in Bayern oben / Erfrischung pur im Naturbad an der Wiesmühle

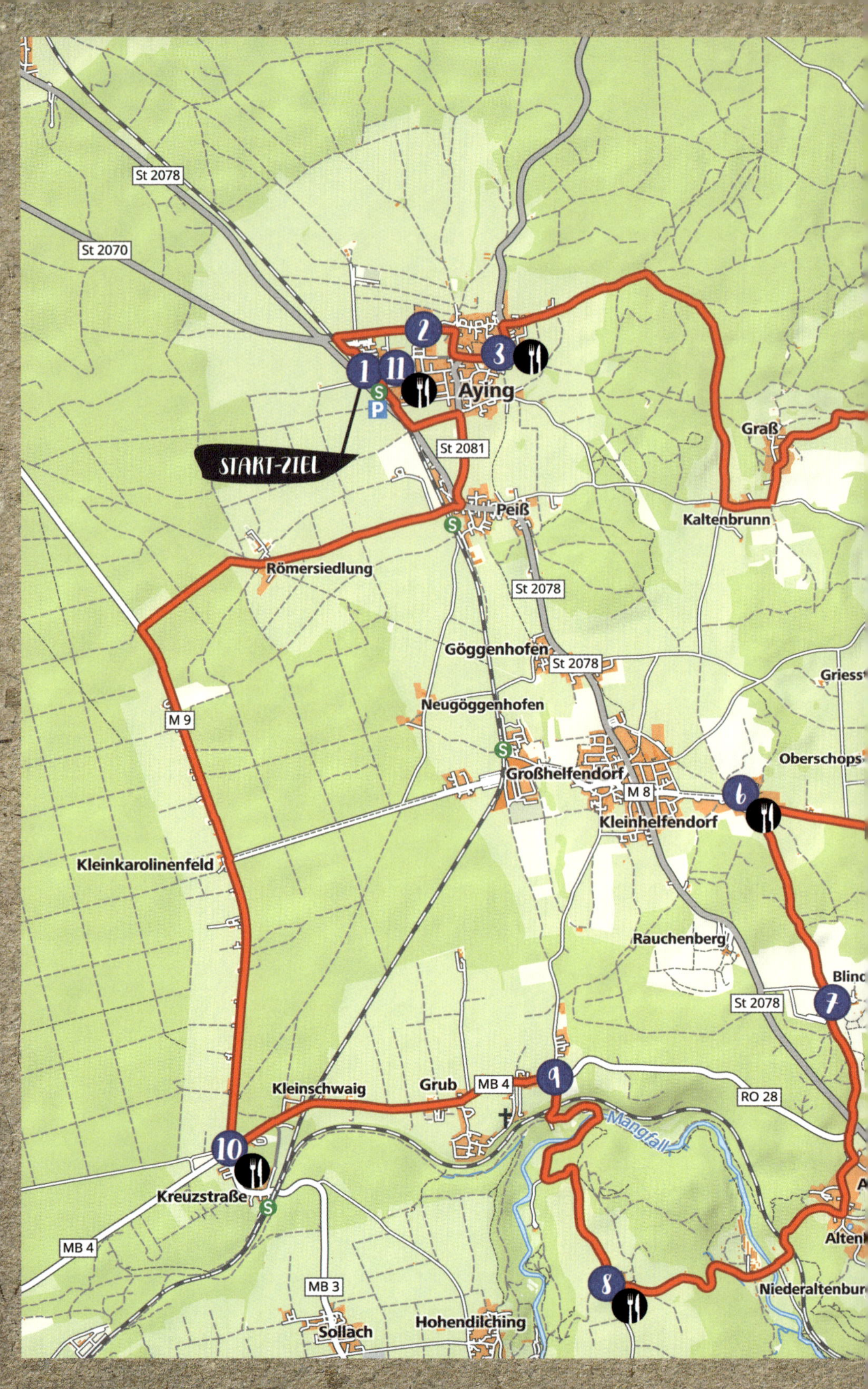

St 2078
St 2070
1
11
2
3
Aying
START-ZIEL
St 2081
Peiß
Graß
Kaltenbrunn
Römersiedlung
St 2078
Göggenhofen
St 2078
Griess
Neugöggenhofen
M 9
Oberschops
Großhelfendorf
M 8
6
Kleinhelfendorf
Kleinkarolinenfeld
Rauchenberg
Blind
St 2078
7
Kleinschwaig
Grub
MB 4
9
RO 28
Mangfall
10
Kreuzstraße
Altenb
MB 4
MB 3
8
Niederaltenbur
Sollach
Hohendilching

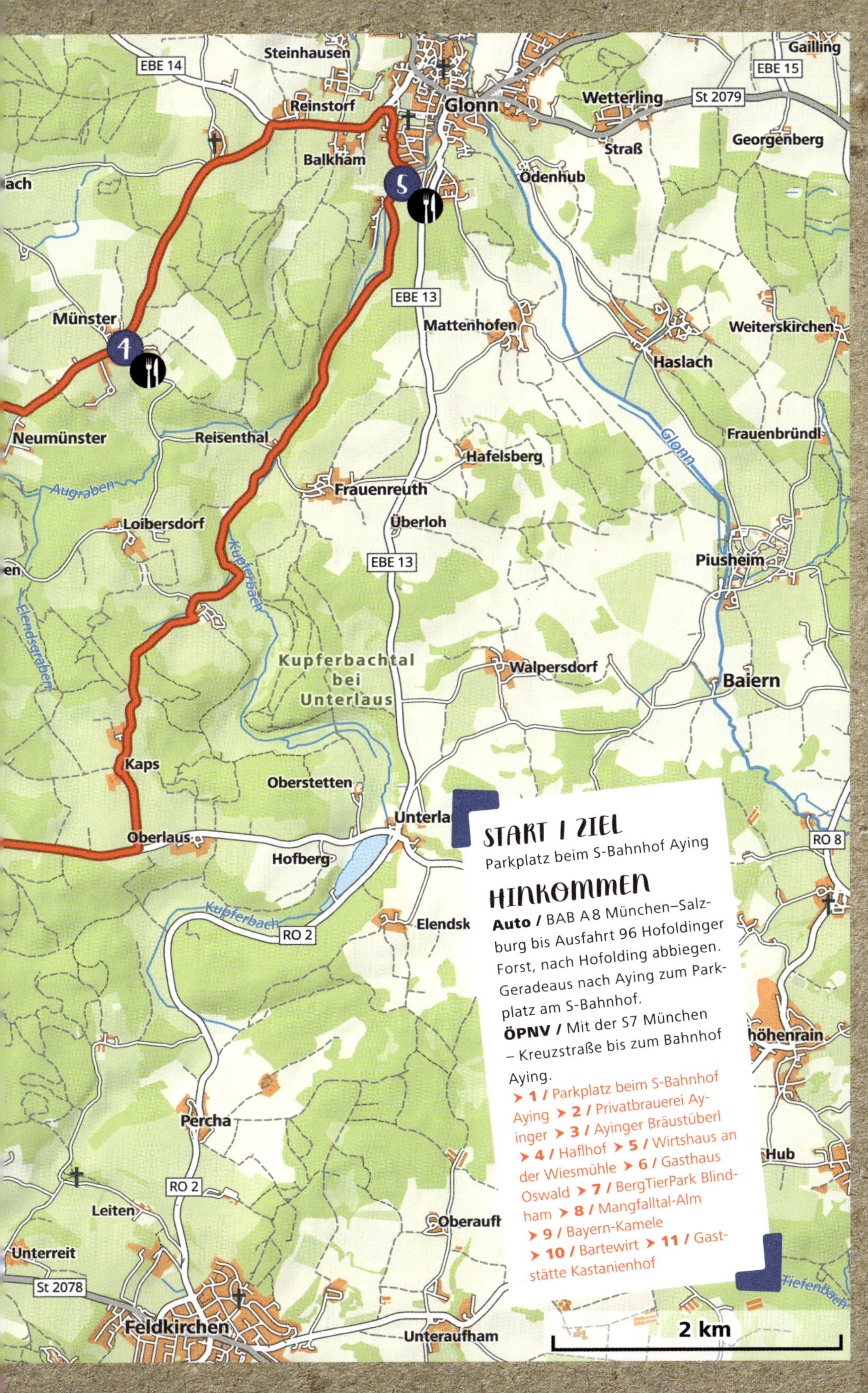

START I ZIEL

Parkplatz beim S-Bahnhof Aying

HINKOMMEN

Auto / BAB A8 München–Salzburg bis Ausfahrt 96 Hofoldinger Forst, nach Hofolding abbiegen. Geradeaus nach Aying zum Parkplatz am S-Bahnhof.

ÖPNV / Mit der S7 München – Kreuzstraße bis zum Bahnhof Aying.

➤ **1 /** Parkplatz beim S-Bahnhof Aying ➤ **2 /** Privatbrauerei Ayinger ➤ **3 /** Ayinger Bräustüberl ➤ **4 /** Haflhof ➤ **5 /** Wirtshaus an der Wiesmühle ➤ **6 /** Gasthaus Oswald ➤ **7 /** BergTierPark Blindham ➤ **8 /** Mangfalltal-Alm ➤ **9 /** Bayern-Kamele ➤ **10 /** Bartewirt ➤ **11 /** Gaststätte Kastanienhof

ISARFLIMMERN

Einen Gang hochschalten und abschalten vom Alltag. Es ist meine Genussfahrt im Münchner Süden entlang des Isarkanals zu kulinarischen Genüssen.

> 1 / Vom Parkplatz beim S-Bahnhof Deisenhofen geht's zur Schlemmertour

> 2 / Für einen fantastischen Alpenblick: Treffpunkt Ludwigshöhe

> 3 / Verdiente Rast im Golfclub München Riedhof

> 4 / Die Pupplinger Au ist ein beliebtes Ausflugsziel

> 5 / Vom Gasthaus Aujäger geht's an die Isar

> 6 / Von der Holzbrücke am Ickinger Wehr blicken wir über die Isar

> 7 / Am Isarkanal kehren wir im Fischrestaurant Gasthaus Aumühle ein

> 8 / Tolle Aussicht beim Gasthaus zum Bruckenfischer

> 9 / Das Klosterbräustüberl liegt gegenüber von Kloster Schäftlarn

> 10 / Das urige Gasthaus zur Mühle ist mein Radlerparadies

> 11 / Vor dem Schlussspurt nochmal im Gasthof zum Wildpark einkehren

> 1 / Wir sind zurück am Parkplatz beim S-Bahnhof Deisenhofen

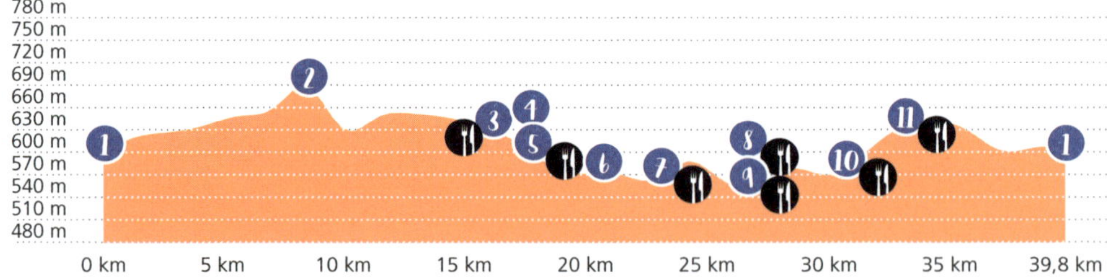

Lauschige Biergärten

Schlemmen zwischen Deisenhofen und Pupplinger Au

Der „day trip“ führt vom Bahnhof Deisenhofen über Dingharting in das herrliche Naturschutzgebiet Pupplinger Au bei Wolfratshausen. Vom Ickinger Wehr haben wir einen super Blick auf die Kiesbänke der Isar und sehen ein Event-Floß durch die Rutsche kommen. Am Isarkanal reihen sich die zünftigen Wirtshäuser wie Perlen an der Kette aneinander, mit Abstecher zum Klosterstüberl am Kloster Schäftlarn. Vom Radlertreff am Wirtshaus im Mühlthal geht's hinauf über Laufzorn nach Deisenhofen zurück.

40 Kilometer
206 Höhenmeter
2:30 Stunden
Rundtour

Charakter

Sportlich ●●●●●
Abkühlung ●●○○○
Schlemmen ●●●●●
Panorama ●●●○○

Aussicht bis zur Zugspitze

Starten wir zu unserem „day trip“ am 1/ Parkplatz vom S-Bahnhof Deisenhofen, der auch unser Ziel sein wird. Vom Parkplatz am Bahnhofsplatz gehen wir unter den Gleisen hindurch zum Ausgang Richtung Grundschule und radeln durch die Unterführung rechts an den Kreisverkehr. Kurz davor geht's links zur Ödenpullacher Straße, an der Grundschule entlang, ins Waldgebiet des Laufzorner Holzes. Wir stoßen an der Waldschneise auf ein asphaltiertes Sträßchen, biegen links ein und kommen unter der Hochspannungs-

---

◀ **links / Schäftlarn, Gasthaus zum Bruckenfischer**

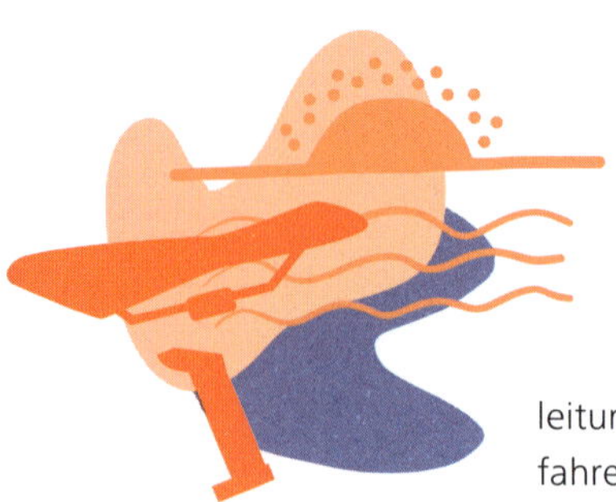

leitung auf die Römerstraße. Die lassen wir rechts liegen und fahren nach Ödenpullach. Schnell radelt sich's auf der schmalen Straße nach Großdingharting. Auf der Deisenhofener Straße geht's in die Ortschaft bis an die Kreuzung mit der Gleißentalstraße. Hier radeln wir geradeaus in den Urbanweg und biegen dann links ab in die Kleinhartinger Straße. Auf nach Kleindingharting zur Kirche mitten im Dorf und zur Frimmerkapelle auf der 2 / Ludwigshöhe. Viele Leute kommen hierher, nicht etwa wegen der schön verputzten Kapelle, sondern wegen der super Aussicht. Für die „Aussichtler" gibt es sogar einen Parkplatz mit Aussicht auf die Alpen.

GEMÜTLCIHE EINKEHR

Bei schönem Wetter sitzen wir im großen Biergarten vor dem schmucken 5 / Gasthaus Aujäger bei einer frischen Maß, gleich am Sträßchen zur Au.

Zwischen Bunkern und Greens

Wir rollen hinunter nach Deining in die Talstraße und biegen links in die Münchner Straße ein. Bei der Kirche, sie liegt linker Hand, biegen wir in die Hornsteiner Straße ein. Wie der Name schon verrät, geht's nach Hornstein. Am Waldrand, wo das Sträßchen endet, biegen wir links ab und kommen nach Sachsenhausen. Die Straße führt weiter nach Ergertshausen. Wir nehmen allerdings den Hochleitenweg der an der Bushaltestelle rechts abzweigt und erreichen Ergertshausen beim Golfplatz. Wir wenden uns zum Golfgelände und radeln unter Bäumen zwischen Bunkern und Greens zum Riedhof an der Staatsstraße. Das Clubhaus des 3 / Golfclubs München Riedhof (Di–So 10–22 Uhr, Tel. +49 8171 219535, Riedhof 16, 82544 Egling, www.riedhof.de) liegt rechts vor der Staatsstraße. Hier kehren wir ein. Wir haben es uns verdient.

Hier planschen die Fische

Rechts der Staatsstraße entlang kommen wir zur 4 / Pupplinger Au, ins Naturschutzgebiet mit Auwald und Kiesinseln in der

---

➤ rechts oben / Pupplinger Au ➤ rechts Mitte / Ludwigshöhe von Kleindingharting

LUDWIGS-HÖHE

Uns erwartet ein grandioses Berg-panorama am höchsten Punkt im Münchner Süden auf einer einmalig schönen Anhöhe. Der Blick reicht von den Chiemgauer Alpen bis zu den Ammergauer Alpen und die Zugspitze. Für die „Aussichtler" gibt es sogar einen Parkplatz. Für jeden Fotografen ein Muss, hier mal vorbeizuschauen!

Aussicht auf Blasmusik

Am 6 / Ickinger Wehr kommen die Flöße aus Wolfratshausen vorbei, mit zünftiger Blasmusik und frischem Bier an Bord.

Isar vor der Isarbrücke bei Wolfratshausen und schwenken halb rechts ab in den Jägerweg zum 5 / Gasthaus Aujäger (Mo + Di Ruhetag, der Biergarten ist bei schönem Wetter geöffnet, Tel. +49 8171 78556, Austr. 4, 82544 Puppling, www.aujaeger-puppling.de). An schönen Tagen ist es hier recht voll, besonders im Biergarten. Vom Aujäger radeln wir in das Waldgebiet der Pupplinger Au und halten uns gleich links in die Wehrbaustraße zum 6 / Ickinger Wehr. Hier zweigt der Isarkanal von der Isar ab.

Erholung im Naturschutzgebiet

Wir gehen mal zu Fuß über das Stauwehr zur überdachten Holzbrücke an der Isar. Ist ein besonderes Gefühl. Mit etwas Glück können wir das eine oder andere Event-Floß kommen sehen. Wir werden es aber zuerst hören, die Blasmusik und den Gesang der Flößer und der Gesellschaft. Ist eine süffige Gaudi mit Fassbier, so eine Floßfahrt nach München. Wir sind zurück auf dem Festland und radeln am Isarkanal entlang. Er führt uns zum 7 / Gasthaus Aumühle (Di–Sa 11–22 Uhr, Tel. +49 8178 4351, Aumühle 10, 82544 Egling, www.gasthaus-aumuehle.de). Ist bekannt als super Fischrestaurant mit eigener Fischzucht. Die

Fische kommen fangfrisch aus den Zuchtteichen gleich nebenan. Von der hölzernen Fußgängerbrücke können wir weit den Kanal entlangschauen. Leider nicht bis nach Dürnstein, unserem nächsten Ziel.

Bayerisch barock

In Dürnstein, an der Straße zum Kloster Schäftlarn, liegt das 8 / Gasthaus zum Bruckenfischer (tgl. 10 – 23 Uhr, Tel. +49 8178 3635, Dürnstein 1, 82544 Egling, www.bruckenfischer.com). Jenseits der Isar gibt es am Parkplatz eine WC-Anlage. Wir hängen noch einen Kilometer dran und schauen uns die Klosterkirche von Kloster Schäftlarn an. St. Dionysius ist eine der schönsten Kirchen im Süden von München. Reichlich außergewöhnlich schöne Kirchenmalerei. Gegenüber dem Kloster Schäftlarn, übrigens seit 1866 Benediktinerkloster, öffnet täglich das 9 / Klosterbräustüberl (Mo–So 10–22 Uhr, Tel. +49 8178 3694, Kloster Schäftlarn 16, 82067 Ebenhausen, www.klosterbraeustueberl-schaeftlarn.de). Ein bayerisches Wirtshaus mit Tradition. Wie wir bald merken ist es hier manchmal etwas chaotisch und bayerisch barock in der Aussprache, aber immer sympathisch.

AUWALD

Vom Aujäger führt ein Asphaltsträßchen in die 4 / Pupplinger Au, das bei Skatern und Radlern sehr beliebt ist. Bei der Aumühle geht's retour. Im Naturschutzgebiet blühen Frauenschuh, Orchideen, Wacholder und Weißdorn. Im Wald wachsen Kiefer, Weißerle und Weide.

‹ links / Am Ickinger Wehr ˄ oben / Klosterbräu Schäftlarn

Urige Stub'n mit Kachelofen

Zurück zur Isar und über die Kanalbrücke. Weiter geht's am Kanal entlang auf das 10 / Gasthaus zur Mühle (Di–So 10–23 Uhr, Tel. +49 8178 3630, Mühlthal 10, 82064 Straßlach-Dingharting, www.gasthausmuehle.de) zu, eine der letzten altbayerischen Wirtschaften. Im Herbst übermannt uns die Farbenpracht der Natur, im Winter die gemütliche Stub'n mit Kachelofen. Die Atmosphäre im sommerlichen Biergarten ist einzigartig, mit Blick auf die vorbeifahrenden Flöße. Das Kleinod an Gemütlichkeit ist eine sehr beliebte Jausenstation für Radler.

Jausenstation für Radler

Noch viel mehr ist das 10 / Gasthaus zur Mühle: Eine der letzten altbayerischen Wirtschaften mit gemütlicher Stub'n und Logenplatz an der Floßrutsche.

Halali und Waidmannsheil

Hier verlassen wir den Isarkanal, erst entspannt an der Ulrichskapelle vorbei, dann ächzend hinauf nach Straßlach. Auf der Mühlstraße geht's in den Ort und über die Kurz- und Schulstraße zur Kirche an der Grünwalder Straße. Hier kehren wir beim 11 / Gasthof zum Wildpark (tgl. 11–22 Uhr, Tel. +49 8170 99620, Tölzer Straße 2, 82064 Straßlach, www.gasthof-zum-wildpark.de) im Biergarten ein. Aber nicht nur wir, sondern früher auch die Bauern und Forstarbeiter die im Grünwalder Forst, dem Wildpark von König Max II., Arbeit fanden.

Tradition

Mächtig und stolz liegt Kloster Schäftlarn im sattgrünen Isartal. Weithin sichtbar ist sie eine der schönsten Kirchen im Süden von München, die Klosterkirche St. Dionysius, ein Rokoko-Juwel. Gegenüber sitzen wir im Klosterstüberl, in dem vieles seine Tradition hat, die Atmosphäre und die gemütliche Einrichtung.

Weideland und Pferdekoppeln

Nach der Kirche biegen wir rechts in den Laufzorner Weg ein und radeln auf dem asphaltierten Sträßchen nach Laufzorn. Hier radeln wir kurz auf der Römerstraße „Via Julia" .Von der Römerstraße geht's links zum Gestüt Gut Laufzorn, dem ehemaligen Schloss Laufzorn inmitten von Weideland und Pferdekoppeln. Hier können wir den Pferden beim Grasen zuschauen. Ist sehr beruhigend. Vom Haupthaus radeln wir auf der Laufzorner Straße nach Deisenhofen und biegen in Höhe der Wolfzorner Straße rechts Richtung Grundschule ab. Am Kreisverkehr geht's geradeaus durch die Unterführung am Bahnhof zum 1/ Parkplatz vom S-Bahnhof Deisenhofen. Wir sind zurück am Ausgangspunkt.

TOURENINFO / Fast alle Wege verlaufen auf Asphalt, mit wenigen Aus-nahmen. Das sportliche Highlight ist die Auffahrt vom Mühlthal nach Straßlach, ist aber auch schon die Ausnahme, sonst geht es eher einfach dain. Tolle Tour für ältere Kinder mit Kondition.

< links / Kloster Schäftlarn ^ oben / Bayerische Gemütlichkeit

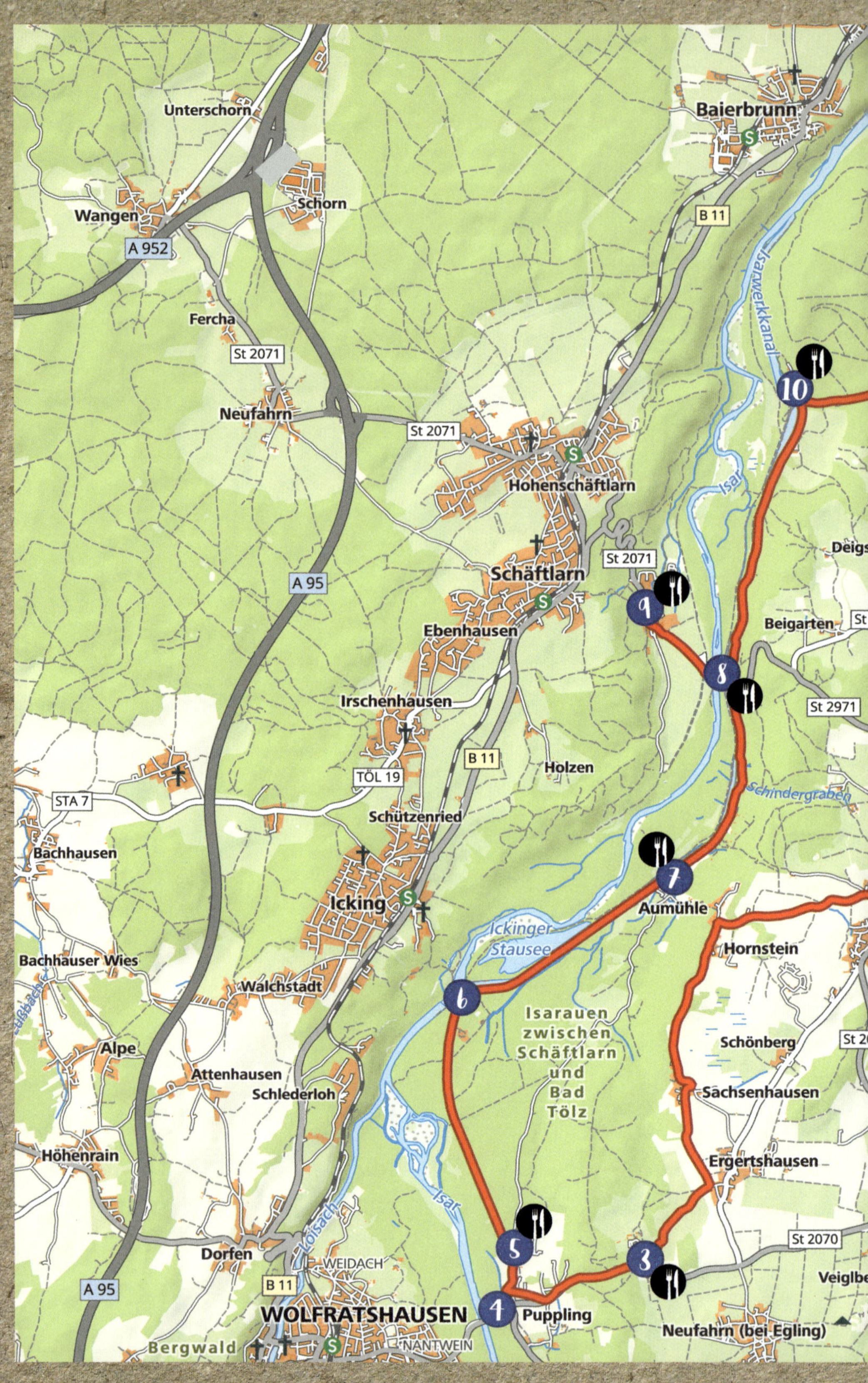

Unterschorn
Baierbrunn
Schorn
Wangen
A 952
B 11
Isarwerkkanal
Fercha
St 2071
Neufahrn
St 2071
Hohenschäftlarn
Isar
Deigs
St 2071
Schäftlarn
Beigarten
Ebenhausen
St 2971
Irschenhausen
B 11
Holzen
TÖL 19
STA 7
Schindergraben
Schützenried
Bachhausen
Icking
Aumühle
Ickinger Stausee
Hornstein
Bachhauser Wies
Walchstadt
Isarauen zwischen Schäftlarn und Bad Tölz
Schönberg
Alpe
Attenhausen
Schlederloh
Sachsenhausen
Höhenrain
Ergertshausen
Isar
Loisach
St 2070
Dorfen
Weidach
A 95
B 11
Veiglbe
WOLFRATSHAUSEN
Puppling
Neufahrn (bei Egling)
Bergwald
Nantwein
A 95

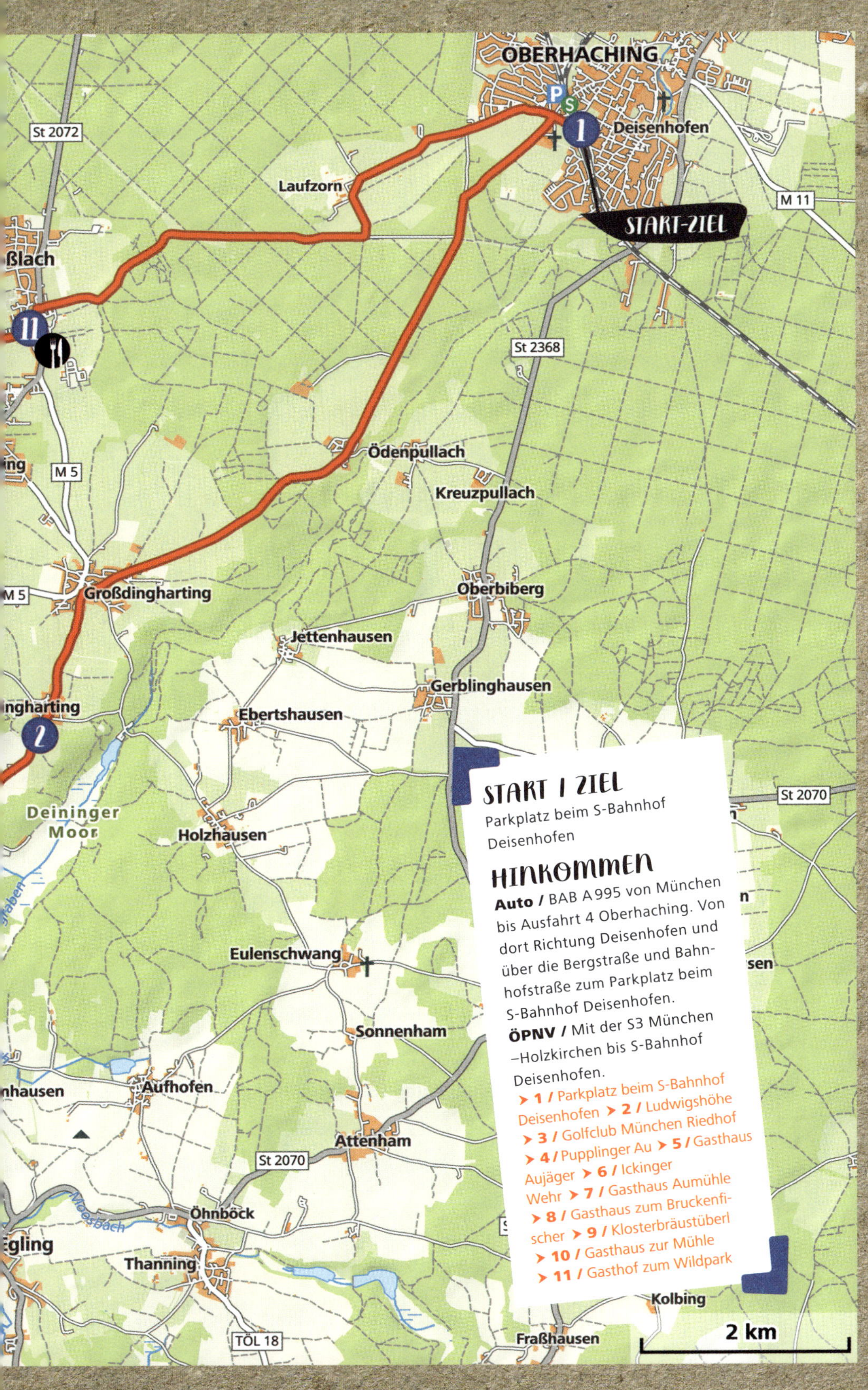

START / ZIEL

Parkplatz beim S-Bahnhof Deisenhofen

HINKOMMEN

Auto / BAB A995 von München bis Ausfahrt 4 Oberhaching. Von dort Richtung Deisenhofen und über die Bergstraße und Bahnhofstraße zum Parkplatz beim S-Bahnhof Deisenhofen.

ÖPNV / Mit der S3 München–Holzkirchen bis S-Bahnhof Deisenhofen.

➤ **1 /** Parkplatz beim S-Bahnhof Deisenhofen ➤ **2 /** Ludwigshöhe ➤ **3 /** Golfclub München Riedhof ➤ **4 /** Pupplinger Au ➤ **5 /** Gasthaus Aujäger ➤ **6 /** Ickinger Wehr ➤ **7 /** Gasthaus Aumühle ➤ **8 /** Gasthaus zum Bruckenfischer ➤ **9 /** Klosterbräustüberl ➤ **10 /** Gasthaus zur Mühle ➤ **11 /** Gasthof zum Wildpark

PERFEKTER HERBSTTAG

Den Starnberger See, klassisch rund 50 km, umrunde ich meist im Frühjahr oder Herbst, da ist es hier am schönsten und verweile dann im Buchheim-Museum.

> **1 /** Klassische Start- und Endpunkt beim S-Bahnhof Starnberg

> **2 /** Beim Seebad Starnberg vorbei geht's nach Percha

> **3 /** Aus der Fischräucherei vom Fischermeister Gastl duftet es super gut

> **4 /** Das Haus des Buchscharner Seewirtes stand einst in der Wildschönau

> **5 /** Ein echter Blickfang, die Fassade vom Gasthaus Fischerrosl

> **6 /** Der Gasthof Café Seeseiten ist ein Ort zum Entschleunigen

> **7 /** Im Buchheim-Museum erleben wir Kunst, Genuss und Erholung

> **8 /** Das Midgardhaus war einst Feriendomizil illustrer Künstler und Intellektueller

> **9 /** Es macht Spaß mit der Fähre zur Roseninsel überzusetzen

> **10 /** Wir lassen uns im Forsthaus am See mit raffiniert italienischer Küche verwöhnen

> **11 /** Quirliges Treiben herrscht am S-Bahnhof Starnberg

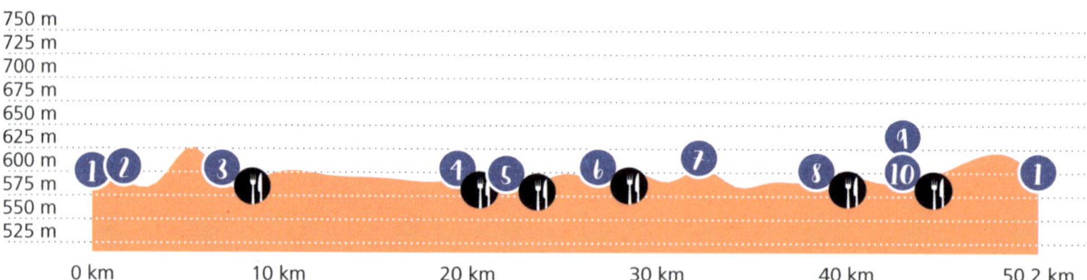

SEE-KLASSIKER

Sisi und Ludwig II. fanden es am Starnberger See auch ganz toll

Den Starnberger See – Klassiker Starnberg habe ich mir für den Frühling oder den Herbst vorgenommen, dann ist es am Starnberg See am schönsten. Eine Reihe ausgezeichneter Restaurants verführen mit super Aussichten über den See zum Verweilen.

50 Kilometer
119 Höhenmeter
3:30 Stunden
Rundtour

Stadt der Millionäre und Promis

Der beste Ausgangspunkt ist der 1 / S-Bahnhof Starnberg. Davor gibt es den P&R-Parkplatz. Zunächst sei verraten, dass wir hier auch wieder zurückkommen, also los. Am Bahnhof gehen wir durch die Unterführung zur Seepromenade. Wir wenden uns nach links und radeln zum Nepomukweg. Rechts geht's jetzt zum 2 / Seebad Starnberg (tgl. 10–21 Uhr, Tel. +49 8151 12666, Strandbadstraße 17, 82319 Starnberg, www.seebad-starnberg.de) mit Hallenbad und Strand am See. Über die Stufen der Nepomukbrücke müssen wir unser Rad tragen. Drüben wenden wir uns rechts zur Brücke am Lüßach in Percha. Auch mit Stufen hinauf und hinab. Der Uferweg führt uns weiter nach Kempfenhausen. Vor Berg treffen wir dann auf die Seestraße und fahren geradeaus zum Schiffsanleger beim Strandhotel Berg.

CHARAKTER

Sportlich ●●●○○
Abkühlung ●○○○○
Schlemmen ●●●●○
Panorama ●●●●○

◂ links / Starnberger See

Ein Ort der sonnigsten und düstersten Zeit

Die Straße macht eine Linkskurve, hinter der sich das Schloss Berg verbirgt. Jedes Jahr verbrachte König Ludwig II. hier den Sommer und erledigte von Berg aus seine Regierungsgeschäfte. Da es nicht zu besichtigen ist, radeln wir gleich um die nächste Ecke rechts und dann wieder rechts auf den Waldweg hinunter zur Votivkapelle am Starnberger See. Unterhalb im Seewasser wurde der Leichnam von König Ludwig II. gefunden. Ein Kreuz markiert die Stelle. Die Votivkapelle erinnert an den bayerischen Märchenkönig.

FISCHRÄUCHEREI

Hier gibt es selbst gefangenen und geräucherten Fisch aus dem Starnberger See. Viermal die Woche werden beim 3 / Fischermeister Gastl die Netze bei Tagesanbruch eingeholt.

Poccis Taugenichts – Kasperl Larifari

Der Weg führt weiter nach Leoni. Hier kehren wir beim 3 / Fischermeister Gastl (Mi–So 11– 8 Uhr, Tel. +49 8151 5627, Assenbucher Str. 41, 82335 Berg/Leoni, www.fischermeister-gastl.de) ein. Es gibt selbst gebackenen Kuchen und deftige Sandwiches mit Räucherfisch aus der eigenen Fischräucherei im Hofladen. Das Ufersträßchen führt über Allmannshausen nach Ammerland. Dort gibt es ein Schlösschen, das sogenannte „Poccischlössl". Es besticht durch seine Außenansicht mit den beiden Zwiebeltürmen. Hier residierte einst Graf Franz von Pocci, Erfinder des Kasperl Larifari.

Ein Stück Wildschönau am Starnberger See

Über Seeheim erreichen wir Ambach. Gegenüber dem Schiffsanlegesteg steht das Gasthaus Zum Fischmeister. Die Seeuferstraße entfernt sich hier in einem Linksboden vom See. Dort biegen wir aber rechts ab und radeln am Ufer zum Campingplatz. Unterhalb des Platzes geht's zur Straße Am Schwaiblbach. Wir biegen rechts ab und erreichen den Biergarten des 4 / Buchscharner Seewirtes (tgl. 11.30–22 Uhr, Tel. +49 8801 2409, Buchscharn 1, 82541 Münsing,

---

➤ rechts oben / Votivkapelle, Starnberger See ➤ rechts Mitte / Fischermeister Gastl

1886

Bis heute ist der Tod des Märchenkönigs ein Mysterium. Ein Kreuz im See markiert die Stelle, wo sein Leichnam gefunden wurde. Direkt oberhalb entstand zu seinem Gedächtnis die Votivkapelle. Jedes Jahr kam König Ludwig II nach Schloss Berg, erledigte während des Sommers seine Regierungsgeschäfte und ließ sich von Künstlern inspirieren.

Renken und Saiblinge

Vor dem **5 / Gasthaus Fischerrosl** von St. Heinrich verrät uns schon die Fassade mit Fischereimotiven, dass hier herrlich frischer Fisch serviert wird.

Kunst in herrlicher Landschaft

www.buchscharner-seewirt.com). Wir bewundern das schmucke Haus, das einst in der Tiroler Wildschönau stand und mit Zirbenstube hier wieder aufgebaut wurde. Rechts geht's auf schmalem Weg zum Ufer und dann entlang der Staatsstraße zur Zufahrt zum Restaurant Zum kleinen Seehaus. Wir queren die Zufahrt und fahren nach Sankt Heinrich zum malerischen 5 / Gasthaus Fischerrosl (Di–So 11.30–14.30 Uhr + 17–22 Uhr, Tel. +49 8801 746, Beuerbergerstraße 1, 82541 St. Heinrich, www.fischerrosl.de) mit Fischereimotiven an der Fassade.

Die Sammlungen Buchheims im „Museum der Fantasie"
Wir radeln am Südufer entlang der Straße nach Seeshaupt. Auf der Hauptstraße geht's durch den Ort bis zur Tutzinger Straße, die uns rechts nach Seeseiten bringt. Bevor wir rechts zum Schloss Seeseiten abbiegen, lockt der 6 / Gasthof Café Seeseiten (Di–Sa 11.30–19 Uhr, So 10–19 Uhr, Tel. +49 8801 742, Seeseiten 3, 82402 Seeseiten) mit Biergarten zur Einkehr. Genießen wir den wunderschönen Ort. Jetzt rechts zum Schloss Seeseiten. Ist auch Privatbesitz. Also gleich weiter

geradeaus Richtung Bernried. Am Bernrieder Park halten wir uns zum Ufer und radeln auf dem Unteren Seeweg zum Kloster Bernried der Missions-Benediktinerinnen. An der Klosterkirche St Martin wenden wir uns nach links zur Dorfstraße und fahren vor zur Tutzinger Straße beim Yachthafen. Geradeaus kommen wir zum 7 / Buchheim-Museum (Di–So 10–17 Uhr, Tel. +49 8158 997055, Am Hirschgarten 1, 82347 Bernried, www.buchheimmuseum.de). Ich bin gerne hier, zwischen Kunst und Genuss und einer E-Bike-Ladestation.

Der wahrscheinlich schönste Ausblick auf den Starnberger See

Wir wenden uns zu den Parkplätzen des Buchheim-Museums und radeln nach Unterzeismering. Von der Staatsstraße biegen wir rechts ab in den Höhenrieder Weg und radeln zum Sportboothafen. Dort queren wir die Erlenstraße und stoßen auf die Lindenallee. Rechts folgen wir ihr zur Tennisanlage am Johannishügel und fahren am seeseitigen Hang entlang, rechts geht´s zum Museumsschiff Tutzing, zum Kustermannpark in Tutzing. An der Hauptstraße nun rechts kommen wir zum Schloss Tutzing, heute Evangelische Akademie. Auf der Schlossstraße geht's rechts hinunter an den See zum Anlegesteg der Bayerischen Seenschifffahrt. Über die Marienstra-

PARK

Wilhelmina Busch gehörte einst ein Drittel der Bernrieder Gemeindeflur mit dem Höhenrieder und Bernrieder Park. Sie baute Schloss Höhenried und stattete es mit Antiquitäten aus. Den Bernrieder Park brachte sie in eine Stiftung ein, „der Allgemeinheit zur Erholung".

< links / Seeshaupt Anlegestelle ^ oben / Schloss Höhenried in Bernried

ße gelangen wir zum Brahmsweg und folgen ihm linkshaltend zum 8 / Midgardhaus (Biergarten, tgl. 11–21 Uhr, Tel. +49 8158 1216, Midgardstraße 3–5, 82327 Tutzing, www.midgardhaus.de) auf der kleinen Halbinsel am See. Hier genießen wir den wahrscheinlich schönsten Ausblick mit Alpenkulisse. Der Ebersweg führt uns zum Nordbad Tutzing und zum Freibad Garatshausen.

DES MÄRCHENKÖNIGS INSEL

In seinem Sommerhaus empfing König Ludwig II. Kaiserin Elisabeth „Sisi" von Österreich. Wir setzen mit der 9 / Fähre zur Roseninsel über und genießen den Rosenduft.

Bayern trifft Österreich

Auf dem Seeuferweg erreichen wir die 9 / Fähre zur Roseninsel (Fährzeiten im Mai 11–18 Uhr, Juni bis September 10–18 Uhr, September bis Oktober 11–18 Uhr, Tel. +49 0151 28741905) und lassen uns in einer Zille übersetzen. Der Märchenkönig Ludwig II. empfing in der Villa Kaiserin Elisabeth „Sisi" von Österreich. Auf dem Festland geht's zum Strandbad Feldafing und zum 10 / Forsthaus am See (Di–So 11–23 Uhr, Tel. +49 8157 9999339, Am See 1, 82343 Possenhofen, www.forsthaus-amsee.de) mit italienischer Küche und einzigartiger Seeterrasse. Wir kommen zum Anlegesteg Possenhofen und radeln links zum Sisi-Schloss Possenhofen, einst bewohnt von der Kaiserin Elisabeth von Österreich. Beim Schloss biegen

KUNST

Im Zentrum von 7 / Buchheims Museum der Fantasie steht seine berühmte Expressionistensammlung mit Gemälden, Aquarellen, Zeichnungen und Druckgrafiken. Sein Architekt Günter Behnisch baute ein lang gestrecktes Haus, das in einem zwölf Meter über dem See schwebenden Steg endet.

wir links ab zum Gasthaus Zum Fischmeister. Gegenüber zweigt unser Weg zur Jugendherberge ab. Hinter dem Zufahrtsweg zur Herberge wenden wir uns nach links, queren die Staatsstraße und radeln rechts über den Paradies-Parkplatz, am Ende dann in den Wald hinauf nach Niederpöcking. Am Oberen Seeweg links gelangen wir zur Wilhelmshöhenstraße in Starnberg. Ihr folgen wir hinunter zur Possenhofener Straße. Parallel zur Hauptstraße geht's bis zur Bahnunterführung, die rechts abzweigt. Vor uns der Segelverein Bayern. Die Seepromenade führt uns nun am legendären Wirtshaus Undosa, heißt heute H'ugo's Beach Club und ist ein Italiener, vorbei zum 1 / S-Bahnhof Starnberg. Wenn wir noch einmal durch die Bahnhofsunterführung gehen, sind wir zurück am P&R-Parkplatz.

TOURENINFO / Im Prinzip eine tolle Tour für die Familie: Baden, einkehren, entdecken. Nur sind es rund 50 Kilometer um den See, jedoch ohne nennenswerte Steigung und meist auf asphaltierten Wegen. Alles eine Frage, wie der Tag gestaltet sein soll. E-Bike-Ladestation am 7 / Buchheim-Museum.

< links / Buchheim-Museum ^ oben / Casino auf der Roseninsel im Starnberger See

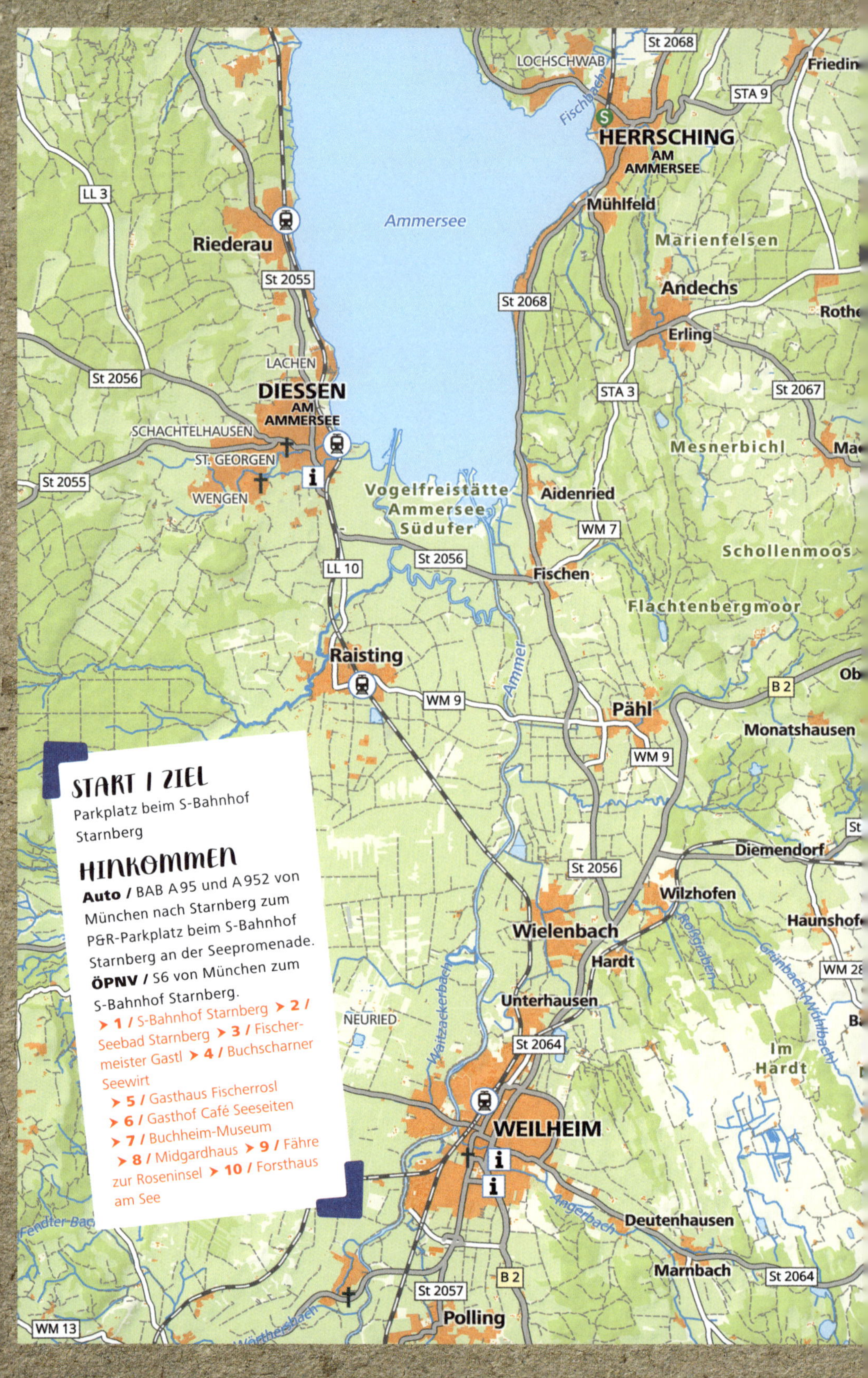
START / ZIEL
Parkplatz beim S-Bahnhof Starnberg
HINKOMMEN
Auto / BAB A95 und A952 von München nach Starnberg zum P&R-Parkplatz beim S-Bahnhof Starnberg an der Seepromenade.
ÖPNV / S6 von München zum S-Bahnhof Starnberg.
➤ 1 / S-Bahnhof Starnberg ➤ 2 / Seebad Starnberg ➤ 3 / Fischermeister Gastl ➤ 4 / Buchscharner Seewirt
➤ 5 / Gasthaus Fischerrosl
➤ 6 / Gasthof Café Seeseiten
➤ 7 / Buchheim-Museum
➤ 8 / Midgardhaus ➤ 9 / Fähre zur Roseninsel ➤ 10 / Forsthaus am See
Ammersee
HERRSCHING AM AMMERSEE
LOCHSCHWAB
Fischbach
Mühlfeld
Marienfelsen
Andechs
Erling
Riederau
LACHEN
DIESSEN AM AMMERSEE
SCHACHTELHAUSEN
ST. GEORGEN
WENGEN
Vogelfreistätte Ammersee Südufer
Aidenried
Mesnerbichl
Schollenmoos
Fischen
Flachtenbergmoor
Raisting
Ammer
Pähl
Monatshausen
Diemendorf
Wilzhofen
Wielenbach
Hardt
Haunshofen
Unterhausen
NEURIED
Waitzackerbach
Rößgraben
Grünbach (Wurmbach)
Im Hardt
WEILHEIM
Angerbach
Deutenhausen
Marnbach
Polling
Fendter Bach
Wörthersbach
St 2068
STA 9
LL 3
St 2055
St 2056
STA 3
St 2067
WM 7
LL 10
WM 9
B 2
St 2064
St 2057
WM 13

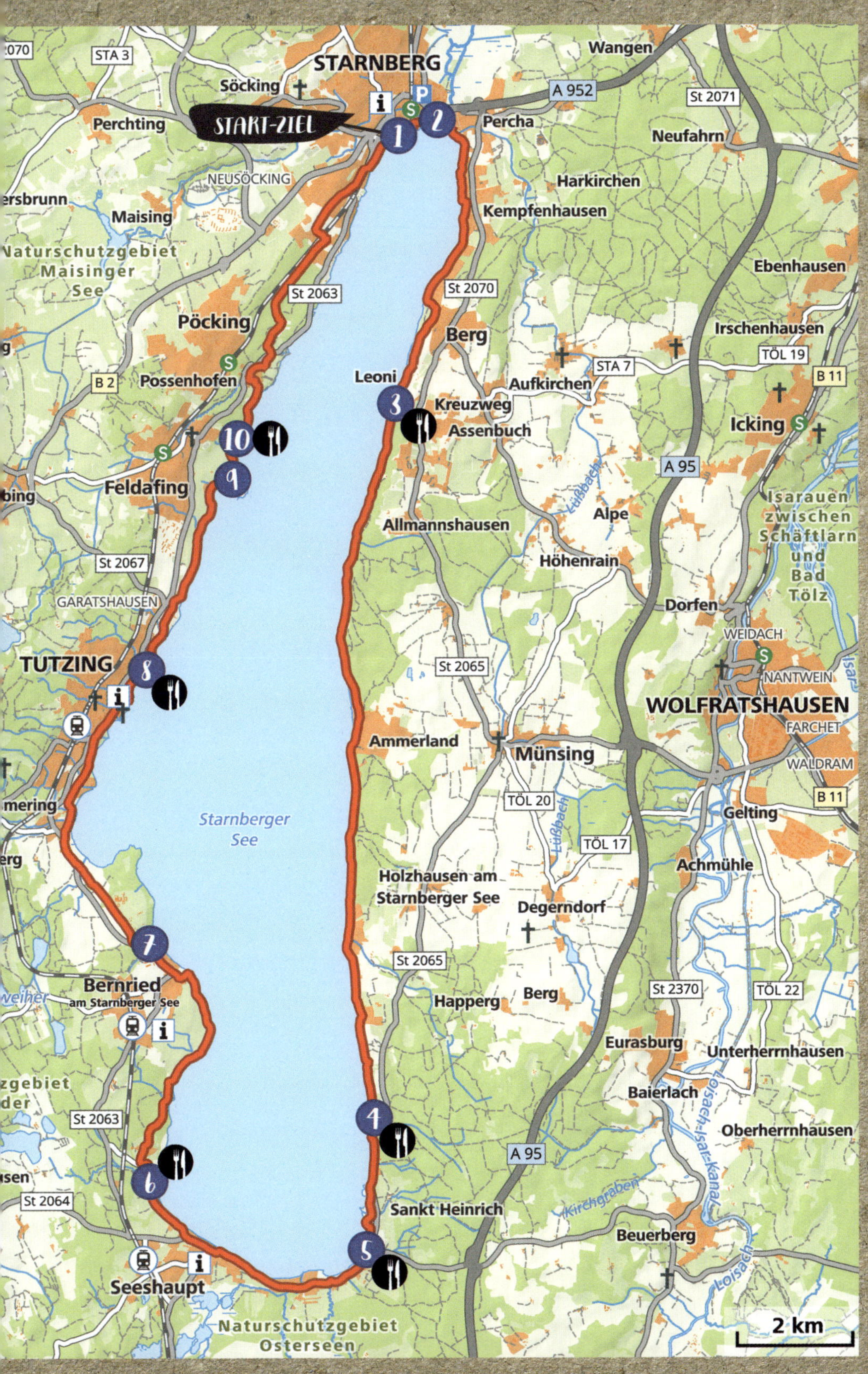
STARNBERG
START-ZIEL
Söcking
Perchting
Percha
Wangen
Neufahrn
Harkirchen
Kempfenhausen
NEUSÖCKING
Maising
Naturschutzgebiet Maisinger See
Pöcking
Possenhofen
Feldafing
Berg
Leoni
Kreuzweg
Assenbuch
Aufkirchen
Ebenhausen
Irschenhausen
Icking
Allmannshausen
Alpe
Höhenrain
Dorfen
Isarauen zwischen Schäftlarn und Bad Tölz
GARATSHAUSEN
TUTZING
WEIDACH
NANTWEIN
WOLFRATSHAUSEN
FARCHET
WALDRAM
Ammerland
Münsing
Starnberger See
Gelting
Achmühle
Holzhausen am Starnberger See
Degerndorf
Bernried am Starnberger See
Happerg
Berg
Eurasburg
Unterherrnhausen
Baierlach
Oberherrnhausen
Sankt Heinrich
Beuerberg
Seeshaupt
Naturschutzgebiet Osterseen
Lüßbach
Kirchgraben
Loisach-Isar-Kanal
Loisach
Isar
A 952
A 95
B 2
B 11
STA 3
STA 7
St 2063
St 2064
St 2065
St 2067
St 2070
St 2071
St 2370
TÖL 17
TÖL 19
TÖL 20
TÖL 22
2 km
1
2
3
4
5
6
7
8
9
10

AUSSICHTEN

Die Drei-Seen-Tour führt mich zu den schönsten Aussichten hinunter auf die Seen und in die Berge, verbunden mit genialen Einkehrstopps.

> **1 /** Parkplatz unterhalb von Schloss Seefeld mit tollem Blick zum Schloss

> **2 /** Ich bin gern im Kloster Andechs auf dem „Heiligen Berg"

> **3 /** Den Alpenblick im Biergarten des Andechser Bräustüberl genießen

> **4 /** Die Kuriositäten im Kupfermuseum anschauen

> **5 /** In der Andechser Kaffeerösterei wird der Kaffee selbst geröstet

> **6 /** Kunst-Pavillon, das Schaufenster Dießener Künstler und Handwerker

> **7 /** Vor dem Restaurant Seehaus weht die Tricolore Français

> **8 /** Ein herrlicher Bauernpark umgibt das Künstlerhaus Gasteiger

> **9 /** Mit den nostalgischen Raddampfern der Bayerischen Seenschifffahrt fahren

> **10 /** Vom Seehaus Schreyegg das Anlegen der Raddampfer beobachten

> **1 /** Wir sind zurück am Parkplatz unterhalb von Schloss Seefeld

> **11 /** Im Bräustüberl Schloss Seefeld den tollen Tag ausklingen lassen

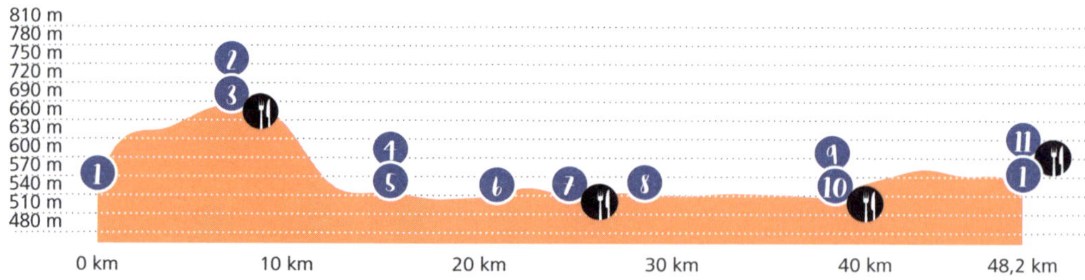

Nostalgie am Ammersee

Drei Seen, ein Ziel: Schloss Seefeld

Start und gleich geht's 100 Meter hinauf zur Ebene über Pilsensee und Ammersee zum „Heiligen Berg" Andechs. Dort steil hinunter nach Aidenried und am Westufer des Ammersees entlang über Utting zum Hafen der Raddampfer in Stegen. Der Anstieg über den Stegener Berg führt uns nach Inning und über Bachern an den Wörthsee zurück an den Pilsensee.

48 Kilometer
170 Höhenmeter
3:30 Stunden
Rundtour

Über dem Herrschinger Moos

Am 1 / Parkplatz unterhalb von Schloss Seefeld rüsten wir uns für den „day ride". Hier werden wir nach rund 48 Kilometern auch wieder zurück sein. Helm auf und los geht's Richtung Herrsching. Schon nach wenigen Metern führt die Tour steil bergauf nach Widdersberg, aber mit herrlichem Ausblick über den Pilsensee. Am Weiher fahren wir links zur Kirche. Der Dorfstraße folgen wir nach rechts und biegen dann nach Andechs ab. Hoch über dem Herrschinger Moos radeln wir zum „Heiligen Berg".

Charakter
Sportlich ●●●●○
Abkühlung ●●○○○
Schlemmen ●●●●○
Panorama ●●●●○

Der „Heilige Berg"

Wer Andechs sagt, meint das 2 / Kloster Andechs und die Wallfahrtskirche mit ihrem charakteristi-

◂ links / Andechs, „Heiliger Berg"

schen Zwiebelturm. Wir fahren die Bergstraße hinauf. Gleich links erscheint der Klostergasthof Andechs und danach das 3 / Andechser Bräustüberl (Mo–Fr 11–20 Uhr, Sa + So 10–20 Uhr, Tel. +49 8152 376261, Bergstraße 2, 82346 Andechs, www.andechs.de/gastronomie/braeustueberl) mit großem Biergarten und E-Bike-Ladestation. Ich kehre gerne hier ein. Essen und Trinken hält zwar Leib und Seele zusammen, aber wir sollten doch einen Blick in die Wallfahrtskirche St. Nikolaus werfen. Der Innenraum ist überwältigend, ein Rokokojuwel bis ins Detail.

HIER SPIELT DIE MUSIK

Nirgendwo sind wir der Andechser Brautradition näher als im 3 / Andechser Bräustüberl mit Biergarten und Alpenblick. Die Blasmusik spielt dazu von 12–15 Uhr.

Das „Rote Gold" von Fischen

Wir rollen ins Dorf Andechs hinunter. An der Herrschinger Straße wenden wir uns nach rechts, um dann in der scharfen Rechtskurve auf den schmalen Weg einzubiegen. Wir folgen ihm hinunter zum Wald nach Wartaweil an den Ammersee. Weiter geht's parallel zur Straße nach Aidenried. Rechter Hand erstrecken sich die Seewiesen. Links oberhalb erblicken wir die Kirche St. Pankratius in Mitterfischen. Gleich am Ortsanfang von Vorderfischen radeln wir auf das 4 / Kupfermuseum (Mi–Sa 10– 16 Uhr, Tel. +498808 921721, Herrschinger Str. 1, 82396 Pähl, www.kupfermuseumfischen.de) im denkmalgeschützten Gutshof zu. Wir steigen ab und besichtigen die Kunstwerke. Siegfried Kuhnke hat Werke namhafter Künstler und Kuriositäten aus „Rotem Gold" zusammengetragen. Gleich daneben duftet es aus der 5 / Andechser Kaffeerösterei (Mo–Fr 10–18 Uhr, Sa 10–14 Uhr, Tel. +49 8808 9246104, Herrschinger Straße 1, 82396 Pähl-Fischen, www.andechser-kaffeeroesterei.de). Wir sind im Paradies der Bohnenbrüher.

Künstlerkolonie Dießen

Rechts geht's über die Ammer entlang der Staatsstraße nach Dießen. Das letzte Stück vor Dießen begleitet uns die Bahnlinie

---

➤ rechts oben / Kupfermuseum ➤ rechts Mitte / Andechs, Klosterkirche

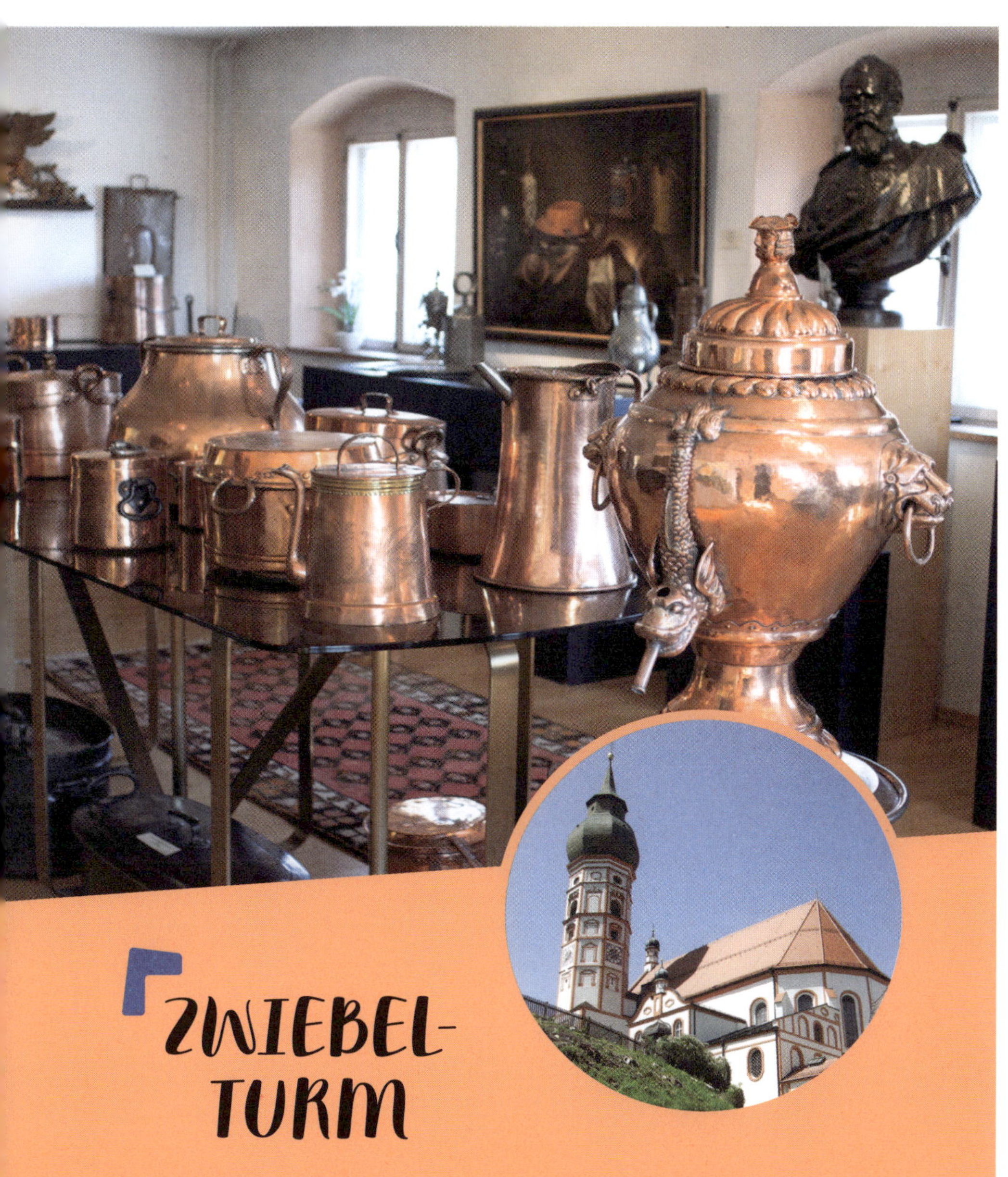

ZWIEBEL-TURM

In der Wallfahrtskirche St. Nikolaus auf dem „Heiligen Berg“ empfängt uns ein heller Innenraum mit prächtigen Bildern und prunkvollen Altären. Ein Rokokojuwel bis ins Detail. Die Wallfahrt nach 2 / Andechs ist sehr lebendig. Zahlreiche Wallfahrergruppen pilgern Jahr für Jahr auf den „Heiligen Berg“.

Rotes Gold

Absteigen und die Kunstwerke der Kupferschmiede im 4 / **Kupfermuseum** besichtigen, kunstvoll ausgearbeitete Backmodeln und hochwertiges Küchengeschirr aus Hof- und Klosterküchen.

entlang der Jägerallee bis an den Ammersee. Von der Jahnstraße geht's durch den Park zur Seestraße. Rechts liegt der Dampfersteg, links der Bahnhof und vor uns der 6 / Kunst Pavillon (April bis Oktober, tgl. 11–18 Uhr, www.diessener-kunst.de), das Schaufenster Dießener Künstler und Handwerker. Schöne Dinge sind dort ausgestellt.

Hier gibt es viel zu entdecken

Hier weht die Tricolore Français

Wir folgen noch ein Stück der Seestraße, radeln links über den Bahnübergang und rechts zur Lachener Straße. Sie bringt uns nach Lachen. An der Lachen-Birkenallee geht's hinunter zum Kloster St. Alban der Benediktinerinnen an den Ammersee. Am Seeweg-Süd biegen wir ein und radeln an der Bahnlinie entlang Richtung Riederau. Beim Campingplatz liegt das Seerestaurant St. Alban mit schöner Aussicht von der Terrasse auf den Ammersee. Kurz vor Riederau könnten wir überlegen, noch im 7 / Seehaus (Mi–So 12–22 Uhr, Tel. +49 88 07 7300, Seeweg-Süd 22, 86911 Dießen-Riederau, www.seehaus.de) einzukehren. Hier weht die französi-

sche Trikolore. Der Patron im Seehaus ist Monsieur Houillot. Jahrzehnte prägte der Bretone die feine, kreative Küche. Heute führt Florian Kiening den Kochlöffel mit asiatisch, indischen Einflüssen.

Ein Münchner Künstler

Am Bahnhof Riederau bleiben wir auf der Seeseite und radeln nach Holzhausen. Ab hier heißt der Weg nach Utting Eduard-Thöny-Straße. Schon bald liegt rechts das Jugendstil-Museum im 8 / Künstlerhaus Gasteiger (Mo 10.30–13 Uhr, Di–So 10–17.30 Uhr, Tel. +49 8143 93040, Eduard-Thöny-Straße 43, 86919 Utting), einst Wohnsitz des Bildhauers Mathias Gasteiger inmitten eines herrlichen Bauernparks. Am Bahnhof Utting wenden wir uns zum Schiffsanleger und biegen links in die Seestraße zum Campingplatz ab. Dort im Freizeitgelände gibt es das Restaurant Pavillon am See. Mit Blick zum See steuern wir auf Schondorf zu. An der Kirche führt unser Weg zum Restaurant Seepost und der Anlegesteg in den See.

Die Juwelen des Ammersees

Hinterm Anlegesteg macht die Seestraße eine Linkskurve, nach der wir in den Weingartenweg rechts abbiegen. Er führt am Ufer

< links / St. Alban mit Raddampfer ^ oben / Bräustüberl mit Terrasse, Schloss Seefeld

BOHNEN-BRÜHER

In der 5 / Andechser Kaffeerösterei werden Kaffeebohnen von kleinen, privaten Fincas, verteilt aus aller Herren Ländern der Welt zu köstlichem Kaffee aufbereitet. Hier gibt's auch eine super Bohnen-Beratung für einen eigenen perfekten Kaffeegenuss.

entlang nach Eching. Am Ende des Waldes beginnt Eching. Wir radeln auf der Kaagangerstraße bis zum Kreisverkehr. Dort wenden wir uns nach rechts und fahren parallel zur Straße, biegen dann rechts nach Stegen ab zum Parkplatz am Hafen der 9 / Bayerischen Seenschifffahrt (Tel. +49 8143 94021, Landsberger Straße 81, 82266 Inning, www.seenschifffahrt.de). Hier liegen die Juwelen des Ammersees vor Anker. Die Raddampfer Herrsching und Dießen mit stilvollem Ambiente versetzen wohl alle in die gute alte Zeit zurück. Hier starten die Rundfahrten über den See. Wir gönnen uns einen Einkehrstopp, entweder im Restaurant Fischer oder im 10 / Seehaus Schreyegg (tgl. 11.30–22 Uhr, Tel. +49 8143 992537, Landsberger Straße 78, 82266 Stegen, www.seehaus-schreyegg.com).

Gastraum mit Sudkessel

Im Wirtschaftshof von Schloss Seefeld gibt es neben dem 11 / Bräustüberl Schloss Seefeld auch Künstler-Ateliers und exklusive Boutiquen mit einzigartigen Dingen.

Zwei blaue Augen am Ammersee

Wir radeln nun über die Landsberger Straße nach Inning zur Kirche am Marktplatz. Rechts geht's zur Walchstadter Straße. Wir biegen links ein und rollen geradeaus hinunter an den Wörthsee nach Bachern. Unten angekommen wenden wir uns nach rechts in die Fischerstraße und radeln zur Liegewiese. Die Wörthsee-

Nostalgie

Die Raddampfer Herrsching und Dießen mit stilvollem Ambiente versetzen wohl Jeden in die gute alte Zeit zurück. Mit gezielten Landgängen können wir wunderschöne Ausflugsziele erkunden. Von Stegen am Ammersee brechen sie zu ihren Rundfahrten auf und das Gute daran, unsere Fahrräder nehmen sie auch mit.

straße führt um das Erholungsgebiet herum zum Campingplatz in Schlagenhofen. Wir radeln nach Hechendorf zur Unterführung beim Bahnhof und weiter entlang der Seefelder Straße nach Seefeld, das Schloss schon fest im Blick. Nochmal die Staatsstraße queren und der 1 / Parkplatz unterhalb von Schloss Seefeld liegt rechts. Rad abstellen und zum Endspurt die Treppe hinauf zum 11 / Bräustüberl Schloss Seefeld (tgl. 10–24 Uhr, Tel. +49 8152 99120, Schlosshof 4c, 82229 Seefeld, www.braeustueberl-seefeld.de) im Wirtschaftshof. Hier gibt es noch mehr zu entdecken. Künstler-Ateliers und exklusive Boutiquen mit einzigartigen Dingen laden zum Stöbern und Shoppen ein.

TOURENINFO / Sportlich geht's zu auf der Tour mit einer steilen Auffahrt und einer steilen Abfahrt auf Wegen und Sträßchen, die zum großen Teil asphaltiert sind. Die Badehose brauchen wir nur bedingt, denn die Tour ist super interessant und abwechslungsreich. E-Bike-Ladestation am 3 / Andechser Bräustüberl.

< links / MS Herrsching auf dem Ammersee ^ oben / Bräustüberl, Schloss Seefeld

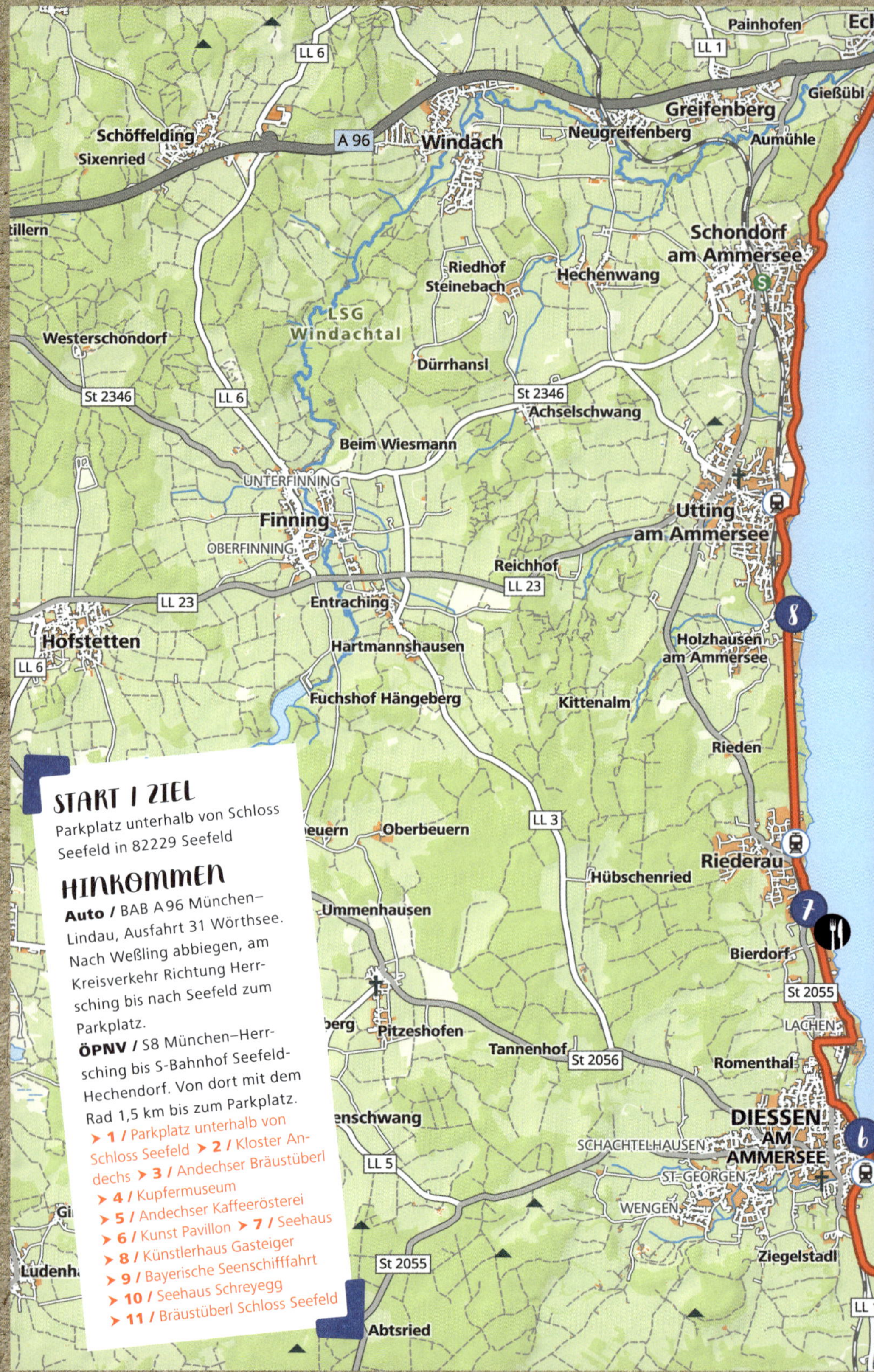
START / ZIEL
Parkplatz unterhalb von Schloss Seefeld in 82229 Seefeld
HINKOMMEN
Auto / BAB A96 München–Lindau, Ausfahrt 31 Wörthsee. Nach Weßling abbiegen, am Kreisverkehr Richtung Herrsching bis nach Seefeld zum Parkplatz.
ÖPNV / S8 München–Herrsching bis S-Bahnhof Seefeld-Hechendorf. Von dort mit dem Rad 1,5 km bis zum Parkplatz.
➤ 1 / Parkplatz unterhalb von Schloss Seefeld ➤ 2 / Kloster Andechs ➤ 3 / Andechser Bräustüberl ➤ 4 / Kupfermuseum ➤ 5 / Andechser Kaffeerösterei ➤ 6 / Kunst Pavillon ➤ 7 / Seehaus ➤ 8 / Künstlerhaus Gasteiger ➤ 9 / Bayerische Seenschifffahrt ➤ 10 / Seehaus Schreyegg ➤ 11 / Bräustüberl Schloss Seefeld
Painhofen
LL 1
LL 6
Greifenberg
Gießübl
Schöffelding
Sixenried
A 96
Windach
Neugreifenberg
Aumühle
Schondorf am Ammersee
Riedhof
Steinebach
Hechenwang
LSG Windachtal
Westerschondorf
Dürrhansl
St 2346
Achselschwang
Beim Wiesmann
UNTERFINNING
Finning
OBERFINNING
Utting am Ammersee
Reichhof
LL 23
Entraching
Hofstetten
Hartmannshausen
Holzhausen am Ammersee
Fuchshof Hängeberg
Kittenalm
Rieden
Oberbeuern
LL 3
Riederau
Hübschenried
Ummenhausen
Bierdorf
St 2055
LACHEN
Pitzeshofen
Tannenhof
St 2056
Romenthal
DIESSEN AM AMMERSEE
SCHACHTELHAUSEN
ST. GEORGEN
LL 5
WENGEN
Ziegelstadl
Abtsried
8
7
6

Waldbrunn
Schluisee
Inning am Ammersee
Walchstadt
Wörthsee
Weßling
Oberpfaffenhofen
St 2068
Steinebach am Wörthsee
Neuhochstadt
Bachern
Wörthsee
Auing
Meiling
Hochstadt
Buch
St 2067
Schlagenhofen
Aubach
STA 6
Oberalting
Hechendorf
Seefeld
Breitbrunn
Bartmoos
Unering
St 2067
Ellwang
Pilsensee
START-ZIEL
STA 6
Widdersberg
STA 9
Rausch
Frieding
LOCHSCHWAB
St 2070
STA 3
Fischbach
Perchting
HERRSCHING AM AMMERSEE
Mühlfeld
Marienfelsen
Landstetten
Jägersbrunn
STA 3
Naturschutzgebiet Maisinger See
Wartaweil
Andechs
St 2068
Mühltalbach
Rothenfeld
Aschering
Erling
St 2067
STA 3
Hirschgraben
Wieling
Mesnerbichl
Machtlfing
Feldgraben
Kohlbach
Aidenried
Traubing
Hartschimmel
Friedauer
WM 7
Weißbach
Schollenmoos
B 2
Fischen
St 2067
Flachtenbergmoor
2 km

GENIALE TOUR

Eine Tour, die ich immer mal wieder gerne fahre. Nicht zu sportlich, mit viel Abwechslung, geradezu perfekt um den Geist freizubekommen.

➤ **1 /** Vor dem ehemaligen Kloster am Parkplatz in Fürstenfeld geht's auf Tour

➤ **2 /** Beim Unter'n Wirt in Schöngeising gibts eine E-Bike-Ladestation

➤ **3 /** 200 fremdländische Bäume schauen wir uns im Forstlichen Versuchsgarten an

➤ **4 /** In der Andreas-Stub'n beim Gasthof Hartl Zum Unterwirt ist's gemütlich

➤ **5 /** Im Biergarten vom Emminger Hof packen wir unsere Brotzeit aus

➤ **6 /** Das Missionsmuseum in der Erzabtei St. Ottilien erzählt ihre Geschichte

➤ **7 /** Das Dampfschiff ist ein uriges Wirtshaus

➤ **8 /** Durch den ehemaligen Kuhstall betreten wir das Bauernhofmuseum Jexhof

➤ **1 /** Nach 50km zurück am Parkplatz in Fürstenfeld

➤ **9 /** Im Klosterstüberl den schönen Tag beenden

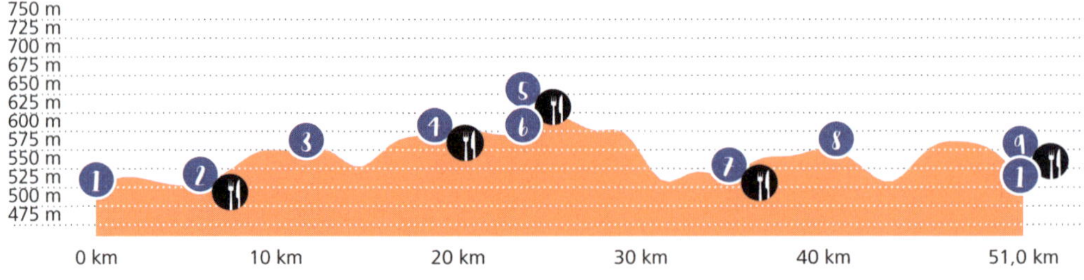

LANDPARTIE

Von Fürstenfeld nach St. Ottilien

Rechts wie links entlang der Amper schlängelt sich die Tour durch die Wälder von Fürstenfeldbruck zur Erzabtei St. Ottilien südlich von Geltendorf. Schön ist es an der Amper, in der Aue unterhalb der Leite bei Fürstenfeld und im weiten Ampermoos vor dem Ammersee.

Zu den Amperauen

Am 1 / Parkplatz in Fürstenfeld vor der malerischen Kulisse des Klosters gehen wir auf Tour und kehren hier auch wieder zurück. Das Klosterareal umfahren wir rechts vom Parkplatz auf der Straße Am Engelsberg. Sie führt uns zur Bahnunterführung, hinter der wir rechts auf die Zellhofstraße einbiegen und durch das Tal der Amper zum Zellhof fahren. Bald stoßen wir auf die Holzhausener Straße, biegen rechts ein und gleich erneut rechts auf den Weg über die Insel nach Schöngeising. Hinter der Kirche liegt der Biergarten des 2 / Unter'n Wirt (Mi–So ab 11 Uhr, Tel. +49 8141 12749, Kirchstraße 2, 82296 Schöngeising, www.unterwirt-schoengeising.de) mit E-Bike-Ladestation. Vor zur Brucker Straße und links einbiegen, dann gleich rechts in die Amperstraße, über die Bundesstraßenbrücke an den Ortsrand.

CHARAKTER

Sportlich ●●●○○
Abkühlung ●○○○○
Schlemmen ●●○○○
Panorama ●●●○○

◂ **links / Wunderschönes Amper Panorama**

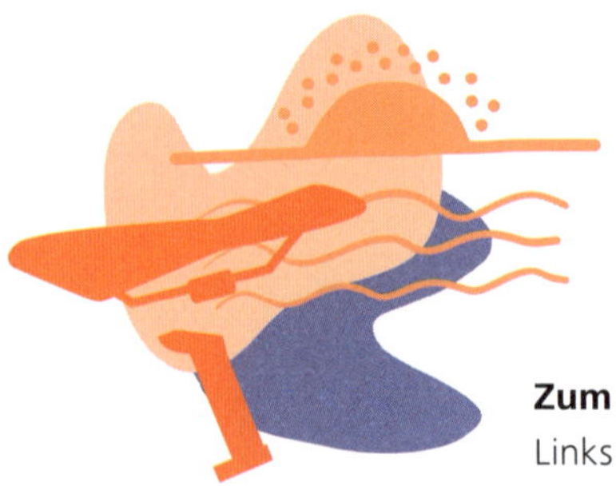

Zum Mammutbaum

Links führt uns die Brandenberger Straße in den Wald. Am Querweg halten wir uns links und erreichen eine Wegekreuzung. Auf dem rechten Weg radeln wir durch eine Bahnunterführung und in einem lang gezogenen Linksbogen zum Forstlichen Pflanzgarten vor der nächsten Bahnunterführung. Wir wenden uns nach rechts und radeln zum S-Bahnhof Grafrath. Am Bahnhofsgebäude geht's durch die Unterführung zum Eingang des 3 / Forstlichen Versuchsgarten (April–Oktober tgl. 8–18 Uhr, Tel. +49 8144 507, Jesenwanger Str. 11, 82284 Grafrath, www.lwf.bayern.de/wissenstransfer/versuchsgarten-grafrath). Steigen wir mal vom Rad und schauen uns im WeltErlebnisGarten über 200 fremdländische Baumarten an, darunter einen 130 Jahre alten Mammutbaum.

Ganz auf Radler eingestellt

Der Biergarten des 2 / Unter'n Wirt liegt am Ammer-Amper-Radweg. Für schwache Akkus gibt es eine Ladestation und für Sonnenhungrige eine Badewiese.

Am Höllbach

Beim Ausgang geht's links, dann rechts entlang der Bahnhofstraße durch die Bahnunterführung. Wir biegen links in die Villenstraße ein und radeln links auf dem Sträßchen Johannishöhe nach Kottgeisering. Die Jesenwanger Straße bringt uns hinunter an die Dorfstraße. Sie führt uns rechts zum Ortsrand und links an die Straße Zur Grotte. Rechts geht's jetzt den Kapellenberg hinauf, bei der Kapelle Maria Himmelfahrt vorbei, dann links zum kleinen Wäldchen in dem sich die Lourdesgrotte verbirgt. Hier hat der Asphalt ein Ende und auf schmalem Weg erreichen wir die St.-Florians-Kapelle. Wir radeln auf holprigem Untergrund neben der Bahnlinie bis zur Bahnunterführung. Links unten hören wir den Höllbach durch die Höllbachschlucht rauschen. Auf der anderen Seite der Bahn geht's nach Türkenfeld. Wir stoßen auf die Saliterstraße und folgen ihr halb links zur Moorenweiser Straße. In der Bahnhofstraße erhebt sich die Dorfkirche.

➤ rechts oben / Kloster Fürstenfeldbruck ➤ rechts Mitte / Mammutbaum im WeltErlebnisGarten

HOTSPOT

1 / Fürstenfeld lockt mit barocker Pracht & kulturellen Highlights. Vor der malerischen Kulisse des ehemaligen Klosters gehen wir auf Tour. Die prachtvolle barocke Klosterkirche Mariä Himmelfahrt ist weithin sichtbarer Mittelpunkt des Areals, ein Meisterwerk der Gebrüder Asam und des Baumeisters Giovanni Viscardi.

WELT-ERLEBNISGARTEN

Im 3 / Forstlichen Versuchsgarten gibt's ein Jahresprogramm zum Thema Wald. Im Garten stehen über 200 fremdländische Bäume aus unterschiedlichen Kontinenten.

Wir biegen aber links ab und in der Duringstraße rechts zur Einkehr beim 4 / Gasthof Hartl Zum Unterwirt (Mi–So 10–23 Uhr, Tel. +49 8193 999517, Duringstrasse. 5, 82299 Türkenfeld, www.gasthof-hartl.de).

Das Schatzkasterl von Bruder Aurelian

Von dort geht's über die Bahnbrücke in die Ammerseestraße Richtung Bahnhof. Bald heißt die Straße Birkenweg und führt Richtung S-Bahnhof Geltendorf. Bei der Bahnunterführung fahren wir links unter Alleebäumen zur Erzabtei St. Ottilien. Mittelpunkt ist die Klosterkirche Herz-Jesu mit ihrem Vierecksturm. Einen Einblick in die Missionsarbeit der Benediktiner von St. Ottilien gewährt das 6 / Missionsmuseum (Di–So 10–17 Uhr, Tel. +49 8193 71850, Erzabtei 1, 86941 St. Ottilien, www.missionsmuseum.de). Wenige Schritte vom Museum entfernt kehren wir im 5 / Emminger Hof (tgl. 11–21 Uhr, Tel. +49 8193 7004240, Erzabtei 12, 86941 St. Ottilien, www. klostergasthof.ottilien.de) ein. Nebenan im idyllischen Klosterbiergarten dürfen wir die eige-

nen Speisen mitbringen, ist hier Tradition. Er ist von Mi–Fr ab 16 Uhr und am Wochenende ab 11.30 Uhr geöffnet. Kuchenliebhaber gehen gegenüber ins Klostercafé. Darf es noch ein Museum sein? Dann müssen wir ins Schatzkasterl von Bruder Aurelian Binswanger gehen. Er hat rund 400 Nähmaschinen zusammengetragen und zeigt sie im Nähmaschinenmuseum.

Das Dampfschiff in Grafrath

Wir verlassen die Erzabtei über die Bahnbrücke und radeln an der Bahn entlang zum links abzweigenden Asphaltsträßchen nach Türkenfeld. Am Ortsanfang biegen wir in die St.-Ottilien-Straße ein und erreichen den Bahnhof Türkenfeld. Rechts geht's auf der Ammerseestraße, dann auf der Sudetenstraße über die Zankenhausener Straße zur Grundschule. Nach der Schule führt uns der asphaltierte Weg rechts nach Pleitmannswang. An der Kreisstraße biegen wir links ein und in der Kurve rechts und gleich links auf die Amperwiesen hinaus und ums Eck nach Kottgeisering. Entlang der Kreisstraße radeln wir nach Grafrath und „docken" beim 7 / Dampfschiff (Mo–Fr 10.30–22 Uhr, Sa + So 10–23 Uhr, Tel. +49 8144 1314, Graf-Rasso-Str. 40, 82284 Grafrath, www.dampfschiff.com) an, ist ein typisch bayerisches

SCHATZKASTERL

Im Klosterdorf St.-Ottilien zeigt uns Bruder Aurelian Binswanger sein Schatzkasterl mit rund 400 Nähmaschinen. Wenige Schritte entfernt liegt das Missionsmuseum und vermittelt uns einen Einblick in die Missionsarbeit. Zum Abschluss kehren wir im 5 / Emminger Hof ein.

◂ links / Erzabtei St. Ottilien ▴ oben / Feinster Kuchen im Klostercafé

Wirtshaus. Wenn die Sonne scheint heißt es auch im Biergarten O' zapft is!

Resi Geiger, Dienstmagd vom Jexhof

Rechts vom Kreisverkehr, jenseits der Amper, sehen wir die wunderschöne Wallfahrtskirche St. Rasso. Vom Kreisverkehr fahren wir auf der Hauptstraße hinunter zur Kirche auf der Insel in der Amper. Vor der Sportgaststätte nehmen wir rechts den Höhenweg um die Sportanlagen herum nach Mauern. Bei der Kapelle St. Georg geht's in die Römerstraße Richtung Schöngeising. An der Bushaltestelle biegen wir zum 8 / Bauernhofmuseum Jexhof (Di–Sa 13–17 Uhr, So und Feiertage 11–18 Uhr, Tel. +49 8153 93250, 82296 Schöngeising, www.jexhof.de) ab. Das Museum erzählt die Geschichte des bäuerlichen Lebens und der Resi Geiger um 1900 an originalen Gebäuden, Geräten und Gegenständen.

UNTER BEEINDRUCKENDER KULISSE

Sehr lauschig finde ich, dass durch den Biergarten vom 9 / Klosterstüberl der Amper-Klosterkanal fließt. Vor der Wirtschaft gibt es eine e-Bike- Ladestation.

Ein Ort der Kunst und Kultur

Zurück geht's an die Straße und nach Schöngeising. Noch vor der Amper biegen wir rechts nach Holzhausen ab und radeln

FEIER-ABEND

Das 8 / Bauernhofmuseum Jexhof erzählt die Geschichte des bäuerlichen Lebens um 1900 am Hof der Riedls. In den originalen Hofgebäuden steht der alte Traktor, sind Ackergeräte und Gegenstände des täglichen Lebens zu sehen. Wie es sich gehört blöken Schafe und gackern Hühner.

nach Biburg. Hier kehren wir noch mal ein, beim Oberer Wirt neben der Pfarrkirche mit gemütlicher Stub'n. Schlussspurt! Die Brucker Straße rollen wir hinunter über Gelbenholzen zum 1 / Parkplatz in Fürstenfeld am ehemaligen Kloster. Das Kloster Fürstenfeld ist heute kultureller Hotspot mit Veranstaltungsforum, städtischem Museum, neue Bühne Bruck und den Galerien Kulturwerkstatt und Kunsthaus. Mittelpunkt war und ist die Klosterkirche Mariä Himmelfahrt, ein Meisterwerk der Gebrüder Asam und des Baumeisters Giovanni Viscardi. Gastronomie gibt es auch. Einen Biergarten im Klosterhof am Amperkanal beim Restaurant Fürstenfelder und das 9 / Klosterstüberl (Mi–So 11.30–22 Uhr, Tel. +49 8141 526819, Fürstenfeld 7c, 82256 Fürstenfeldbruck, www.klosterstueberl.de), wo wir den Tag ausklingen lassen.

TOURENINFO / Die Tour führt über Straßen und Wege mit wechselnder Beschaffenheit und manchmal auch an großen Straßen entlang. Die Steigungen auf der rund 51 Kilometer langen Strecke sind moderat.

< links / Bauernhofmuseum Jexhof ^ oben / St. Vitus am Zellhof bei Schöngeising

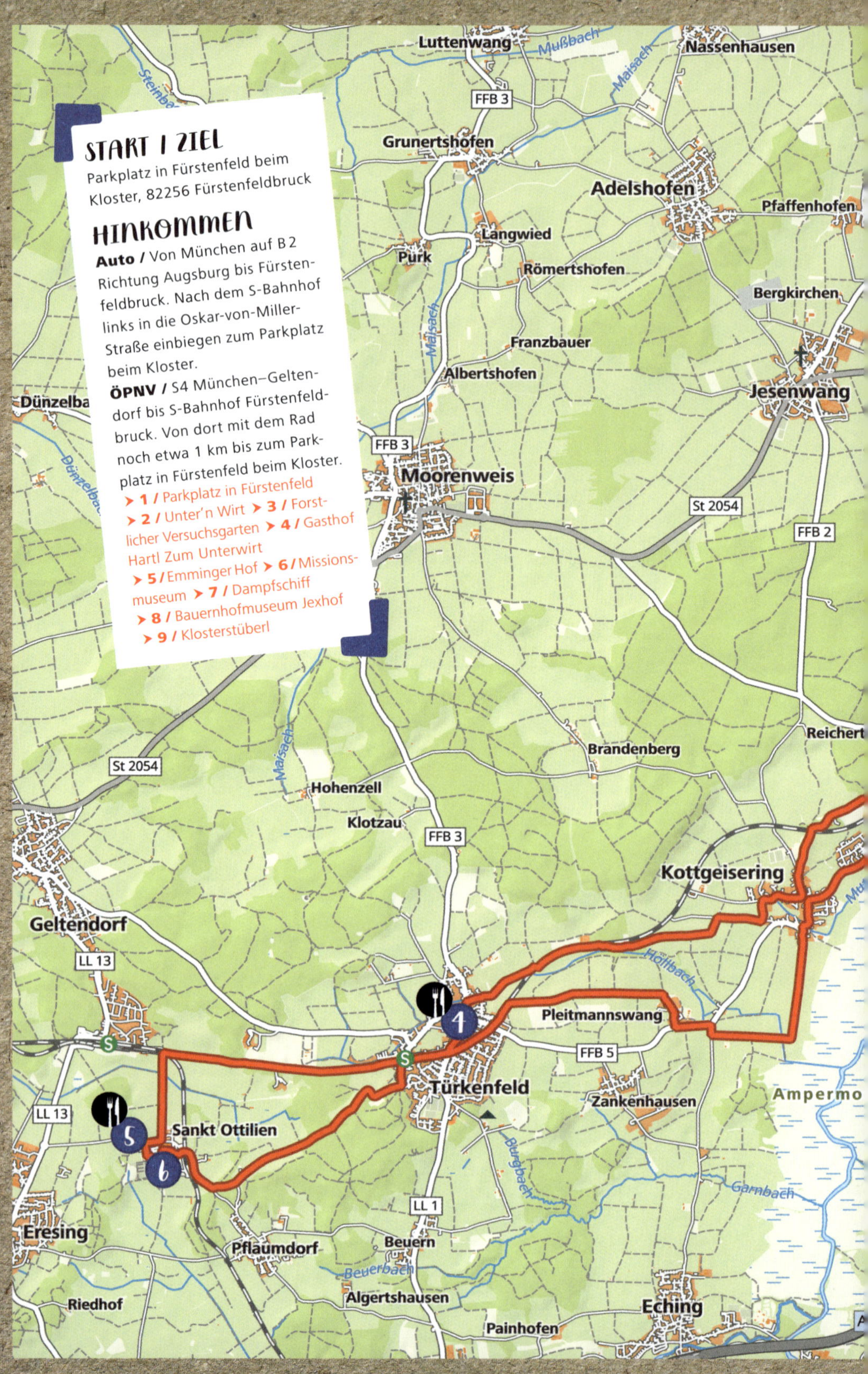
START / ZIEL
Parkplatz in Fürstenfeld beim Kloster, 82256 Fürstenfeldbruck
HINKOMMEN
Auto / Von München auf B 2 Richtung Augsburg bis Fürstenfeldbruck. Nach dem S-Bahnhof links in die Oskar-von-Miller-Straße einbiegen zum Parkplatz beim Kloster.
ÖPNV / S4 München–Geltendorf bis S-Bahnhof Fürstenfeldbruck. Von dort mit dem Rad noch etwa 1 km bis zum Parkplatz in Fürstenfeld beim Kloster.
› 1 / Parkplatz in Fürstenfeld › 2 / Unter'n Wirt › 3 / Forstlicher Versuchsgarten › 4 / Gasthof Hartl Zum Unterwirt › 5 / Emminger Hof › 6 / Missionsmuseum › 7 / Dampfschiff › 8 / Bauernhofmuseum Jexhof › 9 / Klosterstüberl
Luttenwang
Mußbach
Nassenhausen
Maisach
FFB 3
Grunertshofen
Adelshofen
Pfaffenhofen
Langwied
Purk
Römertshofen
Bergkirchen
Franzbauer
Albertshofen
Jesenwang
Dünzelba
Moorenweis
St 2054
FFB 2
Reichert
Brandenberg
St 2054
Hohenzell
Klotzau
FFB 3
Kottgeisering
Geltendorf
LL 13
Höllbach
Pleitmannswang
FFB 5
Türkenfeld
Zankenhausen
Ampermo
LL 13
Sankt Ottilien
Burgbach
Garnbach
LL 1
Eresing
Pflaumdorf
Beuern
Beuerbach
Riedhof
Algertshausen
Eching
Painhofen

HASENHEIDE
Puch
NEU-LINDACH
St 2054
B 471
FÜRSTENFELDBRUCK
START-ZIEL
Eitelsried
Hirschthürl
Aich
Ziegelhütte
St 2054
Babenried
Weihe
Landsberied
BUCHENAU
Pfaffing
Ampel
Biburg
Schöngeising
Neuried
Angerhof
FFB 7
B 471
Forstlicher Versuchsgarten Grafrath
Toteisloch Wolfsgrube
Steinlach
Keltenschanze
Grafrath
Starzelbach
Rottenried
FFB 7
FFB 6
Toteisloch Tiefes Tal
Waldhaus Birkenstein
Görbelmoos
Wildmoos
Wiesmath
Mauern
Waldhof
STA 1
A 96
Mischenried
Etterschlag
Waldbrunn
Bulachbach
am Ammersee
Schluisee
2 km

WEITBLICK

Ich radle die Tour so gerne, weil die Landschaft so einzigartig ist, Felder soweit das Auge reicht, durchzogen von Baumreihen mit Blick auf die Hügelkette.

> **1 /** Vom Parkplatz neben dem See geht's übers Moos

> **2 /** Wir sitzen im Waldbiergarten der Schlosswirtschaft Mariabrunn

> **3 /** Beim Klosterwirt Schönbrunn gibt's leckeres Essen

> **4 /** Gemeinsam einkehren beim Gasthaus Liegsalz

> **5 /** Super Aussicht vom Schloss Dachau zur Münchner Skyline

> **6 /** Das Restaurant und Café Schloss Dachau ist berühmt für seine Kuchen

> **7 /** In der Altstadt beim Kochwirt gibt's Deftiges

> **8 /** In der Würmmühle wird noch Mehl gemahlen

> **9 /** Das Mooshäusl lädt uns zum Verweilen ein

> **10 /** Einkehren im Restaurant SEESEITS am Unterschleißheimer See

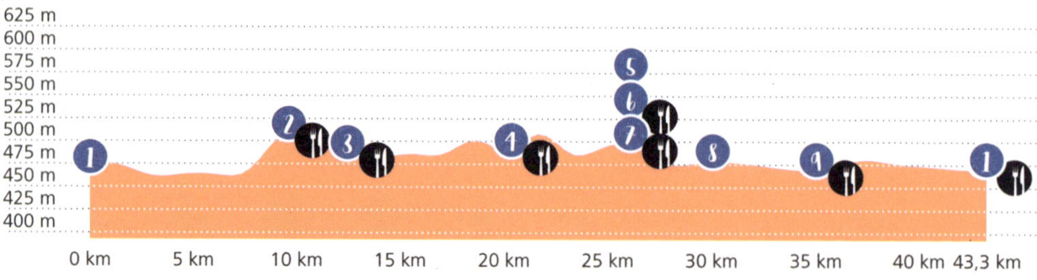

Schlemmerrunde

Im Dachauer Moos, beliebtes Motiv von Kunstmalern

Das Dachauer Moos ist potteben und landwirtschaftlich geprägt. Jenseits der Amper im Dachauer Hinterland wird es hügelig, radeln wir auf und ab bis nach Dachau. Vom Bergrücken mit Schloss und Altstadt geht's zum Schlussspurt übers Moos zum Unterschleißheimer See.

43 Kilometer
64 Höhenmeter
3 Stunden
Rundtour

Romantische Amperauen

Wir treffen uns in Unterschleißheim am 1 / Parkplatz neben dem See, wo wir nach der Tour zurückkehren. Hinaus geht's geradeaus über die Mooswiesen die Leiten hinauf nach Ottershausen an die Hochstraße. Links rollen wir hinunter zur Dachauer Straße. Kurz rechts einbiegen und vor der Amper links auf der Straße Hirschgangweg über die Brücke. Hier folgen wir nun der Amper aufwärts entlang ihren Windungen durch die Auenlandschaft mit den zahlreichen Altwasserarmen. Einfach schön ist es hier. Bald wendet sich der Weg von der Amper nach rechts ab. Dem Querweg folgen wir nach links und stoßen erneut auf einen Weg, der uns ein Stück der Amper näher bringt. Wir halten uns rechts und radeln nach Ampermoching.

Charakter
Sportlich ●●●○○
Abkühlung ●●○○○
Schlemmen ●●●●○
Panorama ●●●○○

< links / Aussicht vom Schloss Dachau bei Föhn

Wunderheilung in Maria Brunn

Zunächst stoßen wir in Ampermoching auf die Indersdorfer Straße. Schräg links gegenüber geht's zur Schulstraße. Rechts biegen wir ein und radeln hinauf aufs Bründlfeld. Spätestens jetzt merken wir, dass wir am Rand der Münchner Schotterebene angekommen sind. Oben wenden wir uns nach links und erreichen die 2 / Schlosswirtschaft Mariabrunn (Mi–Fr 17–22 Uhr, Sa + So 11–22 Uhr, Tel. +49 8139 8661, Mariabrunn 3, 85244 Röhrmoos, www.schlosswirtschaft-mariabrunn.de). Neben der schönen Wallfahrtskirche sitzen wir im Waldbiergarten bei einem kühlen Radler.

LIBELLEN FLIEGEN

Am Rand vom Dachauer Moos folgen wir der Amper aufwärts entlang ihren Windungen durch ihre artenreiche Auenlandschaft mit Wäldchen und zahlreichen Altwasserarmen.

Lecker einkehren

Hinunter geht's mal wieder schneller als hinauf. Unten an der Straße biegen wir links ab und kommen zum genialen 3 / Klosterwirt Schönbrunn (Mi–So 10–24 Uhr, Tel. +49 8139 932639, Victoria-von-Butler-Str. 2, 85244 Röhrmoos, www.klosterwirt-schoenbrunn.de). Beim Maibaum geht's hinein. In Schönbrunn gründete einst Gräfin Viktoria von Butler-Haimhausen im Schlossgut Schönbrunn eine Anstalt für Menschen mit geistiger Behinderung. Daraus entwickelte sich das heutige Franziskuswerk Schönbrunn.

Das Beisammensein genießen

Wir fahren weiter nach Röhrmoos und biegen am Ortsanfang in die Bürgermeister-Haller-Straße ein. An der Unterweilbacher Straße geht's links hinauf nach Reipertshofen und hinab nach Unterweilbach. Wir sehen Pferde auf der Koppel und schauen am Schloss Unterweilbach vorbei, das heute Guts- und Forstverwaltung ist. Wir radeln durch das Dorf und biegen scharf rechts ab nach Oberweilbach. Dort am Tannenhof können wir zur Weihnachtszeit

---

➤ rechts oben / Klosterwirt Schönbrunn ➤ rechts Mitte / Wallfahrtskirche Mariabrunn

WALLFAHRT

Wir Wallfahren zwar nicht, streben aber dennoch hinauf zum Waldbiergarten bei der idyllischen 2 / Schlosswirtschaft Mariabrunn auf ein frisch gezapftes Bier. Die Wallfahrt zum Kirchlein Mariä Verkündigung hat ihren Ursprung in der wunderbaren Heilung des Holzhauers Schlairböck.

Zamhocken beim Kochwirt

Gegenüber der St. Jakobskirche erkennen wir die schmucke Renaissancefassade des **7 / Kochwirts**. Hier werden wir gemütlich verweilen.

Christbäume selber schlagen. Ist noch etwas Zeit bis dahin. Kurz ist der Weg nach Pellheim. An der Goppertshofer Straße geht's nach rechts zum 4 / Gasthaus Liegsalz (Mi + Fr 18 Uhr, So 9.30–15 Uhr, Tel. +49 8131 350717, Dorfstraße 6, 85221 Pellheim, www.gasthaus-liegsalz.de). Wir nehmen in der urig gemütlichen Stube Platz und genießen das Beisammensein.

Renaissance und Panorama

Königliche Aussicht

Noch vor dem Gasthaus biegen wir in die Straße Zum Kaifeld ein und fahren nach Webling bis zur Brücke. Der Ort ist eigentlich nur der Wertstoffhof und liegt auf der anderen Seite der Bahnlinie. Also kurz rechts, über die Brücke und hinunter durch die Gebäude. Wir halten uns links und radeln beim Waldfriedhof von Dachau entlang in die Hochstraße zum Amper-Klinikum. An der Gärtnerei geht's rechts die Krankenhausstraße hinunter zur Augsburger Straße. Wir queren die platzartige Einmündung und fahren die Augsburger Straße hinauf in die Altstadt zum 5 / Schloss Dachau. Die nach rechts abzweigende Spitalgasse führt uns dann direkt an das Schloss, oder besser gesagt,

was davon noch übrig geblieben ist: Der Festsaal mit der prunkvollsten Renaissance-Holzdecke Süddeutschlands im Festsaaltrakt am Hofgarten. Ja, hier stand einst ein mächtiges vierflügeliges Schloss. Den Hofgarten zieren heute Obstbäume statt des barocken Gepräges. Wir gehen hinein und genießen seine reizvolle Lage auf einem Höhenrücken und den Panoramablick hinunter auf die Skyline Münchens.

504

So hoch ist der 5 / Dachauer Schlossberg mit Schloss und Hofgarten. Vom ursprünglich viel größeren Schloss ist ein Schmuckstück übrig geblieben: der Festsaal mit der prunkvollsten Renaissance-Holzdecke Süddeutschlands. Vom Hofgarten blicken wir auf die Skyline Münchens hinab.

Schlemmen in der Altstadt

Wir bleiben noch etwas und gehen ins 6 / Restaurant und Café Schloss Dachau (Mi–Sa 14–22 Uhr, So 12–20 Uhr, Tel. +49 8131 2607818, Schlossstraße 2, 85221 Dachau, www.schlossdachau.com). Ist berühmt für seine Kuchen. Hier oben gibt es noch mehr Einkehrmöglichkeiten, wie die Schranne oder den 7 / Kochwirt (Mo–Sa 17–24 Uhr, Tel. +49 8131 299077, Augsburger Str. 7, 85221 Dachau, www.beimkochwirt.de) mit seiner schönen Renaissancefassade am ehemaligen Schrannenplatz. Uns ist nach Deftigem und kehren ein.

Über die Kunst des Mehlmahlens

Abwärts geht's durch die Konrad-Adenauer-Straße, wir queren die Mittermayerstraße und stoßen auf die Freisinger Straße.

< links / Schlossgarten Schloss Dachau ^ oben / Das Schloss Dachau mit Café und Restaurant auch auf der Terrasse.

Rechts radeln wir über den Bahnübergang, dann wieder rechts auf der Erich-Ollenhauer-Straße bis hinter die Bahnbrücke. Der Weg links führt an der Bahn entlang aus Dachau hinaus. Wir treffen wieder auf die Freisinger Straße und radeln zur Alten Römerstraße, die rechts abzweigt. Parallel zur Straße geht's über die Amper durch die 8 / Würmmühle (Mo–Fr 8–17 Uhr, Sa 9–12Uhr, Tel. +49 8131 15546, Würmmühle 1, 85221 Dachau, www.wuermmuehle.de) von Ludwig Kraus. Er ist Müller aus Leidenschaft und mahlt Korn zu bestem Mehl. In seinem Hofladen können wir die unterschiedlichsten Sorten Mehl kaufen.

Sprung ins Wasser

Bevor wir im 10 / Restaurant Seeseits einkehren, schwimmen wir eine Runde im See. Einkehren, erholen und den Sonnenuntergang im Biergarten genießen.

Baumreihen ziehen sich durchs weite Moos

Nach der Zufahrt zur Kläranlage biegt die Hebertshausener Straße ab. Wir folgen zur Neufeldstraße, die uns zu den Sportanlagen von Hebertshausen führt. Es geht geradeaus zu den Kiesteichen.Wir halten uns rechts und radeln am letzten Kiesteich entlang an die Moosstraße. Übers weite Dachauer Moos mit seinen Baumreihen geht's zum 9 / Mooshäusl. Der Imbiss mit kleinem Biergarten am See lädt zum Verweilen ein. Nochmal die Füße hochlegen und die schöne Kapelle anschauen.

Leidenschaft

In der 8 / Würmmühle können wir die Kunst des Mehlmahlens kennenlernen. Einmal im Jahr zu Pfingsten gibt es den Mühlentag mit Blasmusik und Führung. Seit 1927 mahlt die Familie Kraus Mehl aus dem Getreide von Landwirten aus der Region. Im Mühlenladen duftet es wunderbar.

Krumme Wege gibt's hier nicht.

Geradeaus zur Kurve und geradeaus nach Badersfeld. Am Feuerwehrhaus biegen wir links ab in die Baderstraße nach Riedmoos. Zum Hirschdamm heißt die Straße, die uns von den Sportanlagen zur Minigolfanlage Riedmoos bringt. Weiter geht's geradeaus bis an das Ende der Würmbachstraße am Fischhof Riedmoos. Der Weg rechts führt entlang einer schönen Baumreihe Richtung Autobahn, macht dort eine Kurve und schon sind wir am Unterschleißheimer See zurück am 1 / Parkplatz neben dem See beim 10 / Restaurant SEESEITS (Di–So 12–22 Uhr, Tel. +49 89 31811797, Furtweg 92, 85716 Unterschleißheim, www.seeseits.de). Einkehren, erholen und den Abend im Biergarten mit Sonnenuntergang über dem See genießen.

TOURENINFO / Unsere Tour kennt keine markanten Steigungen und führt mal über sandige, geschotterte Wege, mal auf asphaltierten Sträßchen ohne viel Verkehr. Eine Badehose bzw. Badeanzug sollten wir unbedingt dabeihaben.

< links / Mehlsorten aus der Würmmühle ^ oben / Unterschleißheimer See

Großinzemoos
DAH 10
Stidlhof
Laffgraben
Schönbrunn
DAH 3
Röhrmoos
Schillhofen
Sigmertshausen
Zieglberg
Lotzbach
Lotz
Arzbach
Reipertshofen
Purtlhof
Viehhausen
Unterweilbach
Sietenbach
Oberweilbach
Sietenbach
St 2339
Pellheim
Mühlbach
Goppertshofen
Deutenhofen
Prittlbach
Hebertshausen
Prittlbach
Hacke
Eisingertshofen
St 2339
Amper
St 2047
Steinkirchen
St 2063
Webling
Webelsbach
ETZENHAUSEN
Würm
DACHAU
Saubach
St 2339
Mühlbach
MITTERNDORF
B 471

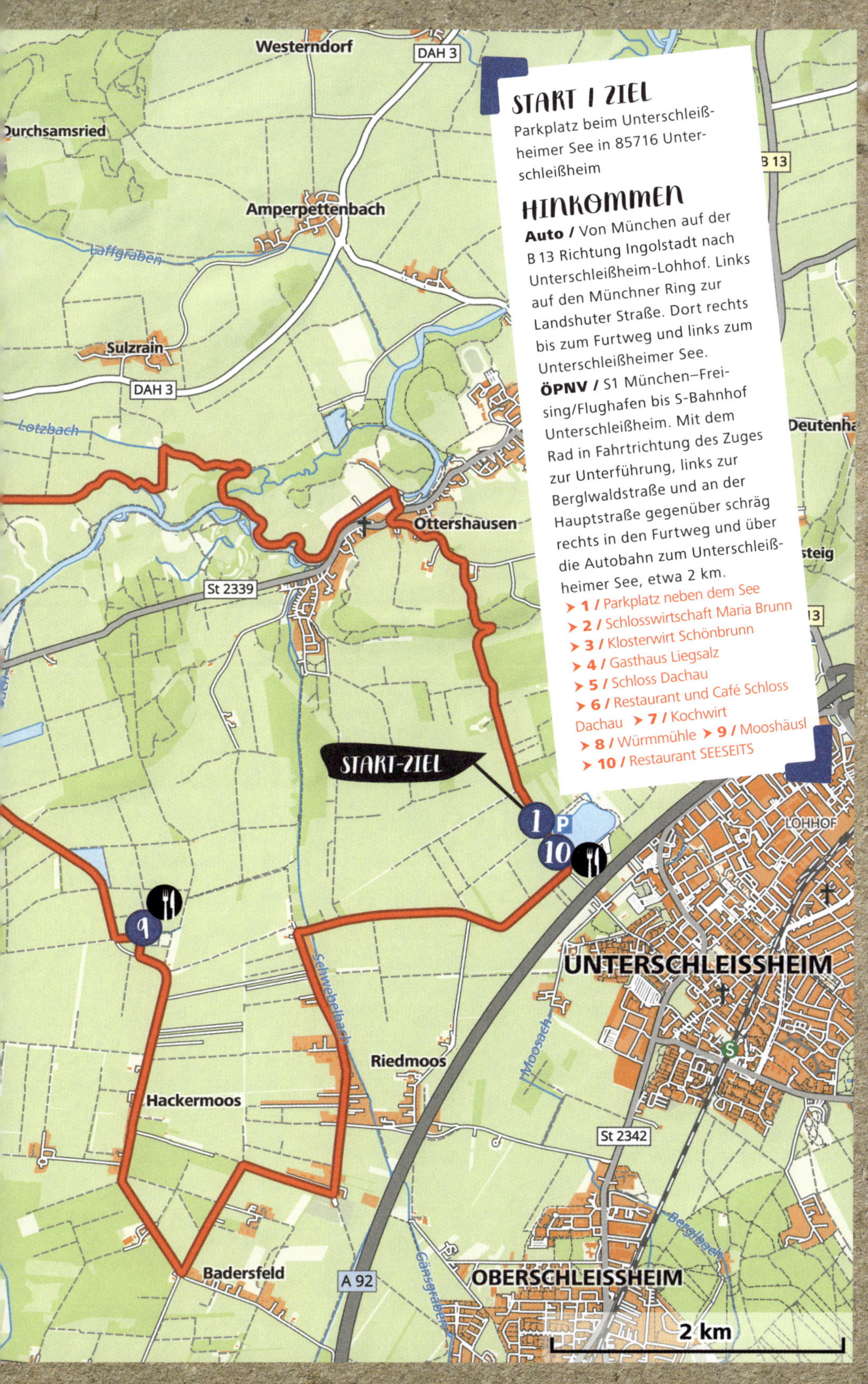
START / ZIEL
Parkplatz beim Unterschleißheimer See in 85716 Unterschleißheim
HINKOMMEN
Auto / Von München auf der B 13 Richtung Ingolstadt nach Unterschleißheim-Lohhof. Links auf den Münchner Ring zur Landshuter Straße. Dort rechts bis zum Furtweg und links zum Unterschleißheimer See.
ÖPNV / S1 München–Freising/Flughafen bis S-Bahnhof Unterschleißheim. Mit dem Rad in Fahrtrichtung des Zuges zur Unterführung, links zur Berglwaldstraße und an der Hauptstraße gegenüber schräg rechts in den Furtweg und über die Autobahn zum Unterschleißheimer See, etwa 2 km.
➤ 1 / Parkplatz neben dem See
➤ 2 / Schlosswirtschaft Maria Brunn
➤ 3 / Klosterwirt Schönbrunn
➤ 4 / Gasthaus Liegsalz
➤ 5 / Schloss Dachau
➤ 6 / Restaurant und Café Schloss Dachau ➤ 7 / Kochwirt
➤ 8 / Würmmühle ➤ 9 / Mooshäusl
➤ 10 / Restaurant SEESEITS
Westerndorf
DAH 3
Durchsamsried
Amperpettenbach
Laffgraben
Sulzrain
DAH 3
Lotzbach
B 13
Deutenha
Ottershausen
St 2339
steig
13
START-ZIEL
1
P
10
LOHHOF
9
UNTERSCHLEISSHEIM
Schwebelbach
Riedmoos
Moosach
Hackermoos
St 2342
Berglbach
Badersfeld
A 92
Gänsegraben
OBERSCHLEISSHEIM
2 km

SEHNSUCHT

Immer wieder ziehts mich an den Flughafen wegen des einzigartigen Flairs, der Events und vor allem wegen der Airport-Touren.

➤ **1 /** Der Parkplatz unterm Weihenstephaner Berg liegt an historischer Stätte

➤ **2 /** Historische Flugzeuge stehen am Besucherpark

➤ **3 /** Die beste Aussicht zum Flughafen München gibt's im gläsernen Atrium

➤ **4 /** In der Pizzeria Il Casale fühlen wir uns wie in Italien

➤ **5 /** Auf Gut Wildschwaige galoppieren Pferde und fliegen Honigbienen

➤ **6 /** In der Gaststätte Zum Kramer gibt's leckere Salate

➤ **7 /** Wir kehren in Die Essbar ein und blicken zum Freisinger Dom hinauf

➤ **8 /** Ehrfurchtsvoll steht der Mariendom auf dem Domberg

➤ **9 /** Die Staatsbrauerei Weihenstephan ist die älteste Brauerei der Welt

➤ **10 /** Im Bräustüberl Weihenstephan lassen wir den Tag ausklingen

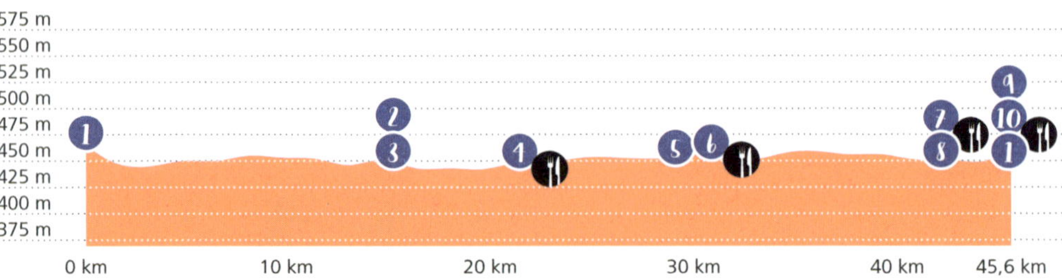

HISTORIE TRIFFT MODERNE

Abheben zum Flughafen ins Erdinger Moos

TOUR, DIE DU SO NIE GEMACHT HÄTTEST

Vom Parkplatz unterhalb des Weihenstephaner Bergs in Freising beginnt unsere Radtour durchs weite Erdinger Moos zum Aussichtshügel am Flughafen München und an der Isar entlang zurück nach Weihenstephan. Oben in der Brauerei lockt uns das Bräustüberl mit tollem Biergarten und Blick über Freising.

46 Kilometer
10 Höhenmeter
3 Stunden
Rundtour

Seltene Vögel suchen

Ohne Fleiß kein Preis, bzw. kein Bier, auch wenn oben die Staatsbrauerei Weihenstephan auf uns wartet. Auf in den Sattel und vom 1 /Parkplatz unterm Weihenstephaner Berg in Freising links zum Dr.-Holzner-Weg radeln. Bevor ich es vergesse zu erwähnen, wir kommen hierher zurück. Am Weihenstephaner Steig biegen wir also rechts ein und gelangen an die Vöttinger Straße. Gegenüber erkennen wir den Gasthof Lerner. Im spitzen Winkel geht`s links in die Bachstraße hinein und dann linkshaltend gelangen wir zum Vöttinger Weiher. Geradeaus radeln wir über das Freisinger Moos zur Straße nach Pulling. Rechter Hand steht der Vogelbeobachtungsturm, von dem wir über das Moos nach Freising blicken können.

CHARAKTER
Sportlich ●●●○○
Abkühlung ●●○○○
Schlemmen ●●○○○
Panorama ●●●●○

◂ links / Besucherpark Flughafen München

Baden im Moos

Wir radeln nach Pulling zu den Pullinger Weihern, sind beides Badeseen, nach Achering. Hier steuern wir auf die Kirche zu und biegen hinter St. Peter und Paul links ab zur Hauptstraße. 100 Meter links und dann die Straße queren hinüber in die Straße Zur Isar und geradeaus geht's über die Isar. Schöner Blick von der Brücke zur Isar. Unter der Autobahn hindurch radeln wir nun Richtung Hallbergmoos. Bei der Bundesstraße fahren wir auf dem begleitenden Weg über die Anschlussstelle am Flughafen zur Unterführung der Bundesstraße. Wer sich das Kunstwerk „Eine Insel für die Zeit" anschauen will, biegt links ab. Ist schnell erreicht. Unser Ziel ist aber der Besucherpark mit dem Aussichtshügel am Flughafen.

TOUR, DIE DU SO NIE GEMACHT HÄTTEST

Nur Fliegen ist schöner

Also durch die Unterführung und dann links zur Freisinger Allee radeln. Wir queren die Straße und radeln rechts auf dem begleitenden Weg zum Kreisel an der Nordallee. Weiter geht's auf dem Weg parallel zur Nordallee bis zum Parkplatz am 2 / Besucherpark (tgl. 9.30–17 Uhr, Tel. +49 89 97541333, Nordallee 7, 85356 München-Flughafen, www.munich-airport.de/flughafen-erleben-90114). Vor uns erhebt sich der Aussichtshügel, der uns auf die Start- und Landebahnen und zum Vorfeld blicken lässt. Daneben stehen einige historische Flugzeuge. Näher am Geschehen sind wir an der Aussichts- und Besucherterrasse im Terminal Zwei des internationalen 3 / Flughafen München (Tel. +49 89 975 00, Nordallee 25, 85326 München, www.munich-airport.de). Oder wir buchen gleich eine Airport-Tour. Vom Besucherpark führt unser Weg unter der Zentralallee durch, hinauf zur Brücke und an der Straße dem Terminal Eins und Zwei ent-

GARTENPRACHT

Wir spazieren durch die Weihenstephaner Gärten, sehen Rosenneuheiten, üppige Stauden und bunte Sommerblumen. Symbiose aus Erholung und ästhetischem Genuss.

➤ rechts oben / Brauerei Weihenstephan ➤ rechts Mitte / Im Bräustüberl Weihenstephan kann man das leckere Bier verkosten

1040

Da erhielt der Konvent der Benediktiner auf dem Weihenstephaner Berg das Brau- und Schankrecht. Wir besichtigen die 9 / älteste Brauerei der Welt. Zum Ursprung des Bieres geht's erst durch das Brauereimuseum und anschließend durch die heiligen Hallen der Braukunst zum Sudhaus. Zum Schluss gönnen wir uns ein frisches Bier.

Aussicht

Wir beobachten vom Aussichtshügel des 3 / Besucherparks die startenden und landenden Flugzeuge. Die Kids freuen sich auf den Erlebnisspielplatz und die interaktive Ausstellung.

lang. Vom Kreisverkehr am Ende des Flughafens führt der Weg noch ein Stück geradeaus und biegt dann rechts als Freisinger Straße nach Schwaig ab. Hier gibt es eventuell eine Umleitung wegen der Bauarbeiten am Erdinger Ringschluss.

Tour, die du so nie gemacht hättest

Moos soweit das Auge reicht

Wir stoßen auf die Lohstraße, die in Schwaig zur Freisinger Straße wird. Hier heizt die 4 / Pizzeria Il Casale (Mo–Fr 11.30–14 Uhr + 17.30–22.30 Uhr, Sa + So 17.30–22.30 Uhr, Tel. +49 8122 10550, Freisinger Str. 59, 85445 Oberding, www.il-casale-schwaig.de) den Pizzaofen ein. An der Schulstraße biegen wir ein, radeln über die Gfällach und folgen der Möslstraße rechts zur Sportanlage von Oberding. Dort nun rechts einbiegen und an der Brücke über der Altach rechts auf der Eger-Straße in die fantastische Landschaft des Erdinger Mooses hinausradeln. Am Straßenende führt die asphaltierte Straße links zu den Häusern Mooshanns. Wir sind an der Ferstl-Straße angekommen und wenden uns nach rechts zum 5 / Gut Wildschwaige (Tel. +49 811 3609, Ferstl-Str. 15, 85445 Ober-

dingermoos, www.reitstall-werchau.de), der Reitstall im Moos. Wir sehen Pferde auf der Koppel und Honigbienen zur Imkerei fliegen. Geradeaus kommen wir nach Birkeneck, Teil der Gemeinde Hallbergmoos. Wir kommen an der 6 / Gaststätte Zum Kramer (Mo–Fr 11–14 Uhr + 17–23 Uhr, Tel. +49 811 2288, Theresienstraße 2, 85399 Hallbergmoos, www.zum-kramer.de) vorüber. Gestärkt geht's durch die Ludwigstraße zu einem Kreisverkehr, den wir gegenüber wieder verlassen. Am Rande des Gewerbegebietes von Hallbergmoos fahren zur Unterführung der Bundesstraße bei Brandau. Weiter schnurgerade über die S-Bahngleise, links liegt die Pferdeklinik München Airport, und wieder unter der Autobahn hindurch zur Brücke an der Isar.

Die Isarau

Jetzt schließen wir uns dem Isarradweg an und folgen der Isar abwärts. Stromschnellen und kleine Wasserfälle begleiten uns. Bald macht unser Weg eine Rechtskurve und führt uns über einen Hochwasserdamm und einen Bach in die Obere Isar Aue. Links geht's durch lichten Wald am Bach entlang an den Abzweig zum Pförrerhof. Wir bleiben auf unserer Bachseite, fahren später um einen Damm zum Hochwasserschutz herum, unter der Straßen-

ERLEBEN

Auf der Airport-Livetour gibt's den Blick hinter die Kulissen und übers Vorfeld geht's zu den Flugzeugen. Wir erleben Starts, Landungen, parkende Maschinen aus aller Welt und die vielen Prozesse während der Abfertigung. Start ist am 3 / Besucherpark.

< links / Typische Birkenallee im Erdinger Moos ^ oben / Vogelbeobachtungsturm im Freisinger Moos

brücke hindurch, hier ein Blick nach links zum Isarstrand auf einer Kiesbank, nach Freising-Lerchenfeld.

Geburtsstätte des Obazdn

Das 10 / Bräustüberl Weihenstephen ist das Stammhaus der Klosterbrauerei. Genießen wir die Atmosphäre eines bayerischen Biergartens mit Obazdn und Weißbier.

Domberg

An der Korbinianbrücke stoßen wir auf 7 / Die Essbar (Mo–Do 11.30–24 Uhr, Fr 11.30–1 Uhr, Sa 14.30–1 Uhr, So 14.30–23 Uhr, Tel. +49 8161 9865688, Erdinger Str. 27b, Freising, 85356, www.die-essbar.de), ein Ort zum Verweilen. Den Blick hinauf zum Domberg und 8 / Mariendom (Tel. +49 8161 1812186, Öffnungszeiten im Sommer Mo–Fr 7–18 Uhr, Do 14–18 Uhr, Sa, So und an Feiertagen 8–18 Uhr, Domberg 27, 85354 Freising, www.freisinger-dom.de/index.php?id=22) radeln wir über die Brücke mit der Figur des heiligen Korbinian, dem ersten Bischof von Freising, so die Geschichte. Die links abzweigende Parkstraße bringt uns zur Ottostraße unterhalb des Dombergs. Am Fürstendamm biegen wir rechts in die Altstadt von Freising ab und gelangen zur Oberen Hauptstraße. Dort wenden wir uns nach links und radeln über die Kreuzung.

Tour, die du so nie gemacht hättest

Geburtsstätte des Obazda

Gleich dahinter führt unser Weg links steil bergauf

Geschichte

Es ist nur ein kurzer Spazierweg von der Altstadt hinauf zum Domberg zum „Mons doctus“. Gegenüber der ehemaligen fürstbischöflichen Residenz erhebt sich der 8 / Mariendom mit seinen zwei Türmen, der Krypta und Bestiensäule im Inneren und das Diözesanmuseum mit der weltweit größten kirchlichen Kunstsammlung nach dem Vatikan.

zum Weihenstephaner Berg, zur 9 / Staatsbrauerei Weihenstephan und zum 10 / Bräustüberl Weihenstephen (tgl. 10–23 Uhr, Tel. +49 8161 13004, Weihenstephaner Berg 10, 85354 Freising, www.braeustueberl-weihenstephan.de). Es gilt als das Stammhaus der ältesten Brauerei der Welt, der Staatsbrauerei Weihenstephan. Nicht damit genug ist es auch die Geburtsstätte des Obazdn, der in bayerischen Biergärten nicht fehlen darf, der Klassiker schlechthin. Vom Bräustüberl geht's nur noch links hinunter zum 1 / Parkplatz am Weihenstephaner Berg, wo unsere Tour begann.

TOURENINFO / Eine super interessante Tour für die ganze Familie rund um den Flughafen München ohne markante Steigung aber mit wechselnden Wegebeschaffenheiten.

< links / Freisinger Domberg ^ oben / Freising, Altstadt

FREISING
TUCHING
Dürnast
St 2084
AM VOGELHERD
GOLDBERG
FS 9
START-ZIEL
WEIHENSTEPHAN
DOMBERG
SCHWABENAU
Hohenbachern
VÖTTING
St 2339
LERCHENFELD
B 301
Gartelshausen
NSG
Alte
Kiesgrube
Vötting
SEILERBRÜCKL
LOHMÜHLE
Moosach
Pfrombachgraben
FS 45
Attaching
A 92
St 2350
Dürneck
Goldach
Freisinger
Moos
Eggertshofen
Pulling
B 301
Goldach
St 2350
Pullinger
Weiher
Isar
Achering
Mariabrunn
Schwaigbach
FS 11
A 92
Theresienkanal
B 301
Vogelfreifläche
Brenne
St 2350
Birkeneck
FS 11
Mintraching-Grüneck
Brandstadl
Hallbergmoos

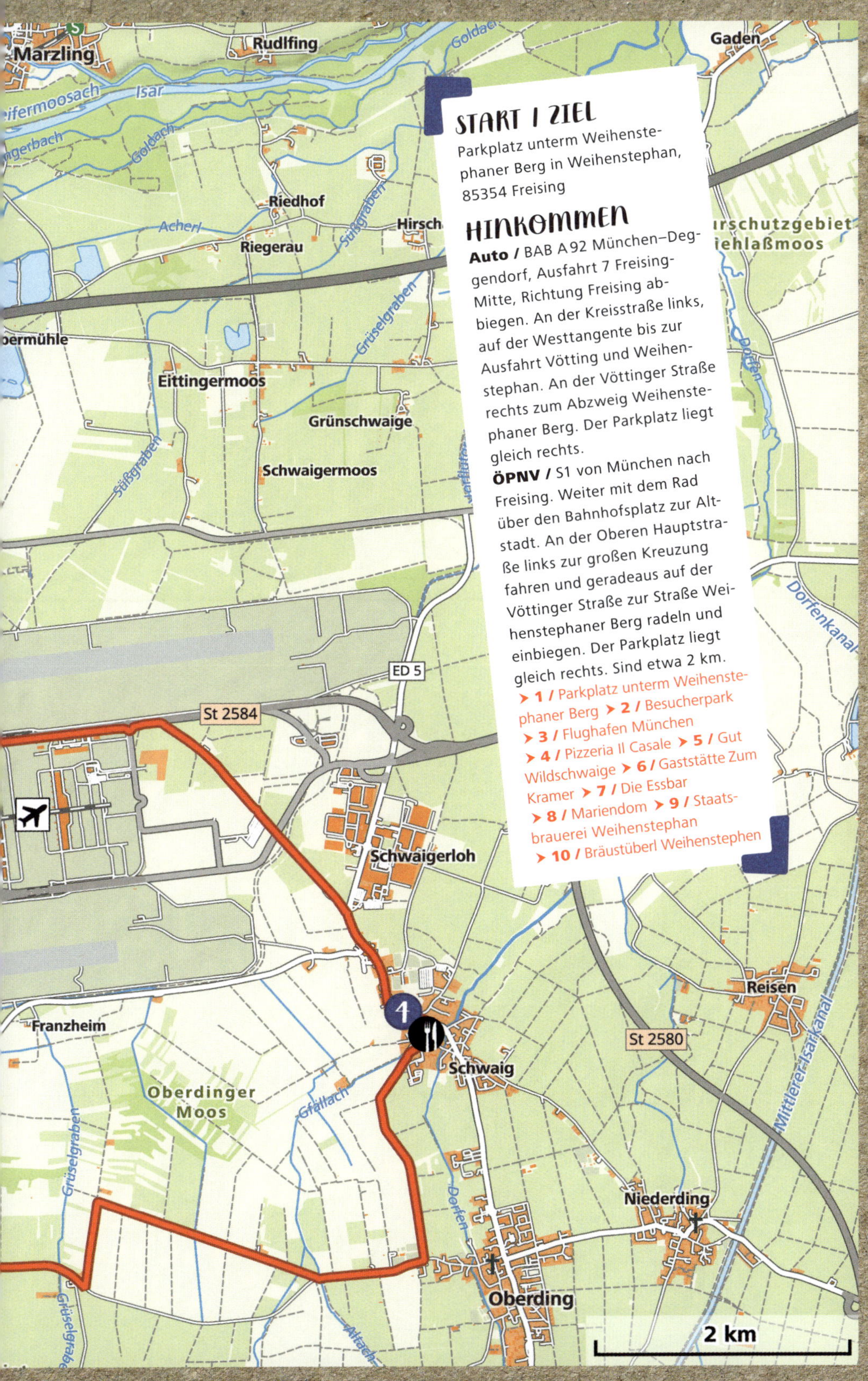
START / ZIEL
Parkplatz unterm Weihenstephaner Berg in Weihenstephan, 85354 Freising
HINKOMMEN
Auto / BAB A92 München–Deggendorf, Ausfahrt 7 Freising-Mitte, Richtung Freising abbiegen. An der Kreisstraße links, auf der Westtangente bis zur Ausfahrt Vötting und Weihenstephan. An der Vöttinger Straße rechts zum Abzweig Weihenstephaner Berg. Der Parkplatz liegt gleich rechts.
ÖPNV / S1 von München nach Freising. Weiter mit dem Rad über den Bahnhofsplatz zur Altstadt. An der Oberen Hauptstraße links zur großen Kreuzung fahren und geradeaus auf der Vöttinger Straße zur Straße Weihenstephaner Berg radeln und einbiegen. Der Parkplatz liegt gleich rechts. Sind etwa 2 km.
➤ 1 / Parkplatz unterm Weihenstephaner Berg ➤ 2 / Besucherpark ➤ 3 / Flughafen München ➤ 4 / Pizzeria Il Casale ➤ 5 / Gut Wildschwaige ➤ 6 / Gaststätte Zum Kramer ➤ 7 / Die Essbar ➤ 8 / Mariendom ➤ 9 / Staatsbrauerei Weihenstephan ➤ 10 / Bräustüberl Weihenstephen
Marzling
Rudlfing
Gaden
Isar
Goldach
Riedhof
Riegerau
Acherl
Süßgraben
Grüselgraben
Eittingermoos
Grünschwaige
Schwaigermoos
ED 5
St 2584
Schwaigerloh
Dorfenkanal
Reisen
Franzheim
4
Schwaig
St 2580
Oberdinger Moos
Gfällach
Dorfen
Niederding
Oberding
Mittlerer-Isarkanal
Altach
2 km

RADVERGNÜGEN
Ob alleine, zu zweit oder zu mehrt: Auf einem Tagesausflug gute Laune tanken – wie hier auf dem Freisinger Domberg auf Tour 18

WOCHENEND-BIKEAWAYS

MINI-URLAUBS-TOUREN MIT ÜBERNACHTUNG

STADTFLUCHT

Einfach mal die Metropolregion München hinter mich lassen können und die erfrischende Natur mit Wald, Moosen und Seen im Chiemgau genießen. Ein toller Gedanke.

- **1 /** Beim S-Bahnhof München-Trudering geht's auf Tour
- **2 /** Auf eine Brotzeit im Gasthof Gut Keferloh einkehren
- **3 /** Ein Kreuzweg führt zum Café Sacherl
- **4 /** Im Restaurant & Bar Classic K gibt's die besten Burger
- **5 /** Wir haben im Landgasthof Stechl gut geschlafen
- **6 /** Ab 8 Uhr Koffein, in der Kaffee & Brotzeit Bar Wiggerl Siebzehn
- **7 /** Sportwagen-Klassiker im Automobilmuseum EFA Mobile Zeiten
- **8 /** Das Bauernhausmuseum im Hopfengarten zeigt das Leben im Chiemgau
- **9 /** Beim Schloss Amerang liegt das tolle Gestüt Pura Raza Espanola
- **10 /** Im Erlebnisbad Prienavera entspannen wir
- **11 /** Mit den Schiffen der Chiemsee-Schifffahrt den Chiemsee erleben
- **12 /** Vom Bahnhof Prien a. Chiemsee geht's zurück nach München

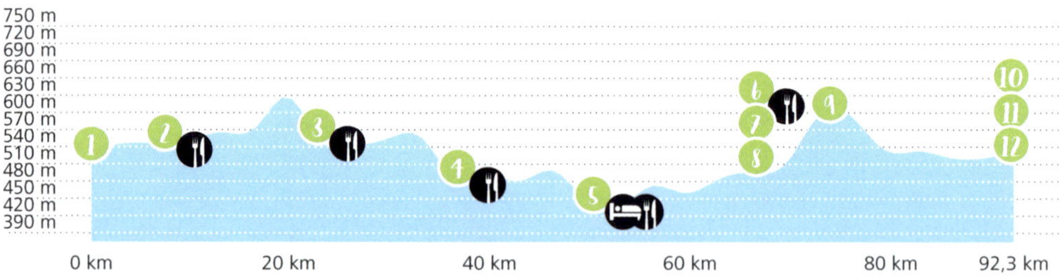

Endlich Bayerisches Meer

Von München zum Chiemsee mit Alpenpanorama

Wir schaffen es zwar nicht in 80 Tagen um die Welt wie Jules Verne, aber nach gut 90 km erreichen wir den fantastischen Chiemsee mit herrlichem Alpenpanorama. Hört sich weit an, aber mit einer Übernachtung in Rott am Inn bequem zu radeln, zumal wir keine großen Steigungen bewältigen müssen. Dort gönnen wir uns eine Rundfahrt mit dem historischen Raddampfer „Ludwig Fessler" zu den Inseln Herrenchiemsee und zur Fraueninsel.

Tag 1 + Tag 2
50 + 42 Kilometer
225 + 245 Höhenmeter
3:30 + 3 Stunden
Streckentour

Das Gasthaus mit Mundart-Theater

Unser Startplatz ist der P&R-Parkplatz an der Truderinger Straße vom 1 / S-Bahnhof München-Trudering. Nach links radeln wir zur Kreuzung mit der Max-Rothschild-Straße und halten uns rechts bis an die Feldbergstraße. Einbiegen und über die Wasserburger Landstraße geht's bis zu einem Weg nach der Batschkastraße. Links führt der Weg über die Friedenspromenade in der Markgrafenstraße. Hinter der Schule biegen wir in den Schrammingerweg ein und radeln durch den Truderinger Wald zur Kolonie Waldfrieden. Geradeaus geht's weiter nach

Charakter
Sportlich ●●●○○
Abkühlung ●●●○○
Schlemmen ●●●○○
Panorama ●●●●○

◂ links / Chiemsee-Steg im Prienavera

Solalinden. Links sehen wir schon die Bikes vor der Gaststätte Zur Einkehr (Mi–So 11–22 Uhr, Keferloher-Markt-Straße 30, 85640 Putzbrunn, +49 89 32708450, www.zureinkehr-solalinden.de) stehen. Ist ein beliebter Bikertreff. Nicht weit ist es zum 2 / Gasthof Gut Keferloh (Mi–So 12–24 Uhr, Biergarten Mo–Sa 17–24 Uhr, So 12–24 Uhr, In Keferloh 2, 85630 Grasbrunn, +49 89 469248, www.gut-keferloh.de), das etwas andere Wirtshaus mit Antikmarkt und Mundart-Theater.

Ein Kreuzweg führt zum Eventstadl

An der B 471 geht's unten durch auf das Sträßchen nach Grasbrunn. Erst müssen wir noch unter der Autobahn durch, bis wir zum St.-Ulrich-Platz mitten im Dorf kommen. Wir radeln geradeaus bis an den Kreisverkehr und biegen dort rechts ab in die Lehnerstraße. Wir halten uns links und radeln in den Wald hinein. Dahinter erreichen wir Harthausen. Bei der Kirche geht's nach rechts auf der Hauptstraße bis zur Wolfersberger Straße. Hier nun links einbiegen durch den Wald nach Wolfersberg. Liegt inmitten einer Lichtung umgeben von Wald. Also geradeaus wieder in den Wald hinein und alle Wege rechts und links ignorieren. Dann müssten wir am gegenüberliegenden Waldrand auf ein Sträßchen stoßen, rechts liegt Schattenhofen, das hinunter an die Straße nach Moosach führt. Nach rechts biegen wir ab und kommen durch ein enges Tal nach Altenburg. Von der Angermühle führt rechts ein Kreuzweg hinauf zur kleinen Kirche Mariä Altenburg und zum 3 / Café Sacherl (Sa + So 10–20 Uhr, Mo 17–22 Uhr, Tel. +49 8091 6574, Altenburg 38, 85665 Moosach, www.eventstadl-moosach.de). Eine tolle Location im Sägewerk mit dem Eventstadl „Zur Alten Säge Moosach". Hier geht's von der Hobelbank direkt auf die Bierbank.

ZUR ALTEN SÄGE

Der Eventstadl am 3 / Café Sacherl ist bekannt für seine super Veranstaltungen. Hier sollten wir am Wochenende Pause machen und im Biergarten die Aussicht genießen.

➤ rechts oben / Prien, Marktplatz ➤ rechts Mitte / Gasthof Gut Keferloh

6 TAGE

Bereits morgens duftet es nach frischem Gebäck im 2 / Gasthof Gut Keferloh, sechs Tage die Woche. Östlich von München finden wir das etwas andere Wirtshaus mit Biergarten, wo das Kleine Münchner Theater spielt und wir Antikes erstehen können.

SUPER AUSSICHT

Zwischen dem **Brucker Moos** und den **Aßlinger Filzen** radeln wir auf einem Höhenrücken mit Aussicht zur Kampenwand im Chiemgau.

Hoch über dem Brucker Moos

Auf der Kreisstraße radeln wir nach Moosach hinein. Zur Kirche hin biegen wir ab und weiter geht's auf der Grafinger Straße nach Gutterstätt. Wir wenden uns nach rechts zur Kläranlage und radeln an der Moosach entlang zur Kreisstraße vor Bruck. Wir fahren nach links an den Abzweig nach Alxing. St. Michael grüßt von oben und winkt uns hinauf zur Dorfstraße. Rechts biegen wir ein und radeln aus Alxing hinaus nach Dorfen an der Staatsstraße. Hierhinüber radeln wir und biegen an der zweiten Bergstraße nach der Kirche links ein.

BRUCKER MOOS – EINES DER WERTVOLLSTEN FEUCHTGEBIETE BAYERNS

Bei den Aßlinger Filzen

Weiter geht's zur Siedlung an der Aßlinger Straße. Rechts radeln wir am Gewerbegebiet vorbei und rollen nach Aßling hinunter. Wir kommen am 4 / Restaurant & Bar Classic K (Di–So 11–14 Uhr + 17–22 Uhr, Tel. +49 8092 6963985, Bahnhofstr. 9, 85617 Aßling, www.classic-k.de) vorbei. Dort winken uns Burger und Flammkuchen herein. An der Rosenheimer Straße sehen wir dann das Rathaus. Nun links zur Kirche und gegenüber biegen wir in den

Attelweg ein. Beim Friedhof fahren wir halb links vorbei über das Flüsschen Attel an ein Sträßchen. Rechts radeln wir zum Weiler Holzen. Hier angekommen geht's nach der Kirche links abwärts zur Brücke an der Attel. Wir radeln an der Attel entlang zur Kreisstraße. Ein kleines Stück fahren wir auf der Straße nach rechts bis zum Abzweig nach Dettendorf. An der Kreisstraße fahren wir in das Dorf hinein zum Bichlweg, der rechts abzweigt. Hier einbiegen und gleich links in das Sträßchen Am Schregweg.

Jetzt wird's waldig.

Wir folgen dem Weg in den Rotter Forst bis an den Querweg, der Ludwigs-Linie. Dort halten wir uns links und biegen dann rechts in die Frauenöder Linie ein. Auf dem Rossstallweg links geht's zum Weiler Rabenbach. Das Asphaltsträßchen führt uns rechts nach Ritzmehring. Durch einen Einschnitt geht's die Leite hinab nach Rott am Inn. Was wir gerade hinab sind, geht's wieder hinauf an den Marktplatz in Rott am Inn. Hier ist Halbzeit der Wochenendtour. Übernachten können wir gleich hier oben im 5 / Landgasthof Stechl (Mi–Mo 11–22 Uhr, Tel. +49 8039 1225, Marktplatz 5, 83543 Rott a. Inn, www.landgasthofstechl.de). Jeden Freitag von 11.30–16.30 Uhr gibt's am Marktplatz einen herrlichen Bauernmarkt.

HALBZEIT

Hoch am Hang des Inns liegt Rott am Inn, bekannt für seine Rokokokirche am Marktplatz. Berühmte Künstler schufen den wohl schönsten Kirchenraum neben der Wieskirche. Gleich daneben übernachten wir im 5 / Landgasthof Stechl.

‹ links / Raddampfer Ludwig Fessler auf dem Chiemsee ^ oben / Rott am Inn, Klosterkirche

Eine Brücke über den Inn

Nach einem guten Frühstück geht's Richtung Chiemsee. Zunächst rollen wir noch gemütlich die Bahnhofstraße hinab zum Bahnhof von Rott am Inn. Dort halten wir uns links und radeln auf der Wasserburger Straße durch die Bahnunterführung an die B 15. Links etwa 200 m parallel zur B 15 radeln, dann die B 15 queren und durch den Auwald zum Hochwasserdamm. Links geht's hinauf zur Brücke über den Inn. Auf der anderen Uferseite halten wir uns links zur Umgehungsstraße von Griesstätt. Kurz fahren wir an ihr entlang und dann rechts durch die Straßenbrücke zur Kirche mitten im Ort. Hinter der Kirche biegen wir links in die Wasserburger Straße und gleich rechts in die Dr.-Mitterwieser-Straße ein und fahren über Raming nach Moosham. Hinter dem Flecken erreichen wir eine Kapelle und folgen dem Weg rechts Richtung Schonstett. An der Hochspannungsleitung, vor Röthenbach, biegen wir rechts ab und erreichen Schonstett.

FERNSEHSERIEN UND PFERDE

Bekannt geworden ist 9 / Schloss Amerang durch die „Rosenheim Cops" oder „Um Himmels Willen". Im Gestüt von Amerang wird die Pferderasse Pura Raza Espanola gezüchtet.

Endlich Amerang

An der Hauptstraße geht's nach links zur Kreisstraße. Wir radeln hinüber nach Schwöll, queren bei Rieperting die Staatsstraße

➤ rechts / Ausstellung im Museum EFA Mobile Zeiten ⮝ oben / Bauernhausmuseum Amerang

und kommen nach Zillham. Hinter dem Flecken führt uns rechts der Weg zwischen dem Zillhamer und dem Ameranger See nach Amerang. Auf der Schonstetter Straße fahren wir in den Ort hinein, direkt auf die 6 / Kaffee & Brotzeit Bar Wiggerl Siebzehn (Mo–Fr 8–18 Uhr, Sa + So 9–17 Uhr, Mittwoch ist Ruhetag, Tel. +49 8075 2229988, Wasserburger Straße 6, 83123 Amerang, www.wiggerl17.de) zu. Wir gönnen uns hier schon mal eine fantastische Brotzeit mit herrlich frischem Kaffee dazu.

Zwei tolle Museen

Eins davon ist das Automobilmuseum 7 / EFA Mobile Zeiten (Di–So 10–18 Uhr, Tel. +49 8075 8141, Wasserburger Str. 38, 83123 Amerang, www.efa-mobile-zeiten.de). Die Wasserburger Straße nach links führt uns zu Fahrzeugen die allesamt Ikonen sind und ganze Epochen geprägt haben. Vor uns stehen über 130 Jahre deutsche Automobilgeschichte, von der ersten Motor-Kutsche bis zu den Sportwagen-Klassikern der Gegenwart. Wenn wir noch ein Stück auf der Wasserburger Straße auswärts fahren, gelangen wir zum 8 / Bauernhausmuseum im Hopfengarten (Di–So 10–17 Uhr, Tel. +49 8075 915090, Hopfgarten 2, 83123 Amerang, www.bhm-amerang.de). Dort erwarten uns Bauernhäuser und

Im Automobilmuseum 7 / EFA Mobile Zeiten in Amerang erwartet uns eine faszinierende Zeitreise durch sämtliche Epochen der Automobilgeschichte und Technik. Ein Highlight der besonderen Art ist die Modelleisenbahn der Spur II auf 500 Quadratmeter in einer liebevoll gestalteten Modell-Landschaft.

KÖNIGSLINDE

Vom einstigen Rimstinger Bahnhof fuhr König Ludwig II. zur Ablegestelle nach Urfahrn am Chiemsee für die Überfahrt mit dem Ruderboot auf die Herreninsel.

historische Werkstätten inmitten von Gärten und Streuobstwiesen. Wir erfahren so einiges über den ländlichen Alltag im Chiemgau.

Hier hält der LEO

Wir steigen wieder aufs Rad und fahren durch die Ortsmitte zum Bahnhof von Amerang. Hier hält der „LEO", eine Museumsbahn, die an Sonn- und Feiertagen von Obing nach Bad Endorf fährt. Auf der ehemals Königlich-Bayerischen Lokalbahnstrecke rollen zwei historische Dieseltriebwagen.

Wo Oberbayern Italien trifft

Nach dem Bahnübergang biegen wir links ab zum 9 / Schloss Amerang (Tel. +49 8075 91920, Schloßpl. 1, 83123 Amerang, www.schlossamerang.de). Nicht allein die überwältigende um die 900 Jahre alte Architektur macht Schloss Amerang zu einem ganz besonderen romantischen Ort. Es sind die Ereignisse wie Schlosskonzerte und Opernaufführungen. Schloss Amerang ist heute Hotel und ein Schlossmuseum gibt es obendrein. Praktisch gegenüber,

jenseits der Straße, liegt das Gestüt von Schloss Amerang, das Pura Raza Espanola.

Die blauen Augen vom Chiemgau

Wir verabschieden uns von Schloss Amerang, radeln zur Straße und rechts nach Höslwang. Wir rollen zur Kirche und bis an die Umgehungsstraße hinunter. Dort halten wir uns links und am Abzweig nach Gachensolden und Pelham rechts. Pelham liegt idyllisch am Pelhamer See. Der gehört zu den Eggstätter Seen, einer Ansammlung von zahlreichen Seen, Relikte aus der Eiszeit. Von Pelham geht's entlang der Straße durch Hemhof an die Staatsstraße. Wir radeln hinüber und auf der Asphaltstraße durch das Hemhofer Holz nach Rimsting. Neben der Bahnlinie radeln wir auf der Bahnhofstraße zum ehemaligen Bahnhofsgebäude, wo einst König Ludwig II. von Bayern ausstieg, um zu seinem Schloss auf Herrenchiemsee überzusetzen. Heute isst man hier im Restaurant Kurkuma thailändisch. Links folgen wir der Straße nach Aiterbach an den Chiemsee. Dort fahren wir rechts nach Guggenbichl und stoßen erneut auf die Bahnlinie. Die Straße führt uns zur Bahnbrücke, bei der wir links nach Prien am Chiemsee zum Ortsteil Westernach abbiegen. Die Weidachstraße führt zum Ortsrand von Prien. An der Kreuzung radeln wir ein Stück geradeaus, bis die Osternacher

17

Die Eggstätter Seenplatte bietet sich ideal zum Wandern, Baden und Entspannen an. Gletscher zerfurchten einst die Oberfläche und hinterließen Seen, Sümpfe und Auwälder. Übrig geblieben sind 17 Einzelseen mit einzigartigen Tieren und Pflanzen.

< links / Chiemseebahn ^ oben / Erlebnisbad Prienavera in Prien

1878

In diesem Jahr wurde mit dem Bau von Schloss Herrenchiemsee begonnen, einem Abbild von Versailles, denn König Ludwig II. verehrte König Ludwig XIV. von Frankreich grenzenlos. Einzigartig schön sind das Prunktreppenhaus, das Paradeschlafzimmer und die große Spiegelgalerie.

Straße abzweigt. Wir biegen ein und fahren zur Siedlung Osternach. Die Straße macht dort einen Rechtsbogen und stößt auf die Seestraße am Parkplatz der Chiemsee-Schifffahrt. Die Seestraße führt direkt zum Bahnhof von Prien a. Chiemsee. Hier haben wir unser Ziel erreicht.

Am Bayerischen Meer

Wir könnten das Erlebnisbad 10 / Prienavera (Mo–Do 10–22 Uhr, So 9–22 Uhr, Tel. +49 8051 609570, Seestraße 120, 83209 Prien am Chiemsee, www.prienavera.de) besuchen, es liegt direkt am „Bayerischen Meer". Alternativ aber eigentlich ein Muss ist die Überfahrt mit dem historischen Raddampfer „Ludwig Fessler" der 11 / Chiemsee-Schifffahrt (Tel. +49 8051 6090, Seestraße 108, 83209 Prien am Chiemsee, www.chiemsee-schifffahrt.de) zur Herreninsel mit dem Schloss Herrenchiemsee oder die Fahrt zur kleineren Fraueninsel mit gemütlichen Cafés und Gasthäusern. Wer die Ruhe sucht sollte im Kloster Frauenwörth einkehren und den Duft von Blumen und Kräutern im Klostergarten genießen. Zurück an Land fährt die Chiemsee-Bahn, die legendäre Dampf-Straßenbahn aus dem Jahr 1887, schnaubend und pfeifend die 1,8 km lange Strecke vom Hafen zum Bahnhof Prien.

WASSERSPASS

Das 10 / Prienavera ist Erlebnisbad und Strandbad am Chiemsee mit den Chiemgauer Alpen im Hintergrund. Pures Vergnügen bietet die 70 Meter lange Blackhole und der Strömungskanal.

Rückfahrt

Vom 12 / Bahnhof Prien a. Chiemsee fahren zahlreiche Züge nach München, in denen auch Fahrräder mitgenommen werden können. Die Fahrt dauert etwa 1 Stunde.

TOURENINFO / Gut 90 Kilometer radeln wir überwiegend auf asphaltierten Straßen und Wegen, ohne dass wir größere Steiguungen bewältigen müssen. Im Raum München ist es fast eben, dann geht es buckelig weiter durch die Eggstätter Seen zum Chiemsee. Also auch die Badesachen einpacken.

< links oben / Bergpanorama über dem Chiemsee < links Mitte / Neues Schloss Herrenchiemsee

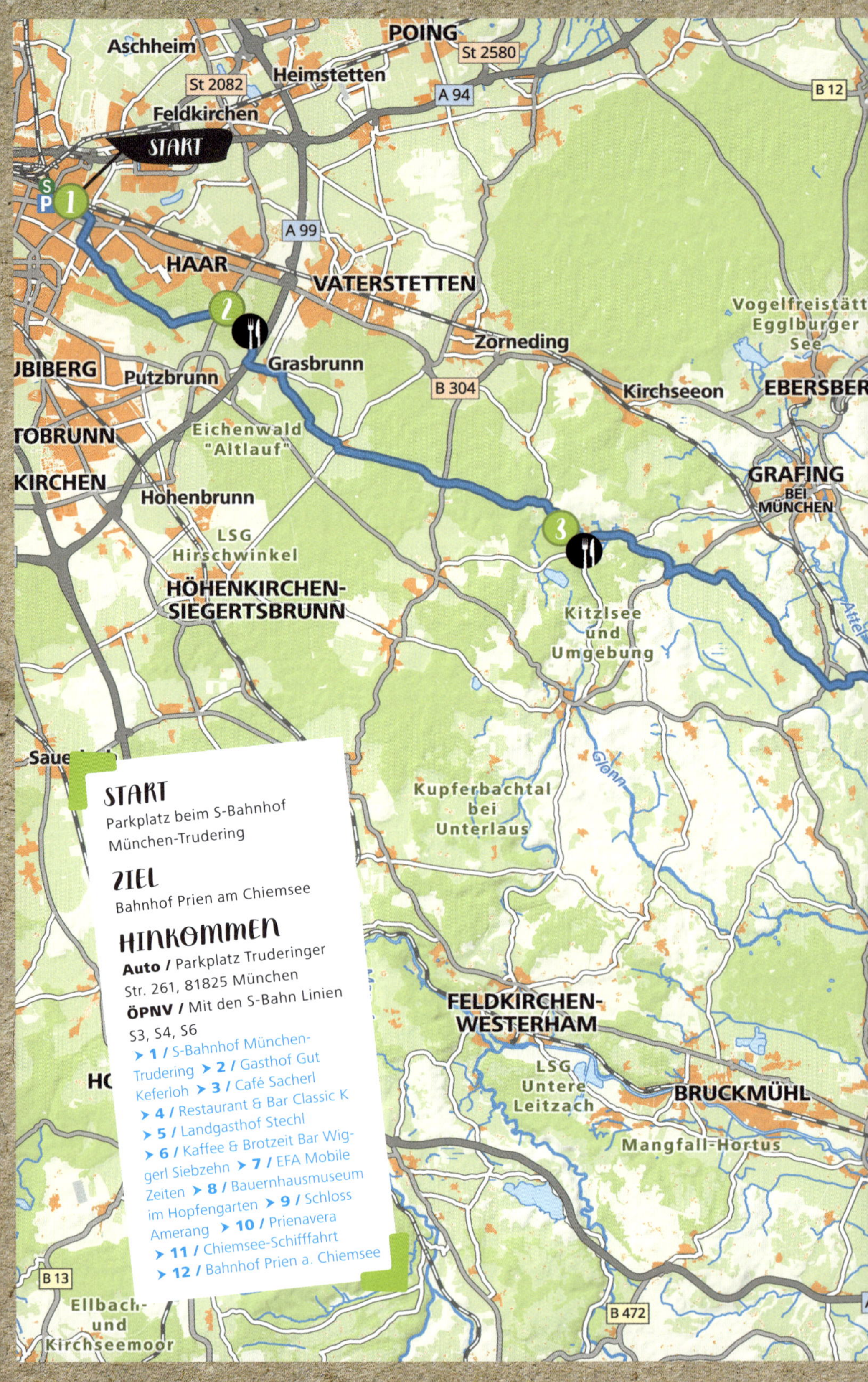

START

Parkplatz beim S-Bahnhof München-Trudering

ZIEL

Bahnhof Prien am Chiemsee

HINKOMMEN

Auto / Parkplatz Truderinger Str. 261, 81825 München
ÖPNV / Mit den S-Bahn Linien S3, S4, S6

➤ **1** / S-Bahnhof München-Trudering ➤ **2** / Gasthof Gut Keferloh ➤ **3** / Café Sacherl ➤ **4** / Restaurant & Bar Classic K ➤ **5** / Landgasthof Stechl ➤ **6** / Kaffee & Brotzeit Bar Wiggerl Siebzehn ➤ **7** / EFA Mobile Zeiten ➤ **8** / Bauernhausmuseum im Hopfengarten ➤ **9** / Schloss Amerang ➤ **10** / Prienavera ➤ **11** / Chiemsee-Schifffahrt ➤ **12** / Bahnhof Prien a. Chiemsee

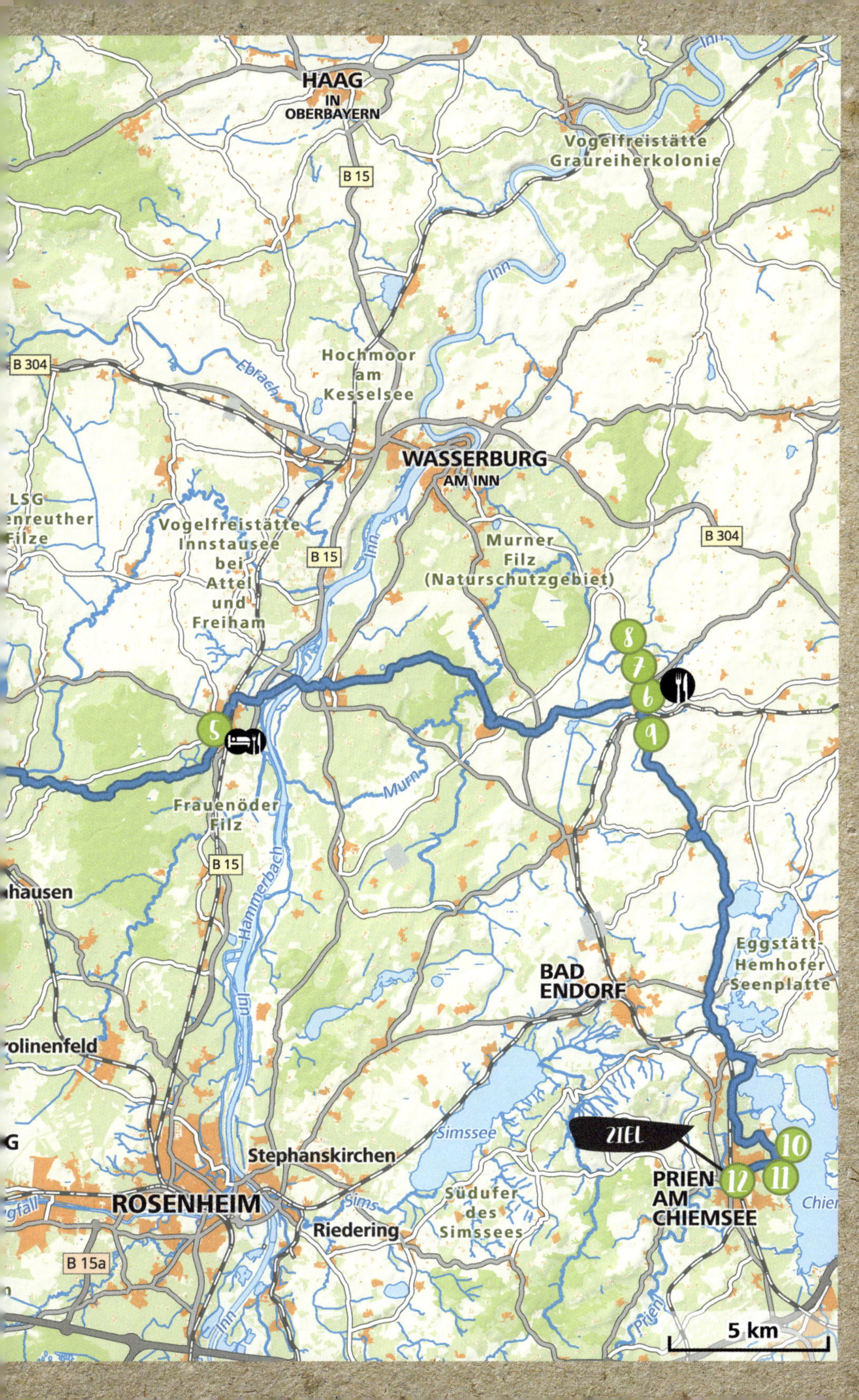

HAAG
IN
OBERBAYERN
B 15
Vogelfreistätte
Graureiherkolonie
Inn
Hochmoor
am
Kesselsee
B 304
Ebrach
WASSERBURG
AM INN
LSG
enreuther
Filze
Vogelfreistätte
Innstausee
bei
Attel
und
Freiham
B 15
Inn
Murner
Filz
(Naturschutzgebiet)
B 304
8
7
6
9
5
Murn
Frauenöder
Filz
B 15
Hammerbach
hausen
Eggstätt-
Hemhofer
Seenplatte
BAD
ENDORF
Inn
rolinenfeld
Simssee
ZIEL
10
11
12
PRIEN
AM
CHIEMSEE
Stephanskirchen
ROSENHEIM
Sims
Südufer
des
Simssees
Riedering
B 15a
Inn
Prien
5 km

PERFEKTES WOCHENENDE

Die Tour ist wie gemacht für mich. Ein herrliches Wochenende mit sportlichen Akzenten in frischer Bergluft und urigen Wirtshäusern.

➤ **1 /** Beim Bikerbahnhof neben dem Bahnhof Mittenwald geht's los

➤ **2 /** Ist schon ein Hingucker, das Naturpark-Infozentrum Scharnitz

➤ **3 /** An der Gleirschhöhe gibt's die schönsten Aussichtspunkte

➤ **4 /** Liegt schon ein bisschen versteckt, der Isarursprung

➤ **5 /** Bei der Kastenalm einfach die Seele baumeln lassen

➤ **6 /** Die Brettljausen im Café Länd ist ein Gedicht

➤ **7 /** Im Geigenbaumuseum das alte Handwerk bewundern

➤ **8 /** Lüftlmalerei und Übernachtungsmöglickeit im Traditionsgasthof Alpenrose

➤ **9 /** Im Landgasthof Isartal gibt's deftige Brotzeiten

➤ **10 /** Von der Brücke beim Gasthaus Post Vorderriß blicken wir auf die wilde Isar

➤ **11 /** Vom Kalvarienberg gibt's den besten Blick auf Bad Tölz

➤ **12 /** Vom Bahnhof Bad Tölz beginnt die Heimreise

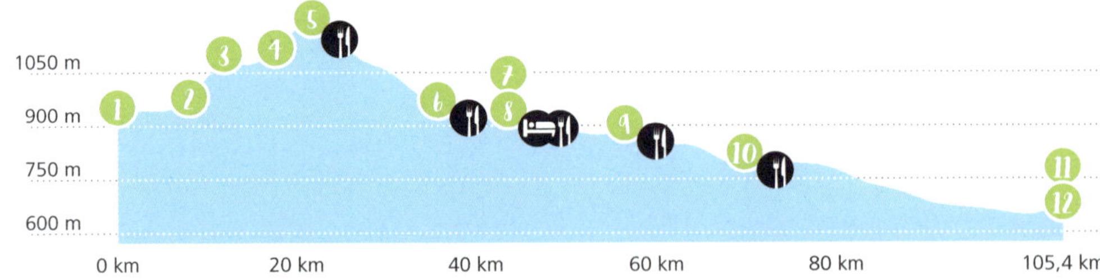

ORTSWECHSEL

Zum Ursprung der Isar

Ohne die Isar gäbe es München wahrscheinlich nicht. Also ein Grund an den Ort zu biken, wo die „wilde" Isar eigentlich ihre Quelle hat. Aber sie hat nicht „die" eine Quelle sondern es sind drei Bäche, die sich im österreichischen Naturpark Karwendel unterhalb der Birkköpfe zur Isar vereinen. Eine bizarre Landschaft tut sich uns auf während der Auffahrt ins Hinterautal und später auf dem Isarradweg durch den Isarwinkel nach Bad Tölz.

Tag 1 + Tag 2
43 + 62 Kilometer
417 + 318 Höhenmeter
3 + 4 Stunden
Streckentour

Uns steht ein Wochenende mit einer Übernachtung in Mittenwald bevor. Wir fahren mit der Bahn von München nach Mittenwald. Die Fahrzeit beträgt etwa 2 Stunden. In Mittenwald gibt es zahlreiche Übernachtungsmöglichkeiten. Aber wir sollten im Voraus ein Zimmer buchen, damit wir nach der Radtour nicht noch lange suchen müssen (Tourist-Information Mittenwald, Dammkarstraße 3, 82481 Mittenwald, Tel. +49 8823 33981, email: touristinfo@mittenwald.de). Falls noch etwas an unserer Ausrüstung fehlt oder defekt ist, in Mittenwald beim Bahnhof gibt es den 1 / Bikerbahnhof (Mo–Sa 9–13 Uhr + 15–18 Uhr, Mi nur 9–13 Uhr, Tel. +49 8823 2764, Bahnhofpl. 12, 82481 Mitten-

CHARAKTER

Sportlich ●●●●●
Abkühlung ●●○○○
Schlemmen ●●●●○
Panorama ●●●●●

‹ links oben / Das wildromantische Hinterautal

wald, www.bikerbahnhof.com .com, E-Bike-Ladestation). Auch Fahrräder werden verliehen.

Der Quelle entgegen

Alles perfekt, Ausweis und Impfnachweis dabei, da wir nach Österreich einreisen, dann machen wir uns auf den Weg zur Isarquelle und zur Kastenalm. Vom Bahnhofplatz in Mittenwald radeln wir auf der Arnspitzstraße zur Albert-Schott-Straße. Dort links und über den Bahnübergang bis zur Isarauenstraße. Links geht's über die Isarbrücke und dann sofort rechts auf den Isarradweg am Ufer der Isar entlang. Der Isarradweg ist recht gut ausgeschildert und führt uns über die Bahnlinie und Staatsstraße in die Riedkopfstraße. Erneut queren wir die Isar und radeln über den Riedboden entlang der Isar über die Grenze zu Österreich nach Scharnitz. Wir queren die Isarbrücke, bleiben am Ufer und unterfahren die Bundesstraße. Bei der nächsten Brücke wechseln wir wieder das Ufer und fahren links in der Porta-Claudia-Straße zur Kirche.

LOGENPLATZ AN DER 3 / GLEIRSCHHÖHE haben wir die besten Einblicke. Tief unter uns tobt die Isar durch die Schlucht und von oben her rauscht der Gleirschbach durch seine Klamm.

Naturparkregion Karwendel

Dort queren wir die Bundesstraße und radeln durch die Hinterautalstraße zum Museum in der historischen Holzarbeiterhütte. Es ist täglich von 9 bis 17 Uhr geöffnet. Davor erhebt sich das futuristische Gebäude des 2 / Naturpark-Infozentrum Scharnitz (tgl. 9–17 Uhr, Tel. +43 50880 540, Hinterautalstraße 555b, A-6108 Scharnitz, www.karwendel.org/infozentrum-scharnitz), es ist ein Highlight der Region. Das sollten wir besuchen, bevor es ins Tal hinaufgeht.

Zur Gleirschhöhe

Eng stehen die Berge des Karwendelgebirges beieinander. Eine Asphaltstraße führt uns ins Hinterautal zum Karwendelbach. Von

---

➤ rechts oben / Isarursprung, Quellflüsschen ➤ rechts Mitte / Isarursprung, Radler und Kanufahrer

KARWENDEL

Wir fahren ins Hinterautal durch den Naturpark Karwendel, den größten Naturpark Österreichs, der, von Urwäldern und Wildflüssen geprägt, die Heimat von Steinadler, Gams und Co ist. Unterhalb des höchsten Gipfels im Naturpark, der Birkkarspitze, hat die Isar ihre Quelle. Sie gehört zu den Top Ten der Sehenswürdigkeiten im Naturpark.

BEI DEN FLÜSSEN

So wird die 4 / Isarquelle genannt, wo der Isarradweg beginnt und fast 300 Kilometer durch Bayern an die Donau führt. Ja, was wäre München ohne die Isar.

der Brücke blicken wir hinauf zur Karwendelklamm. Jetzt wird's steil am Weg zur Gleirschhöhe. Rechts zwängt sich tosend die Isar durch ihre Klamm. Vom Radweg gehen wir kurz zu Fuß zu den gigantischen Aussichtspunkten der Gleirschklamm und der Isarschlucht. An der 3 / Gleirschhöhe halten wir uns links und radeln leicht bergauf und mal bergab, queren Geröllfelder und sehen, wie sich das Tal weitet. Bald beginnt eine Landschaft mit Hunderten Steinskulpturen am Isarufer. Wir passieren den Ödkarbach und nähern uns der Isarquelle.

ÜBER DER TOSENDEN ISAR

Bei den Flüssen

Unterhalb der Birkköpfe nimmt die Isar ihren Anfang. Der offizielle 4 / Isarursprung ist keine wirkliche Quelle, sondern vielmehr der Ort, an dem drei Bäche aufeinandertreffen. Einheimische nennen den Ort daher auch „bei den Flüssen". Also steigen wir vom Rad und gehen zu Fuß die wenigen Schritte zu den Flüssen zwischen Birken und Blaubeersträuchern. Von hier aus ist es nicht mehr weit zur Kastenalm, wir müssen nur noch die Geröllstriche am Birk-

karbach und am Moserkarbach durchfahren. Unser Rad stellen wir beim Zaun ab und gehen zur urigen Holzhütte. Ziel erreicht. Die 5 / Kastenalm ist von Mitte Mai bis Mitte September (Tel. +43 664 5316796) geöffnet. Hier gibt es weder Herd noch Strom, dafür köstliche Tiroler Brettljausen mit hausgemachtem Speck und Kuchen nach „Oma's Rezepten".

1222

So hoch liegt die 5 / Kastenalm, ein beliebtes Ziel auch für Wanderer. Bei der Kastenalm führt der Karwendel-Höhenweg vorbei. Von Scharnitz aus sind es 14 Kilometer herauf. Etwas Kondition brauchen wir, denn rund 300 Höhenmeter sind zu bewältigen.

22 Kilometer bergab

Etwa 2,5 Stunden fährt man zur Kastenalm. Hinunter nach Mittenwald ist die Strecke in gut einer Stunde zu radeln. Aber Vorsicht bei den Bachquerungen, dort liegt oft loses Geröll auf dem Weg. Also rollen wir nach Scharnitz hinunter und machen Rast im 6 / Café Länd (Hinterautalstraße 355, 6108 Scharnitz, Österreich, Tel. +43 6645532194, www.facebook.com/CafeLaend). An der Kirche queren wir wieder die Bundesstraße und folgen dem Isarradweg nach Mittenwald. Jetzt beziehen wir erst einmal unser Zimmer und begeben uns anschließend auf Ortserkundung. Im 7 / Geigenbaumuseum (10–17 Uhr, Tel. +49 8823 330, Dammkarstr. 3, 82481 Mittenwald, www.mittenwald.de) erfahren wir alles über das alte Handwerk und können dem Geigenbauer zuschauen. Beim Schlendern durch die Gassen fallen

---

< links / Isarursprung/Isarweg mit Radlerin ^ oben / Naturpark Infozentrum Scharnitz

uns die Lüftlmalereien auf. Besonders schöne sind im Obermarkt zu sehen. Einkehrmöglichkeiten gibt es im Zentrum von Mittenwald einige. Ich gehe gerne in den 8 / Traditionsgasthof Alpenrose (tgl. 7–22 Uhr, Tel. +49 8823 92700, Obermarkt 1, 82481 Mittenwald, www.alpenrose-mittenwald.de).

GEIGENMUSIK

Im 7 / Geigenbaumuseum sind rund 200 Geigen und Zupfinstrumente ausgestellt, von der Meistergeige bis zum einfachen Instrument und es riecht nach Geigenlack und Holz.

Ein neuer Tag ein neues Ziel

Los geht's beim Bahnhof Mittenwald, wieder hinunter an die Isar. Bei der Brücke zur Talstation der Karwendelbahn biegen wir auf den schmalen Weg links ein und radeln zur nächsten Brücke. Dort wechseln wir die Uferseite und fahren nun links in der Rehbergstraße. Bald verlassen wir die Straße, bleiben am Ufer und erreichen die Karwendel-Kaserne an der Straße Am Hirtbichl. An der Isarbrücke biegen wir rechts ab, unterfahren die B 2 nach links und folgen dem Weg parallel zur Straße an die Brücke am Seinsbach. Vor der B 2 geht's rechts an ihr entlang und an der Straßenbrücke queren

➤ rechts / Blick auf die Bergstation der Karwendelbahn ⮝ oben / Vor dem Gasthof Alpenrose in Mittenwald

wir die Isar und die B 2. Mal abseits, mal nahe der B 2 fahren wir durch Wald zur Anschlussstelle der B 2/B 11.

Durch den Isarwinkel

Gleich dahinter führt ein unbefestigter Weg unter die B 2 hindurch nach Krün. Dort halten wir uns links zur Reiterspitzstraße und gelangen an die Feldstraße. Nach links biegen wir ein und an der Straße Am Bärnbichl kurz links, um gleich rechts in die Finzbachstraße einzufahren. An der Kreuzung Krottenkopfstraße schwenken wir links ein. Am Otenwangerweg geht's nun rechts nach Wallgau in die Ortsmitte. Am Dorfplatz empfängt uns der oberbayerische 9 / Landgasthof Isartal (Di+Mi Ruhetag, Tel. +49 8825 1044, Dorfpl. 2, 82499 Wallgau, www.gasthof-isartal.de). Also das Rad abstellen und einen deftigen Brotzeitteller bestellen. Links erreichen wir die Flößerstraße, biegen ein und folgen dem Isarradweg aus Wallgau hinaus nach Vorderriß. Die Isar begleitet uns durch den Isarwinkel und schlängelt sich durch Geschiebe und Geröllinseln. An der Isarbrücke bei Vorderriß wechseln wir das Ufer und kehren auf einen Kaffee im 10 / Gasthaus Post Vorderriß (Mi–So ab 10 Uhr, Tel. +49 8045 277, Vorderriß 5, 83661 Lenggries, www.post-vorderriss.de) ein.

„Vü zum sejchn", viel zu sehen, gibt es an der Bergstation der Karwendelbahn. Auf 2.244 Metern Seehöhe blicken wir hinab nach Mittenwald, ins Isartal, nach Wallgau und Krün, in die Bergwelt bis zur Zugspitze. Das Naturinformationszentrum, die „Bergwelt Karwendel", befindet sich direkt neben der Bergstation.

UNTER DEN FLUTEN

Als 1954 die Bauarbeiten für den **Sylvensteinspeicher** begannen, wurde das Dorf Fall abgerissen und nach der Fertigstellung des Staudamms 1959 das ganze Tal geflutet.

Das versunkene Dorf Fall

Von Vorderriß fahren wir entlang der B 307 auf der Deutschen Alpenstraße zum neuen Dorf Fall an den Sylvensteinspeichersee. Das alte liegt unterm Wasser. Die Faller-Klamm-Brücke führt uns über den See und gibt einen gigantischen Ausblick über den Stausee frei. An der Staumauer halten wir uns rechts zum Radtunnel, heißt Toni-Seber-Weg. Durch den Tunnel geht's abwärts durch den Wald an die B 13. Wir queren die B 13 auf der Radbrücke und fahren nach rechts immer an der Deutschen Alpenstraße entlang Richtung Lenggries.

Lebendiges Brauchtum

Bei Hohenwiesen führt uns eine Wegbrücke auf die andere Straßenseite nach Winkel. Direkt am Weg liegt hier der Gasthof Gassler (Tel. +49 8042 2416, Winkl 15, 83661 Lenggries). Gut für eine kurze Pause. Kurz vor Lenggries müssen wir im Ort Fleck auf die B 13 wechseln. Ab Almbach haben wir wieder einen eigenen Weg, der uns unter der „Bretonenbrücke" und der Unterführung der B 13 auf

die Isarwiesen führt. Wieder geht's an die B 13 hoch und an ihr entlang zur Isarbrücke in Lenggries. Der Bahnhof Lenggries liegt rechts. Ebenso der Alpengasthof Lenggrieser Hof (Fr, Mo, Di 17–21 Uhr, Sa + So 11–14 + 17–21 Uhr, Tel. +49 8042 50560, Münchner Str. 3, 83661 Lenggries, www.lenggrieser-hof.de). Wir kehren zu bayerischen Spezialitäten ein. Tradition wird hier gepflegt. Eine der größten traditionellen Feierlichkeiten ist der Leonhardiritt zu Ehren des heiligen Ross- und Viehpatrons St. Leonhard.

Die Isarauen

Schön ist hier die Landschaft in den Isarauen nach Bad Tölz. Bestens geeignet für Kinder. Der Weg ist eben und es sind nur rund 10 Kilometer dorthin. Teils fahren wir durch Wald, teils durch heideähnliche Flächen. Zunächst aber queren wir die Brücke über den Steinbach neben der B 13, bevor wir bei Obergries die Radbrücke über die Isar nehmen. Gleich nach der Brücke geht's rechts unterhalb von Arzbach entlang. Bei den letzten Häusern fahren wir links hinauf auf den nach rechts führenden Isarradweg. Er entfernt sich etwas vom Ufer, kehrt zurück und schlängelt sich so durch die Isarauen nach Bad Tölz.

So hoch liegen die wenigen Häuser von 10 / Vorderriß, sie wirken fast verloren vor der mächtigen Bergkulisse. Die bekanntesten Bewohner waren der Heimatschriftsteller Ludwig Thoma und König Ludwig II. Der Märchenkönig unternahm Reitausflüge ins Rißtal zum Großen Ahornboden.

< links / Sylvensteinstausee ^ oben / Isar und Kalvarienberg

WALLFAHRT

Jedes Jahr am 6. November ziehen über 80 prächtig geschmückte Vierergespanne begleitet von Blaskapellen und Spielmannszügen durch 12 / Bad Tölz zum Festgottesdienst. Am Nachmittag finden sich Burschen in der Marktstraße ein und lassen als „Goaßlschnalzer" ihre „Dreschgoaßln" knallen.

Die Leonhardistadt Bad Tölz

Unterhalb der Straßenbrücke treffen wir auf die Arzbacher Straße. Hinter der Brücke beginnt rechter Hand der Radweg neben der Bockschützstraße zum Amortplatz. Mit Blick zum Kalvarienberg hinauf radeln wir über die Isarbrücke durch die malerische Marktstraße, gesäumt von stolzen Bürgerhäusern mit aufwendiger Fassadenmalerei, in die historische Altstadt Richtung Bahnhof. Am Ende der Marktstraße geht's durch das Stadttor zur Salzstraße. An der Mühlfeldkirche halten wir uns rechts in die Bahnhofstraße. Ihr folgen wir dann links zum Bahnhof Bad Tölz. Wir haben noch etwas Zeit und besuchen das Stadtmuseum (Di–So 10–17 Uhr, Tel. +49 8041 7935156, Marktstr. 48, www.badtoelz.de) in der Marktstraße und fahren hoch auf den 11 / Kalvarienberg zur Heilig-Kreuz-Kirche und der Leonhardikapelle. Super Blick hinunter ins Isartal. Zum Abschluss tun wir noch etwas für den Gaumen und gehen ins Wirtshaus Zum Starnbräu (Mi–Sa 11–20 Uhr, So 11–16 Uhr, Tel. +49 8041 7999944, Marktstraße 4, 83646 Bad Tölz) richtig gut essen. Ist ein originelles Wirtshaus mit Gewölbedecke und Gasträume mit urigen Dekorationen: Im Sudhaus steht der alte Kupferkessel, im Rossstall sind Wassertränke und Heuraufe zu sehen.

KRONE VON TÖLZ

So wird die einmalig schöne barocke Kalvarienbergkirche hoch über dem Isartal genannt, mit ihren beiden schlanken Türmen und den kupfernen Helmen.

Rückfahrt

Die Bayerische Regionalbahn fährt vom 12 / Bahnhof Bad Tölz in etwa 50 Minuten zum Münchner Hauptbahnhof.

TOURENINFO / Die Tour führt durch eine super schöne Landschaft, erfordert aber auch einiges an Kondition. Von Scharnitz hinauf zur Isarquelle gibt es ziemlich steile Passagen, während es Richtung Lenggries stetig bergab geht. Der Weg durch die Isarauen nach Bad Tölz ist dann für Kinder bestens geeignet. Radverleih und E-Bike-Ladestation am 1 / Bikerbahnhof.

◂ links oben / Bad Tölz-Panorama ◂ links Mitte / Pferdegespann

PEITING
PEISSENBERG
B 472
B 2
B 472
Riegsee
Staffelsee
MURNAU
AM STAFFELSEE
A 95
BAD KOHLGRUB
Loisach
B 2
B 23
Ammer
OBERAMMERGAU
B 23
B 2;B 23
GARMISCH-PARTENKIRCHEN
B 2
Isar
Loisach
Eibsee
MITTENW
B187
START
B 2
EHRWALD
Deutschland
Österreich
B177
1
2
3
6
7
8
9

ZIEL
Waakirchen
B 472
BAD TÖLZ
11
12
ERG
Isar
Gmund
Tegernsee
TEGERNSEE
LENGGRIES
Rottach-Egern
Isar
B 13
Jachen
B 307
Sylvensteinspeicher
10
B 307
Dürrach
Deutschland
Österreich
Rißbach
4
5
A12
SCHWAZ
5 km
START
Parkplatz beim Bahnhof Mittenwald
ZIEL
Parkplatz beim Bahnhof Bad Tölz. Rückfahrt mit der Regionalbahn nach München-Hauptbahnhof
HINKOMMEN
Auto / Von München auf der BAB A95/B2 nach Garmisch-Partenkirchen, dort auf die B2 Richtung Mittenwald. An der Abfahrt nach Mittenwald, der St2542, abfahren und über die Partenkirchner Straße und Bahnhofstraße zum Bahnhof Mittenwald.
ÖPNV / Mit der Regionalbahn von München-Hauptbahnhof nach Mittenwald.
1 / Bikerbahnhof 2 / Naturpark-Infozentrum Scharnitz
3 / Gleirschhöhe 4 / Isarursprung 5 / Kastenalm
6 / Café Länd
7 / Geigenbaumuseum
8 / Traditionsgasthof Alpenrose
9 / Landgasthof Isartal
10 / Gasthaus Post Vorderriß
11 / Kalvarienberg
12 / Bahnhof Bad Tölz

- **1 /** Der Start zur Wochenendtour ist beim S-Bahnhof München-Fasangarten
- **2 /** Beim Biergarten Kugler Alm gibt es einen „Küchengarten"
- **3 /** Wir haben „a guade Zeid" beim Bartewirt
- **4 /** Im Kultur- und Orgelzentrum Valley klingen Orgeln
- **5 /** Zur Mittagszeit im Weißbräustüberl einkehren
- **6 /** Fast alle Münchner waren schon mal im Café Winklstüberl
- **7 /** Golden glänzender Reichtum in der Wallfahrtskapelle Maria Himmelfahrt
- **8 /** Vom Bahnhof Bayrischzell geht´s auf Ortserkundung und ins Quartier
- **9 /** Der Alpenwirt in Bayrischzell ist mein Geheimtipp
- **10 /** Die Wendelsteinbahn führt Richtung Bayernhimmel
- **11 /** Von der Aussichtskanzel Gacher Blick genießen wir das Alpenpanorama
- **12 /** Am Bahnhaltepunkt Osterhofen/Oberbayern steigen wir in den Zug nach München

Gen Bayernhimmel

Von München auf den Erlebnisberg Wendelstein

TOUR, DIE DU SO NIE GEMACHT HÄTTEST

Kein anderer Berg in Deutschland hat auf seinem Gipfel so viele Sehenswürdigkeiten zu bieten wie der 1838 m hohe Wendelstein: Ein super Panorama, die erste Hochgebirgszahnradbahn Deutschlands, den Geoparkweg, die Sternwarte … Der schnellste Weg hinauf ist mit der Seilbahn. Wir nehmen aber nicht den schnellsten, sondern den wohl schönsten Weg von München durch die Forste im Münchner Süden entlang der Mangfall, der Leitzach und durch ihre Auen in die Alpenregion Tegernsee/Schliersee bis nach Bayrischzell am Wendelstein, wo „Hoamat" noch gelebt wird.

Tag 1 + Tag 2
77 + 3 Kilometer
773 + 19 Höhenmeter
5:20 + 0:10 Stunden
Streckentour

CHARAKTER
Sportlich ●●●●●
Abkühlung ●●○○○
Schlemmen ●●●●○
Panorama ●●●●●

Ein Wochenende am Bayernhimmel

Wir starten beim S-Bahnhof München-Fasangarten bei dem die S-Bahnlinie S3 hält. Unser Rad können wir auf dem Weg dorthin in der S-Bahn und im Zug mitnehmen. Übernachten werden wir in Bayrischzell. Vorteilhaft ist es, wenn wir die Übernachtung im Voraus buchen (Tourist-Info Bayrischzell, Tel. +49 8023 648, Kirchplatz 2, 83735 Bayrischzell, www.bayrischzell.de). Nach unserer Gipfeltour auf den Wendelstein fahren wir von Bayrischzell bzw. vom

◀ **links / Spektakulär – der Bayrischzeller Sommer**

Haltepunkt Osterhofen mit der Bayerischen Regionalbahn zurück nach München.

Die erste Alm am Weg

TOUR, DIE DU SO NIE GEMACHT HÄTTEST

Also steigen wir wie erwähnt vor dem 1 / S-Bahnhof München-Fasangarten, Ausgang zum Auguste-Kent-Platz, in den Sattel und biegen gleich hinterm Hotel in die Marklandstraße ein. An der Fasangartenstraße geht's nach rechts. Hinterm Kreisel halten wir uns links hinauf zur Brücke über die Autobahn. Sofort biegen wir links in das Perlach-Geräumt ein und radeln schnurgerade durch den Perlacher Forst bis an die Oberbiberger Straße. Das ist die „Radrennstrecke" vom Giesinger Waldhaus nach Oberhaching. Also machen wir beim Rennen mit und biegen nach links ein. Hinter der Bahnunterführung liegt die Nussbaum-Ranch. Der Kiosk ist beliebter Radlertreff. Das Sträßchen macht bald einen Linksbogen und heißt nun Linienstraße. Wir kommen zum 2 / Biergarten Kugler Alm (Mo–Fr 12–23 Uhr, Sa+So & Feiertage 11–23 Uhr, Tel. +49 89 61390120, Linienstraße 93, 82041 Oberhaching, www.biergarten-kugleralm.de). Eine Alm mit Obstgarten, großen Bäumen und einem Küchengarten voller Gemüse und Kräuter, die frischen Zutaten für italienische Klassiker. Entlang der Bahnlinie geht's dann zum S-Bahnhof Deisenhofen. Auf der Sauerlacher Straße radeln wir immer an der Bahn entlang durch den Deisenhofener Forst nach Sauerlach.

M-WASSERWEG

Durch den Hofoldinger Forst führt der M-Wasserweg, ein Themenradweg der Stadtwerke München. Informationstafeln erklären den Weg des Münchner Trinkwassers und dessen Ausbau.

Schotter unterm Forst

Die Sauerlacher Straße wird zur Deisenhofener Straße. Am Ortsrand macht sie einen Rechtsbogen zur Kirchstraße. Rechts biegen wir ein und an der Bahnhofstraße links zum Bahnhofplatz. Weiter geht's durch die Bahnunterführung zur Sommerstraße. Nach rechts biegen wir ein und queren an der Bahnbrücke die Hofoldinger Straße zum Waldbahn-

---

➤ rechts oben / Kugler Alm ➤ rechts Mitte / Perlacher Forst von oben

26 m

So hoch ist der Aussichtsberg Perlacher Mugl im Herzen des Perlacher Forstes mit einem Pavillon und Infotafeln. Über die Wipfel des ausgedehnten Waldgebietes schauen wir bis in die Bayerischen Alpen. Eine Panoramakarte gibt uns eine kleine Gipfelkunde und Ideen, welcher der Berge ein nächstes Ziel sein könnte.

IM MANGFALLTAL

80 Prozent des Münchner Trinkwassers stammt aus dem Mangfalltal, der Rest wird im Loisachtal und in der Münchner Schotterebene gewonnen, für rund 1,5 Millionen Menschen.

TOUR, DIE DU SO NIE GEMACHT HÄTTEST

weg. An der Daimlerstraße erreichen wir das Gewerbegebiet, biegen links ein und am Rudolf-Diesel-Ring rechts. Hinter der Kurve zweigt der Mühlweg ab und führt uns über die Autobahn in den Hofoldinger Forst. Fichten wachsen hier auf der Münchner Schotterebene soweit das Auge reicht. Der Waldweg heißt Taxen-Geräumt und stößt auf den asphaltierten Markweg. Nach rechts biegen wir ein und fahren bis zum Ney-Geräumt. Links geht's nun schnurgerade zur Kreisstraße bei Kleinkarolinenfeld. Durch das Straßendorf Kleinkarolinenfeld gelangen wir zum Dorf Kreuzstraße. An der Kreuzung mit der Gruber Straße erwartet uns der 3 / Bartewirt (tgl. 11–23 Uhr, Tel. +49 8024 7781, Gruber Str. 1, 83626 Valley, www.barte-wirt.de) mit uriger Atmosphäre und Wildspezialitäten aus der Region Valley. Nach den ersten 30 Kilometern kehren wir zur Brotzeit ein.

Orgeln im Oberland

Beim Bartewirt stoßen wir auf den M-Wasserweg. Er ist ein Themenradweg der Stadtwerke Münchens. Info-Tafeln beschreiben die Wasserversorgung München. Hinunter radeln wir zum

S-Bahnhof Kreuzstraße. Im Rechtsbogen erreichen wir Sollach, danach Unterdarching. Bei der Kirche biegen wir links ab und halten uns dann rechts in die Graf-Arco-Straße zum 4 / Kultur- und Orgelzentrum Valley (Führungen auf Anfrage, Tel. +49 8024 4144, Graf-Arco-Straße 30, 83626 Valley, www.lampl-orgelzentrum.com) im Alten Schloss Valley. Sixtus Lampl hat im Laufe der Jahre rund 60 Orgeln aller Größen gesammelt. Ein Ohrenschmaus sind die Orgelkonzerte in der Zollingerhalle neben dem Schloss. Neben dem Alten Schloss steht das Bräustüberl Valley (Di–So 11–22.30 Uhr, Tel. +49 8024 3030550, www.valleyer.de/braeustuebel) des Valleyer Schloss Bräu. Vom Orgelmuseum bringt uns die wunderschöne Schlossallee an den Rand der Hochebene. Wo die Münchner Straße einmündet, geht's links hinunter ins Mangfalltal zur Maxlmühle.

Wasser für München

Wir folgen dem Quellweg nach rechts und erreichen unterhalb der Autobahnbrücke Mühlthal an der Staatsstraße. Vor der Mangfallbrücke biegen wir rechts ab und folgen dem M-Wasserweg entlang der Mangfall zur Info-Station 12 am Spiralschacht Thalham. Hier können wir unser E-Bike aufladen. Geradeaus kommen wir

BIER

Im Neuen Schloss Valley, neben dem Orgelmuseum, ist das Valleyer Schloss Bräu beheimatet. Während einer Erlebnisführung (dauert 90 Minuten) riechen wir die Gerste, schauen in die kupferfarbenen Sudkessel und erfahren so manches über den Hopfen.

‹ links / Orgelzentrum Valley ˄ oben / Braustüberl Valley

zu einem Bahnübergang, fahren hinüber und weiter der Bahnlinie entlang zur Wassergewinnungsanlage der Stadtwerke München an der Reisacher Straße. Hier gibt es eine große Steinskulptur des bekannten Bildhauers Tobel. Weiter geht's auf dem M-Wasserweg über die Mangfall, dann über die Schlierachbrücke zum „Wasserschloss Reisach". Bei der Brücke geht's kurz rechts hinauf zum „Schloss". Auch hier stehen Skulpturen, die von verschiedenen Künstlern geschaffen wurden. Unter dem trutzigen Bauwerk wird das Grundwasser für München gesammelt.

LEITZACHTAL
Der Kristallklare Gebirgsfluss fließt durch eine intakte Auenlandschaft bis zur Mangfall. Am Hof Brost treffen wir auf den Premiumwanderweg Leitzachtaler Bergblicke.

Auf einen Schweinsbraten

Zurück zur Brücke und rechts hinauf zum Hof Walch. Am Sträßchen biegen wir rechts ein und beim Hof Klafflehen links hinunter durch Schopfgraben über die Schlierach nach Miesbach. Wir kommen in die Schützenstraße, folgen ihr rechts und unterfahren die Bahnlinie. Rechts geht's zum Bahnhof und zur Altstadt.

⌃ oben / Miesbach, Altstadt von oben › rechts / Stadtkapelle Miesbach

Miesbach kurz beschrieben: Kleinste Kreisstadt Oberbayerns, 2 Marktplätze, 3 Maibäume, romantische Gassen, Zentrum von Märkten, Tracht und Viehzucht. Links geht's zum Stadtplatz bei der Kirche Maria Himmelfahrt. Da kommen wir zum 5 / Weißbräustüberl (Di+Mi 11–24 Uhr, Do–So 10– 24 Uhr, Tel. +49 8025 9979883, Marienplatz 6, 83714 Miesbach, www.weissbraustuberl.de) und kehren auf einen ofenfrischen Schweinsbraten ein. Liegt am Marienplatz mit kleinem gemütlichem Biergarten.

Durchs Leitzachtal

Also, am Stadtplatz biegen wir nun rechts in die Schlierseer Straße ein und stoßen auf die Bayrischzeller Straße. Rechts geht's durch die Unterführung zur Stadlbergstraße. Wir radeln hinauf zum Stadlberg nach Waldeck und biegen hinterm Flecken Rain links nach Wiedmoos ab. Hügelig geht's hier zu. Gleich hinterm Weiler führt der Weg rechts durch den Hof Buchermann hinüber nach Elm. Beim Quersträßchen halten wir uns rechts und folgen der Litzelauer Straße nach Litzelau. Über Krug und Lehen gelangen wir nach Aigen und rollen hinunter nach Wörnsmühl in die Dorfstraße. Links biegen wir ein und nach der Brücke rechts nach Drachenthal im Tal der Leitzach. Dort geht's wieder über die

TOUR, DIE DU SO NIE GEMACHT HÄTTEST

Mieder und Schalk, Lederhose und Lodenjoppe, die Miesbacher Tracht ist seit Jahrzehnten Inbegriff des bairischen Trachtengewandes. Das Tragen von Werktags- und Festtagstracht hat sich im Oberland in einem Maße erhalten wie nirgendwo sonst. Das Museum Miesbach präsentiert seinen wertvollen Trachtenbestand.

ABER BITTE MIT SAHNE

Das 6 / Café Winklstüberl ist deutschlandweit für seine großen Torten- und Kuchenstücke bekannt und lockt täglich Hunderte Gäste an den Fuß des Breitensteins.

Leitzach und rechts auf dem Schotterweg am Ufer entlang, ignorieren alle Brücken, bis wir am Waldrand links hinüber nach Achau radeln. Das Hofcafé Beim Melchern (Achau 4, 83730 Fischbachau, Tel. +49 8028 904182, www.beim-melchern.de) hat leider nur sonntags von 11–18 Uhr offen.

TOUR, DIE DU SO NIE GEMACHT HÄTTEST

Das berühmte Café Winklstüberl

Dort halten wir uns rechts zum Hof Brost. Oberachau lassen wir rechts liegen und halten uns links den Hang hinauf Richtung Elbach. Davor fahren wir durch Endstall und biegen an der Straße nach Elbach aber links nach Lehen ab. Dort halten wir uns links und biegen an der Kreuzung nach Streitwiese und zur Staatsstraße ein. Entlang der Leitzachtalstraße erreichen wir Winkl und das 6 / Café Winklstüberl (tgl. 8–21 Uhr, Tel. +49 8028 742, Leitzachtalstraße 68, 83730 Fischbachau, www.winklstueberl.de). Hier müssen wir einfach Halt machen und den allerbesten Kuchen in der Alpenregion Tegernsee/Schliersee auf der Terrasse genießen und das mit herrlicher Aussicht auf das Mangfallgebirge

und Wendelsteinmassiv. Und im Stüberl staunen wir über eine Sammlung von mehr als 700 Kaffeemühlen.

Maria Himmelfahrt
Entlang der Staatsstraße geht's nach Fischbachau hinein. An der Kreuzung vor der Raiffeisenbank biegen wir in die Birkensteinstraße ein und kommen nach Birkenstein. Auch dort bleiben wir auf der Birkensteinstraße. In ihrer Rechtskurve machen wir einen Schlenker in den Kapellenweg zur 7 / Wallfahrtskapelle Maria Himmelfahrt. Innen ist die Kapelle der absolute Wahnsinn. Die Asamkirche in München in Miniformat. Wir erreichen wieder die Birkensteinstraße, fahren nach links und dann auf dem Waldweg, einem schmalen Schotterweg, geradeaus an den Bahnhaltepunkt Geitau. Vor der Bahn geht's nach links zum Weiler Dorf und über die Bahnlinie an die B 307. Links liegt die Talstation der Wendelsteinbahn. Halb links queren wir die B 307 nach Niederhofen und biegen am Waldrand hinter der Brücke halblinks ab. Der schmale Weg macht einen Linksbogen, führt am Berghang entlang zum Seeberghaus. Gleich hinter der Brücke radeln wir rechts zum Sportplatz und biegen hinterm Tennisplatz links über die B 307 nach Bayrischzell ein. An der Schlierseer Straße geht's dann links zum 8 / Bahnhof Bayrischzell.

WALLFAHRER

Ziel der jährlichen Trachtenwallfahrt nach 7 / Birkenstein ist ein Mariengnadenbild aus dem 15. Jahrhundert. An „Christi Himmelfahrt" kommen Hunderte von Pilger und mehr als 40 Trachtengruppen aus dem südlichen Oberbayern, um gemeinsam zu beten.

< links / Tortentheke im Café Winklstüberl ^ oben / Fischbachau

1838 m

Die Busse der Wendelstein-Ringlinie umrunden viermal täglich den 1838 m hohen Wendelstein. Die Busse verbinden von Mai bis November die beiden Talstationen der 10 / Wendelsteinbahn, die der Seilbahn und der Zahnradbahn sowie die Talorte rund um den Wendelstein. Dadurch ergeben sich tolle Ausflugskombinationen.

Bayrischzell entdecken

Quartier beziehen und Bayrischzell entdecken. Gleich was Essen gehen? Mein Geheimtipp ist der 9 / Alpenwirt (Do–Di 11–22 Uhr, Tel. +49 8023 819280, Ursprungstraße 1, 83735 Bayrischzell, www.alpenwirt-bayrischzell.com) in der Ursprungstraße. Tief verwurzelt sind hier, was man als „Hoamat" bezeichnet: Tracht, Tradition, Brauchtum und Dialekt. Bekannt aber ist der Ort durch sein Skigebiet am Sudelfeld. Für die Erkundung der Umgebung und zur Wanderung empfehle ich die KOMPASS-Wanderkarte 8 Tegernsee, Schliersee, Wendelstein.

STERNWARTE

Am Gipfel des Wendelsteins wölbt sich die moderne Kuppel der Universitäts-Sternwarte, durch deren 2-Meter-Spiegelteleskop Himmelsobjekte beobachtet werden.

Wendelstein-Gipfelstürmer

Wir fahren von Bayrischzell mit dem Rad nach Osterhofen zur Talstation der 10 / Wendelsteinbahn. In sieben Minuten sind wir am Panoramarestaurant auf 1724 m Höhe. Wer doch lieber wandern will, sieht sich Tour 21 ½ an. Von der Bergterrasse haben wir eine super Aussicht. Eindrucksvoller ist aber der Blick von der 11 / Aussichtskanzel Gacher Blick. Wir sollten aber die letzte Talfahrt um 17 Uhr im Auge behalten. Spätestens dann geht's auch für uns mit der Seilbahn hinunter.

TOUR, DIE DU SO NIE GEMACHT HÄTTEST

Rückfahrt

Wieder unten angekommen können wir gleich unser Rad nehmen, zum 12 / Bahnhaltepunkt Osterhofen/Oberbayern radeln und mit der Bayerischen Regionalbahn nach München zurückfahren. Etwa 1 ½ Stunden dauert die Fahrt zum Hauptbahnhof.

TOURENINFO / Wir radeln mal auf Asphalt, mal auf schmalen unbefestigten Wegen, wobei ein gutes Trekkingrad ausreicht, um auch die mäßigen Steigungen zu meistern. E-Bikes können an der Info-Station 12 am Spiralschacht Thalham des M-Wasserweges aufgeladen werden.

< links oben / Wendelstein Zahnradbahn mit Kirche und Bergstation
< links Mitte / Wendelstein Ringlinie

ZUM BAYERNHIMMEL

Endlich *Wendelstein*

6 Kilometer
1046 Höhenmeter
3 Stunden
Rundwanderung

Auf geht's mit dem Rad zur Talstation der Wendelsteinbahn. Wir können wählen, ob wir den Wendelstein zu Fuß erklimmen und dann mit der Seilbahn zurück ins Tal fahren oder ob wir den Gipfel mit der Seilbahn „stürmen" und auch wieder hinabfahren. Das Ziel ist auf jeden Fall ein Erlebnis. Warum jeder mindestens einmal den Wendelstein besuchen sollte? Das erfahren wir auf 1838 Meter Höhe.

Mit Blick zum Wendelstein

Beginnen wir den Aufstieg an der 10 / Talstation der Wendelsteinbahn. Der beschilderte Weg führt hinauf zum Bahnhof Osterhofen und über Oberberg nach Hochkreuth zum Bergcafé Siglhof. Hat montags geschlossen, sonst von 9–18 Uhr geöffnet. Links geht's jetzt auf einem breiten Forstweg steil bergauf in zahlreichen Kurven durch lichten Bergwald zur 1355 m hoch gelegenen Sigl-Alm oder Siglhütte. Ist eine DAV-Hütte für Selbstversorger. Über uns liegt die Wendelsteinalm auf 1420 Meter. Sie ist während der Almzeit von Juni bis September geöffnet. Es gibt lediglich Getränke. Durstige Seelen können hier aber in gemütlicher Atmosphäre eine Rast machen.

Gipfeltour

Wir steigen weiter gen Bayernhimmel (links die Materialseilbahn) zu einem Abzweig. Wir wählen den Weg rechts, der zunächst flacher, dann wieder steiler zur Bergwachthütte unterhalb der Kesselwand führt. Im Linksbogen geht's hinauf zur Zeller Scharte auf 1611 m. Dort halten wir uns links und haben einen tollen Blick auf die Zahnradbahn. Die letzten Höhenmeter schaffen wir auch noch zum Wendelsteinhaus. Vom Kircherl aus führt der Geo-Park Gipfelweg noch weitere 100 Höhenmeter gen Himmel zur Sternwarte, zum Geo-Park Wanderweg und zurück. Ist gut 2 km lang und ist in 40 Minuten zu schaffen. Mehr als 30 Schautafeln vermitteln wie

21 1/2

und wann die einzigartige Gebirgslandschaft der Alpen entstanden ist.

Geschafft

Einsam ist es wohl am Gipfel selten, denn die Touristen kommen mit der Zahnradbahn herauf, oder mit der Wendelsteinseilbahn, oder zu Fuß wie wir. Ist einfach genial hier oben. Von der 11 / Aussichtskanzel Gacher Blick haben wir das wohl fantastischste Alpenpanorama vor uns, können das bekannteste Wahrzeichen des Wendelsteins, die Wendelstein-Kirche besichtigen und durch den Eingang der Wendelsteinhöhle in den Berg hineinschauen. Ganz oben steht die Sternwarte, die „Haltestelle zum Bayernhimmel" wie sie genannt wird. Seit mehr als 100 Jahren bringt die Zahnradbahn von Brannenburg Gäste in 30 Minuten herauf. Sie ist die erste Hochgebirgsbahn Deutschlands, erbaut zwischen 1910 und 1912. Schneller geht's mit der Seilbahn zum Wendelsteinhaus. Sieben Minuten braucht die Bahn hinauf und wir können im Panoramarestaurant oder auf der Bergterrasse Platz nehmen. Kulinarischer Genuss auf 1724 m Höhe. Das Restaurant ist während der Betriebszeiten geöffnet. Die letzte Talfahrt geht um 17 Uhr.

TOURENINFO / Bis zum Bergcafé Siglhof in Hochkreuth sind die Wege asphaltiert. Dann führen Schotterwege und steinige Pfade hinauf zum Wendelstein. Insgesamt eine als einfache Bergwanderung eingestufte Tour. Sie erfordert aber doch Ausdauer und Kondition. Auf alle Fälle sollten wir Bergschuhe tragen und gute Wetterkleidung und am besten auch die KOMPASS-Wanderkarte Tegernsee, Schliersee, Wendelstein mitnehmen.

---

^ oben / Wendelstein mit Seilbahn-Bergstation und Wendelsteinhaus

START
Auguste-Kent-Platz, 81549 München, S-Bahnhof München-Fasangarten der Linie S3

ZIEL
Bahnhof Bayrischzell bzw. Bahnhaltepunkt Osterhofen/Oberbayern

HINKOMMEN
Auto / Auguste-Kent-Platz, 81549 München
ÖPNV / S-Bahn Linie S3 zum Bahnhof München-Fasangarten

➤ **1 /** S-Bahnhof München-Fasangarten ➤ **2 /** Biergarten Kugler Alm ➤ **3 /** Bartewirt ➤ **4 /** Kultur- und Orgelzentrum Valley ➤ **5 /** Weißbräustüberl ➤ **6 /** Café Winklstüberl ➤ **7 /** Wallfahrtskapelle Maria Himmelfahrt ➤ **8 /** Bahnhof Bayrischzell ➤ **9 /** Alpenwirt ➤ **10 /** Wendelsteinbahn ➤ **11 /** Aussichtskanzel Gacher Blick ➤ **12 /** Bahnhaltepunkt Osterhofen/Oberbayern

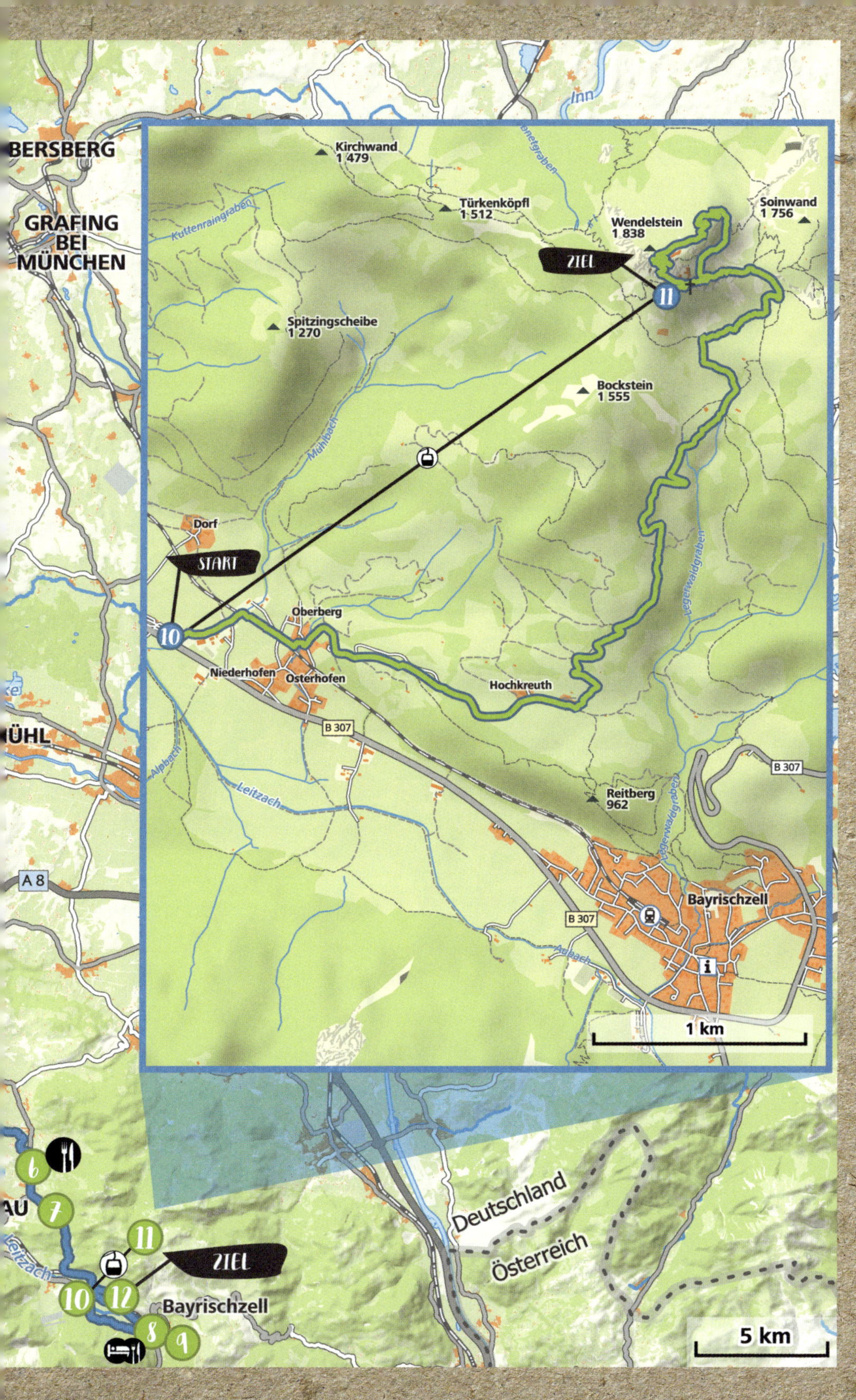

Kirchwand
1 479
Türkenköpfl
1 512
Wendelstein
1 838
Soinwand
1 756
ZIEL
Spitzingscheibe
1 270
Bockstein
1 555
Dorf
START
Oberberg
Niederhofen
Osterhofen
Hochkreuth
B 307
Reitberg
962
Bayrischzell
1 km
Inn
Kuttenraingraben
Mühlbach
Leitzach
Alpbach
Auerbach
Legerwaldgraben
BERSBERG
GRAFING
BEI
MÜNCHEN
ÜHL
A 8
AU
Deutschland
Österreich
5 km

BYE-BYE INS WOCHENENDE! Urlaubsstimmung kommt auf am schönsten Ort für eine Pause, dem Chiemsee auf Tour 19

AUFGESATTELT!

MÜNCHEN- UND RADBASICS

RADVERGNÜGEN

*in und
um München*

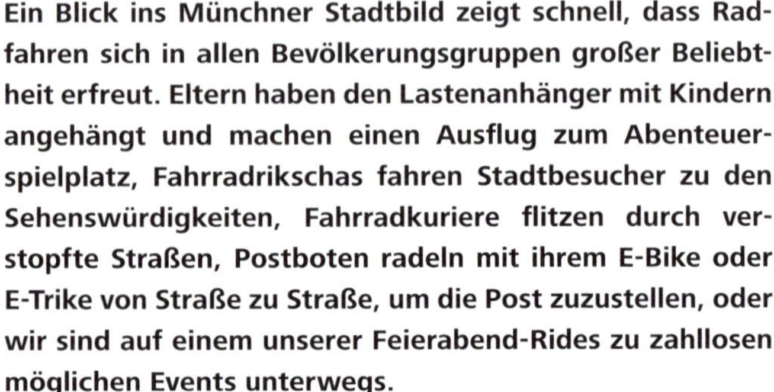

Ein Blick ins Münchner Stadtbild zeigt schnell, dass Radfahren sich in allen Bevölkerungsgruppen großer Beliebtheit erfreut. Eltern haben den Lastenanhänger mit Kindern angehängt und machen einen Ausflug zum Abenteuerspielplatz, Fahrradrikschas fahren Stadtbesucher zu den Sehenswürdigkeiten, Fahrradkuriere flitzen durch verstopfte Straßen, Postboten radeln mit ihrem E-Bike oder E-Trike von Straße zu Straße, um die Post zuzustellen, oder wir sind auf einem unserer Feierabend-Rides zu zahllosen möglichen Events unterwegs.

MITEINANDER FAIR

Ist manchmal schon beängstigend, wenn man an der Ampel zu dritt nebeneinander losfegt. Ja, schnell sind so einige Radpiloten unterwegs, die schon wieder viel zu spät dran sind und alles überholen, was ihnen vor die Nase kommt. Autofahrer ticken ähnlich. Ich kenne so einige Radler, die sich permanent über die Autofahrer ärgern, weil sie fast gestreift werden und wieder mal ein Auto auf dem Radweg steht. Bei allem Respekt, der Radfahrer ist der schwächere Verkehrsteilnehmer, egal wie alt oder jung er ist. Und im Sommer dürfen wir uns noch die Straßen mit den Schanigärten teilen. Ich liebe sie aber.

Das faire Miteinander im Verkehr ist aber einfacher, wenn die Infrastruktur stimmt. Da hat sich München in den letzten Jahren echt bemüht und doch kaum verbessert, wie der ADFC-Fahrradklima-Test 2020 zeigte. Im Ranking der Städte über 500.000 Einwohner belegt München Rang 4 von 14, Note 3,84. Der Bundesdurchschnitt liegt bei 3,9. Ich war in der Schule mit Ausreichend nicht zufrieden.

ALLES RUND UMS FAHRRAD-FAHREN IN UND UM MÜNCHEN: WIE DIE FAHRRADKULTUR IST UND WAS DICH ERWARTET

ÜBER 1200 KM RADWEGE

Immerhin, das Radverkehrsnetz wird kontinuierlich ausgebaut. Man merkt es an den Baustellen. Auf rund 450 km verlaufen die Radverbindungen in Straßen mit wenig und langsamem Autoverkehr, die 85 % des Münchner Straßennetzes ausmachen. An stark befahrenen Hauptverkehrsstraßen sind auf gut 500 km separate Radwege und Radfahrstreifen vorhanden. 260 km Radwege sind es durch Grünanlagen und auf landwirtschaftlichen Wegen. Inzwischen werden auch immer mehr Fahrradstraßen eingerichtet und Einbahnstraßen entgegen der Einbahnrichtung für den Radverkehr geöffnet. Dadurch wird die Durchlässigkeit des Straßennetzes erhöht, wie es heißt.

IMMER WISSEN, WO'S LANG GEHT

14 beschilderte Radrouten führen sternförmig vom Stadtrand in die Innenstadt zum Marienplatz oder umgekehrt und sind das Rückgrat des Radlnetzes. Über den Inneren und Äußeren Radlring lassen sich Touren kombinieren. Zur Orientierung immer den Schildern folgen. Dazwischen liegen die stadtteilübergreifenden Hauptrouten. Nebenrouten und sonstige Radverkehrsverbindungen ergänzen das Netz. Dann haben wir in München noch drei Grüne Bänder, den Isarradweg, den Radweg entlang der Würm und den Nordradweg. Einen sehr guten Überblick erlaubt der Radlstadtplan, den die Stadt herausgibt. Den gibt es auch unter www.muenchen.de/verkehr/fahrrad/radlplan. Dort gibt's noch einen Fahrradroutenplaner vom MVV, ein wirklich super Ding.

RUNTER VOM SOFA, RAUF AUFS RAD

Zunehmend prägen Mieträder die Radlandschaft. In der Stadt gibt es das Mietfahrradsystem „Call a Bike" unter der Regie der Deutschen Bahn. Die MVG, die Münchner Verkehrsgesellschaft, bietet ein ähnliches Leihsystem mit App mit über 4000 Räder, die an rund 300 Stationen in der Stadt und in den umliegenden Gemeinden stehen.
An fast allen S- und U-Bahnhaltestellen im Stadtgebiet stehen Bike&Ride-Stellplätze. Dort können wir das Rad sicher und komfortabel abstellen und die Fahrt mit der S- oder U-Bahn fortsetzen. Das geht auch in freigegebenen Regionalzügen, ist aber leider überall kostenpflichtig und es gibt auch Sperrzeiten. Von Mo–Fr zwischen 6 und 9 Uhr sowie zwischen 16 und 18 Uhr ist die Mitnahme nicht erlaubt, was aber nicht an Feiertagen und in den Schulferien gilt.

Das Münchner Radlnetz ist mit zahlreichen Radrouten im Umland und den oberbayerischen Fernradwegen verbunden. Gut zu sehen im „Bayernnetz für Radler". So lassen sich die Attraktionen rund um München mit dem Fahrrad gut erreichen. Leider sind die Lademöglichkeiten für E-Biker sehr bescheiden.
Die radelnden Münchner haben einen besonderen geografischen Vorteil. Abgesehen vom Isartal können sie fast ohne jegliche markante Steigung auf einer Schotterebene in und rund um München radeln. Das ist für Familien mit Kindern ein großer Vorteil. Zahlreiche beschriebene Touren sind daher auch mit Kindern zu machen. Die angegebenen Radelzeiten orientieren sich bei einer Durchschnittsgeschwindigkeit von 15 km/h an einem gemütlichen und familienfreundlichen Fahrverhalten. Wenn es dann ins weitere Umland geht, stehen schon wieder die Endmoränenwälle der letzten Eiszeit im Weg. Aber um sie zu bewältigen, haben wir ein E-Bike oder stramme Wadln.

FACTS MÜNCHEN & UMGEBUNG

1200 KM
So lang ist etwa das Radwegenetz von München

NORD NACH SÜD: 20,7 KM
OST NACH WEST: 26,9 KM
Größte Ausdehnung der Münchner Stadtgrenze

1,56 MIO
Einwohner hat München, die „nördlichste Stadt Italiens“

103,1 KM
Gesamtlänge haben die 8 U-Bahn-Linien in München, an denen 162 Stationen liegen. Stolze 588 km Streckenlänge hat die U-Bahn von Shanghai

52.500 TONNEN
wiegt der 291 m hohe Olympiaturm, Münchens höchstes Bauwerk mit Drehrestaurant und Rockmuseum

6,3 MIO
Wiesnbesucher kamen 2018. Sie tranken 7,5 Millionen Maß Bier. Es ist das größte Volksfest der Welt

1857
am 22. Februar wurde die Weißwurst im Wirtshaus „Zum Ewigen Licht“ am Marienplatz „geboren“

KING OF POP
Fotos, Lichter und Herzen schmücken Münchens kuriosestes Denkmal, das an Michael Jackson erinnert. Steht am Bayerischen Hof

302
ist die Schuhgröße des riesigen „Walking Man“ in der Leopoldstraße vor dem Gebäude der Munich Re. Die Mitarbeiter im 2. Stock arbeiten auf der „Po-Ebene“

1260
Eine Latrine aus dem Jahre 1260, gefunden bei Ausgrabungen am Marienhof ist Münchens ältestes Bauwerk

300
Stufen führen hinauf zum schönsten Altstadtpanorama über München, zur Aussichtplattform des Alten Peter, der Kirche St. Peter am Marienplatz

RAUSZEIT-HIGHLIGHTS

FÜR KINDER

Einfach abtauchen

Wenn im Sommer die Hitze über der Stadt liegt, radeln wir mit unseren Freunden zum Baden an den Feringasee.

Tour 1 // Seite 10

Süß und zottelig

Eine Wanderung mit Alpakas, die wir an der Leine führen, macht einfach Spaß. Der perfekte Sonntagsausflug zum Alpakahof München.

Tour 1 // Seite 10

Der Himmel über uns

Im ESO Supernova Planetarium & Besucherzentrum werden Geschichten über die Sternbilder am nächtlichen Himmel erzählt.

Tour 3 // Seite 26

Dreh dein eigenes Ding

Testen wir während der Filmstadttour unser Schauspieltalent vor laufender Kamera im Visual Effects-Studio. Die kurzen Filme gibt's später als Souvenir zu kaufen.

Tour 7 // Seite 57

FÜR E-BIKER

Spätsommer für Genießer

Zur Hopfenernte erwacht die Hallertau. Wenn wir durch die herrliche Landschaft des „Grünen Goldes" radeln, können wir am Deutschen Hopfenmuseum auftanken und E-Bike laden.

Tour 10 // Seite 89

Den Klassiker radeln

Wir holen tief Luft und genießen die Aussicht vom Buchheim-Museum über den Starnberger See. Inzwischen laden wir unser Bike am Museum auf.

Tour 14 // Seite 129

Muskeln spielen lassen

Unter uns der Ammersee, während wir auf den „Heiligen Berg" von Kloster Andechs zuradeln. Im Andechser Bräustüberl packen wir die Brotzeit aus und das E-Bike an die Ladestation.

Tour 15 // Seite 136

Drunten rauscht die Isar

Mit dem Strom aus dem Bikerbahnhof Mittenwald während der Öffnungszeiten geht es steil hinauf ins Hinterautal zur Quelle der Isar.

Tour 20 // Seite 193

Top für jede Lust und Laune: Kleine und große Abenteuer, die besten Einkehrtipps und entspanntesten Pausenplätze

FÜR SCHLEMMER

Bayerisch mit Pfiff

Vom Raritätenmarkt geht's hinüber in den Gasthof Gut Keferloh. In der historischen Wirtsstube lassen wir uns verwöhnen.

Tour 6 // Seite 53

Weißwurst mit Auszeichnung

Die Isarleite am Georgenstein liegt hinter uns und der Grünwalder Forst noch vor uns. In Straßlach kehren wir ein in den Gasthof zum Wildpark zum Weißwurstessen.

Tour 7 // Seite 61

Genießen am Isarkanal

Fangfrischen Saibling und Forelle gibt's im Gasthaus Aumühle, während im Wirtshaus Mühlthal bei ofenfrischen Schweinsbraten die Zeit stillzustehen scheint.

Tour 13 // Seite 118

Torte mit Aussicht

Eigentlich ist das Café Winklstüberl für seine genussreichen Torten und Kuchen bekannt. Von der Terrasse haben wir außerdem den spektakulärsten Blick in die Bergwelt.

Tour 21 // Seite 214

FÜR RUHESUCHENDE

Ruhe nach dem Sturm

Nach der Gipfelstürmung des Fröttmaninger Bergs finden wir Erholung im Wirtshaus Hirschau.

Tour 4 // Seite 36

La Gondola Barocca

Den Sonnenuntergang genießen während wir in einer venezianischen Gondel durch den Hofgarten der barocken Schlösser Schleißheim fahren inklusive italienischem Picknick.

Tour 2 // Seite 20

Kunst und Genuss

In der Alten Pinakothek finden wir Ruhe beim Betrachten berühmter Gemälde. Anschließend geht es in eines der schönsten Museumscafés in Deutschland, das Café Klenze.

Tour 5 // Seite 45

Abends im Hofgarten

Italien-Feeling in München mit dem Hofgarten im Rücken und Blick auf Feldherrnhalle und Ludwigstraße. Das Restaurant Luigi Tambosi am Hofgarten ist „la dolce vita".

Tour 9 // Seite 77

DAS KRIEGST DU NICHT ALLE TAGE

TOUR 2

La Gondola Barocca
Mai bis Mitte September
Seite 20
OBERSCHLEISSHEIM SCHLOSSPARK

TOUR 8

20000 Rosen blühen
Eintritt frei, Frühjahr
Seite 68
ROSENGARTEN WESTPARK IN MÜNCHEN

TOUR 8

Blutenburger Weihnacht
Anfang Dezember
Seite 70
SCHLOSS BLUTENBURG, MÜNCHEN

TOUR 20

Tölzer Leonhardifahrt
Alljährlich am 6. November
Seite 202
BAD TÖLZ

Wann am besten wohin?
Noch mehr erleben!
Kombiniere diese Events
mit deinen Touren.

TOUR 1

Pferd international
Internationales Reitsportevent im Frühjahr
Seite 19,11
OLYMPIAREITANLAGE MÜNCHEN-RIEM

TOUR 4

Schafe wandern zum Englischen Garten
Jährlich im Mai
Seite 34
ENGLISCHER GARTEN, MÜNCHEN

TOUR 21

Trachtenwallfahrt
nach Birkenstein, Christi Himmelfahrt
Seite 215
FISCHBACHAU-BIRKENSTEIN

WEITERE EVENTS

Schäftlarner Konzerte Klassische Musik in der Klosterkirche Schäftlarn
Mai bis Oktober

Auer Dult Volksfest mit Markt in der Au findet dreimal im Jahr statt:
Maidult im Mai, Jakobidult im Juli/August, Kirchweihdult im Oktober

Bayerischer Kultursommer
auf dem Königsplatz in München
Juni / Juli

Dachauer Musiksommer Open-Air-Veranstaltungen von Klassik bis Pop in Dachau
Juni / Juli

Japanfest Eintritt frei, japanische Kultur und Handwerkskunst am Teehaus Kanshoan hinter dem Haus der Kunst in München
Juli

Lange Nacht der Münchner Museen
Museum Brandhorst, Pinakotheken etc.
Im Oktober 18–1 Uhr

Münchner Oktoberfest Größtes Volksfest der Welt
Ende September bis Anfang Oktober

RADCHECK

AM BESTEN

nimmst du dein Fahrrad vor jeder Tour unter die Lupe, zumindest aber beim Frühjahrsputz. Darüber hinaus ist ein regelmäßiger Service bei Profis zu empfehlen.

Picobello: Reinigung des Fahrrads

Ein sauberes Fahrrad lebt länger und dir fallen beim Putzen Defekte auf. Daher ran an den Schwamm und die milde Seife oder den Fahrradreiniger und losgelegt! Wenn das Fahrrad getrocknet ist, mit einem sauberen Lappen Wasserränder wegpolieren. Handarbeit ist angesagt – ein Hochdruckreiniger ist tabu, da er auch Fett und Öl entfernt und Wasser in empfindliche Teile eindringen kann.

Tipp: Für verwinkelte Teile ist eine alte Zahnbürste praktisch.

Pralle Geschichte: Die Reifen

Um den Reifendruck zu überprüfen, mach die Daumenprobe: Lässt sich der Reifen mehr als 1 cm eindrücken, musst du pumpen. Angaben zu Mindest- und Maximaldruck findest du auf der Reifenflanke. Ein Erwachsenenrad mit 28 Zoll braucht ca. 2,5 Bar. Für wenig Rollwiderstand auf befestigten Straßen orientiere dich an der oberen Grenze, wenn du auf unbefestigen Wegen unterwegs bist, an der unteren. Am einfachsten lassen sich die Reifen mit einer Standpumpe mit Druckmesser aufpumpen.

Tipp: Fahrradgeschäfte bieten machmal vor Ort gratis Pumpen zum Selbermessen und -aufpumpen an.

Nimm auch das Reifenprofil unter die Lupe: Entferne eventuelle Steinchen oder Scherben und halte nach Rissen oder Schnitten Ausschau. Wenn das Profil zu brüchig oder stark abgefahren ist, brauchst du einen neuen Mantel.

Läuft wie geschmiert: Kette reinigen und ölen

Fürs Reinigen zuerst mit einem trockenen Tuch Kette von altem Fett und Schmutz befreien, indem du am Pedal drehst und so die Kette durch das Tuch ziehst. Den feinen Zwischenräumen kannst du wieder mit der Zahnbürste zu Leibe rücken. Danach Kettenöl, am besten biologisch abbaubares, auftragen, indem du es hinten auf die Kette träufelst, während du sie mit dem Pedal durchdrehst. Kurz einwirken lassen, dann mit einem Lappen das überschüssige Öl von der Kette abziehen.

Tipp: Hast du eine Kettenschaltung, schalte einmal alle Gänge durch, damit sich das Öl auf allen Zahnrädern verteilt.

Eine gut geölte Kette und der richtige Reifendruck machen außerdem ein E-Bike leichtgängiger, was die Akku-Reichweite erhöht.

Schraube locker?

Tipp: Der einfachste Weg, herauszufinden, ob alle Schrauben fest sitzen? Ohren spitzen und das Fahrrad aus geringer Höhe vorsichtig auf die Reifen fallenlassen.

Legst du selbst Hand an, ist ein Drehmomentschlüssel am besten, damit du die Schrauben entsprechend den Drehmomentangaben für dein Fahrrad nachziehen kannst.

Nichts kann dich stoppen, außer: die Bremsen

Prüfe, ob vordere und hintere Bremse einen gleichmäßig starken Druckpunkt haben. Öffne und schließe die Bremsen auch im Stand. Wenn bei hydraulischen Bremsen mehrmaliges Pumpen für einen soliden Druckpunkt erforderlich ist oder sich der Hebel bis zum Lenker durchziehen lässt, muss das System entlüftet werden. Wenn bei mechanischen Felgenbremsen die Bremsarme nicht gleichmäßig arbeiten, einstellen (lassen). Sind die Verschleißindikatoren auf den Bremsbelägen, kleine Rillen im Gummi, verschwunden, müssen die Beläge getauscht werden. Den Verschleiß von Scheibenbremsen kannst du bei relativ neuen Belägen mit einer Taschenlampe von oben durch den Schlitz im Sattel prüfen. Bei älteren und dünneren Belägen müssen die Räder zur Sichtprüfung ausgebaut werden.

Tipp: Gegen Verschmutzung und Korrosion der Bremszüge bei mechanischen Bremsen hilft ein Spritzer Teflonspray in die Enden der Außenhüllen. So gleiten die Kabel besser in ihrer Hülle.

Damit dir ein Licht aufgeht: die Beleuchtung

Weil's am Abend auch schon mal später werden kann und du auch am Rückweg sichtbar sein möchtest: Sind Lichter und Reflektoren vorhanden und funktionieren sie?

Für alle mit extra Antriebskraft: Akku & Motor

Bei längerer Nichtnutzung, zum Beispiel in der Winterpause, achte darauf, dass sich der Akku nie tiefenentlädt. Korrosionsspuren bei den Steckverbindungen mit einem speziellen Kontaktspray entfernen. Fallen dir Schäden am Motorgehäuse auf, am besten schnell in eine Fachwerkstatt.

Los geht's!

PACKLISTE

GRUNDAUSSTATTUNG

Radkleidung
Fahrradhelm
Trinkflasche
Radhandschuhe
Radbrille
Handy
Karte
Fahrradschloss
Fahrradlicht, Ersatzakku/-batterie
Erste-Hilfe-Set

TAGESTOUR

Regenkleidung
Wechselkleidung
Reparaturset:
Ersatzschlauch, Werkzeug
Luftpumpe
Packtaschen klein
Verpflegung: Snacks,
genügend Wasser
evtl. wasserdichte
Handyhülle

BIKEAWAYTOUR

Zahnbürste
Waschbeutel
Packtaschen groß
evtl. Zelt
evtl. Schlafsack
evtl. Kompass
Handyladegerät

REISE-APOTHEKE

Pflaster & Blasenpflaster, Mückenschutz, Sonnenschutz, Zeckenkarte

RADCHECK

findest du auf der nächsten Seite

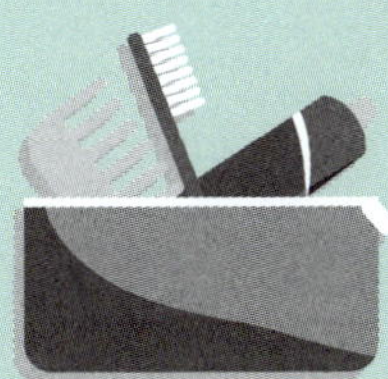

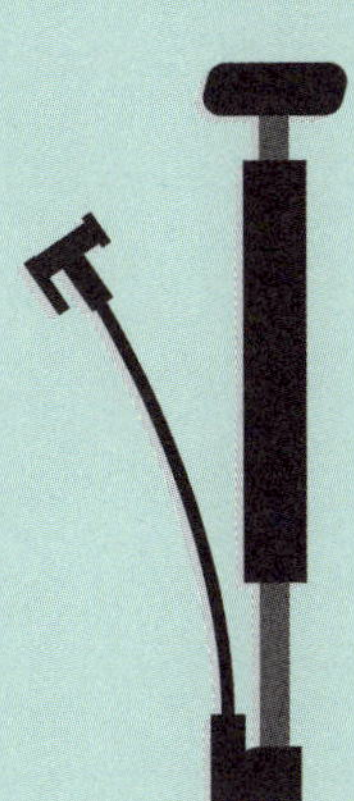

© KOMPASS-Karten GmbH
Karl-Kapferer-Straße 5
A-6020 Innsbruck
www.kompass.de

1. Auflage 2022 (22.01)
Verlagsnummer 3805
ISBN 978-3-99121-413-7

Text und Fotos (soweit nicht anders angegeben): Ralf Enke

Titelbild: Friedensengel am Friedensdenkmal in München (© fottoo – stock.adobe.com)
Fotos: S. 8 © stock.adobe.com: rudiernst; S.10 © Bianca Hübner; S.12 © Seewirtschaft; S.13 © stock.adobe.com: emjp; S.16 © La Gondola Barocca; S.19 © Deutsches Museum; S.20 © stock.adobe.com: Sylvia Bentele; S.24,27 © European Southern Observatory; S.27 © Heide Flächen Verein; S.28,111 © mike@samplay.de; S.29 © Gemeinde Eching; S.32 © stock.adobe.com: fottoo; S.35 © stock.adobe.com: Onlyaphoto; S. 35,44,45 © München Tourismus Werner Boehm; S.36 © München Tourismus Sigi Müller; S.37 © Harald Süpfle; S. 48 © stock.adobe.com: Flo Reindl; S.51 © Lindengarten; S.51 © Jürgen Reichmann; S. 52 © Gut Keferloh; S. 53 © München Tourismus S. Bruckmeier; S.56 © Waldhaus zur alten Tram; S. 57 © Rufus46; S.58 © Bavaria Filmstadt; S.60 © München Tourismus J. Wildgruber; S.61 © Kletterwald München; S.64, 67, 131 © Bayerische Schlösserverwaltung; S.67, 72, 88, 148, 186 © Martha Frei; S.68 © stock.adobe.com: SusaZoom; S.69, 225 © München Tourismus Tommy Loesch; S.75 © stock.adobe.com: Larue-Fotografie; S.75 © Rio65trio; S.76 © Kulturstrand; S.77 © stock.adobe.com: carso80; S. 81 © München Tourismus Luis Gervasi; S. 84, 87 © Landratsamt Freising; S. 87 © stock.adobe.com: 9parusnikov; S.89 © stock.adobe.com: bild-gestalten; S.90 © Deutsches Hopfenmuseum; S.91 © Hopfenland Hallertau Tourismus e.V.; S.94 © Wurzelwerk-de; S. 97 © stock.adobe.com: WildMedia; S.99 © Stadt Ebersbert; S.107 © GFreihalter; S.108 © Sir Boris; S.109 © BergTierPark; S.110 © stock.adobe.com: Christina; S.117 © Andrea Weber; S.117 © Gemeinde Straßlach-Dingharting; S.119 © Aloisius; S.121 © stock.adobe.com: www.push2hit.de; S.124 © stock.adobe.com: Sina Ettmer; S.127 © Gut Starnberg GmbH; S.127 © Fischmeister; S.130 © Buchheim Museum Egency; S.131; S.137 © Stiftung Kupfermuseum; S.139 © Bräustüberl Schloss Seefeld; S.140 © Bayerische Seenschiffahrt; S.144 © Carmen Voxbrunner; S.147 © LRA-FFB-scaled; S.149 © stock.adobe.com; S.150 © GFreihalter; S.154 © stock.adobe.com; S.157 © Bayernradler; S.158 © Istockphoto: delalic; S.159 © Stadt Dachau; S.160 © Kunstmühle Simon Kraus; S.161 © Seeseits; S.164 © Flughafen München GmbH; S.167 © Bayerische Staatsbrauerei Weihenstephan; S.169 © Landesbund für Vogelschutz Bayern; S.170, 175 © Oberbayern.de P.v.Felbert; S.171 © stock.adobe.com; S.178, 181, 182, 187 © Prien Marketing GmbH; S.183 © Gerhard Laußer; S.184 © Bezirk Oberbayern BHM Amerang; S.185 © EFA Mobile Zeiten J. Betz; S.188 © Bay. Seenschifffahrt; S.188 © Bay. Schlösserverwaltung; S.192 © S. Hölscher; S.197 © M. Haidegger; S.198 © Gasthof Alpenrose Mittenwald; S.199 © Karwendelbahn; S. 201, 202 © Stadt Bad Tölz; S. 202 © stock.adobe.com: Jeanette Dietl; S. 206, 230 © Tourist Info Bayrischzell; S. 209 © stock.adobe.com: Pablo; S. 210 © Mtag; S. 211 © Braustüberl Valley; S. 212, 213 © Stadt Miesbach; S. 214 © Café Winklstüberl; S. 215 © stock.adobe.com: SusaZoom; S. 216, 219 © Wendelsteinbahn Kujat; S. 223 © stock.adobe.com: modernmovie; S. 235 © stock.adobe.com: Monika Wisniewski; S. 238 © stock.adobe.com: Stephan Baur; Graspapier-Hintergrund div. Seiten © stock.adobe.com: jessicahyde
Illustrationen: © stock.adobe.com: © val_iva; © mtmmarek, © Azar, © askaja; creativmarket: © amber&ink; © NassyArt.

Gestaltung / Illustration – Composing / Agenten und Freunde Iris Streck München

illustrierte Karten und zugehörige Miniaturen, wenn nicht anders angegeben / Agenten und Freunde Martina Dobrindt München
Miniaturen auf Karten: @ stock.adobe.com: Eneat (Eichhörnchen), @ stock.adobe.com: lantapix (Ur), @ stock.adobe.com: SimpLine (Gondel); @ Designed by Freepik (Cowboy), @ Designed by Freepik/macrovector (Boot), @ Designed by Freepik/pch.vector (Quelle), @ Designed by Freepik/starline (Filmkamera)
Grafische Herstellung: KOMPASS-Karten
Karten: © KOMPASS-Karten GmbH unter Verwendung OpenStreetMap Contributors (www.openstreetmap.org)

Erzähl uns von deinen Abenteuern auf Instagram und Facebook mit: #folgedeinemKOMPASS

BIKE-BUCKETLIST MÜNCHEN & UMGEBUNG

TOUREN IM OLYMPIAPARK

Mit Seil und Karabiner hoch auf das Dach des Olympiastadions steigen und anschließend mit Europas längstem Flying Fox hinunterfliegen.

Tour 5 // Seite 46

EINE URIG BAYERISCHE FLOSSFAHRT

Auf einem Floß von Wolfratshausen auf der grünen Isar nach München fahren, durch die längste Floßrutsche Europas beim Gasthaus zur Mühle.

Tour 13 // Seite 120

TOUR 20

DURCH DIE ISARKLAMM

Mal nicht an der Isar radeln, sondern sprichwörtlich mitreißend eine Raftingtour unterhalb des Isarursprungs erleben.

// Seite 196

MIT DEM FLUGZEUG RICHTUNG ALPEN

„Über den Wolken, muss die Freiheit wohl grenzenlos sein". Mitfliegen vom Flugplatz neben der Flugwerft Schleißheim Richtung Alpen.

Tour 2 // Seite 20

RADDAMPFER FAHREN

Ahoi, das Alpenpanorama voraus und mit dem nostalgischen Raddampfer der Chiemsee-Schifffahrt zur Herreninsel fahren.

Tour 19 // Seite 189

DEN WENDELSTEIN BEZWINGEN

Morgens die würzige Bergluft einatmen, eine deftige Brotzeit im Rucksack und los geht's zur Aussichtskanzel Gacher Blick am Wendelsteingipfel.

Tour 21 // Seite 217